Acauam Oliveira
Fred Coelho
Guilherme Wisnik
James Martins
João Camillo Penna
José Miguel Wisnik
Maria Rita Kehl
Paulo Henriques Britto
Pedro Duarte
Priscila Gomes Correa
Santuza Cambraia Naves
Vadim Nikitin

Gilberto Gil
Jorge Mautner
Maria Bethânia
Moreno Veloso

OBJETO NÃO IDENTIFICADO

Caetano Veloso 80 anos
ENSAIOS

Pedro Duarte [org.]

Pedro Duarte
Caetano Veloso, este objeto não identificado
7

ENSAIOS

José Miguel Wisnik
Oração ao tempo
17

Fred Coelho
A linha evolutiva de Caetano Veloso
35

James Martins
Caetano, baiano
67

Guilherme Wisnik, José Miguel Wisnik & Vadim Nikitin
Pólis cósmica e caótica — Cosmopolitismo em Caetano
85

Priscila Gomes Correa
"Gosto de Caetano porque ele me desconcerta"
107

Maria Rita Kehl
O desejo nas canções de Caetano Veloso
133

Paulo Henriques Britto
Forma e sentido em diálogo em "O quereres"
143

Santuza Cambraia Naves
"E onde queres romântico, burguês"
153

Pedro Duarte
O pensamento em canção
de Caetano Veloso
171

João Camillo Penna
Os povos do Tropicalismo —
Música popular e populismo
189

Acauam Oliveira
O Brasil no coco de Caetano —
Afinal, de que seria
o Brasil (e a MPB), oportunidade?
217

DEPOIMENTOS

Gilberto Gil
239

Jorge Mautner
243

Maria Bethânia
245

Moreno Veloso
247

Sobre os autores
251

Pedro Duarte

CAETANO VELOSO, ESTE OBJETO NÃO IDENTIFICADO*

Caetano Veloso completa 80 anos. Como ele começou a fazer sucesso ainda com 25, poderia ser difícil esquecer o semblante juvenil, braços abertos e o sorriso largo com os quais apareceu para o Brasil cantando na televisão. Era 1967, no III Festival Internacional da Canção da TV Record, quando apresentou a canção "Alegria, alegria". Contudo, embora essa sua imagem inicial seja marcante, ela não o capturou. Poderia. Desafiador e terno, inteligente e carismático, complexo e contundente, tornou-se líder do Tropicalismo, movimento musical que ocorreu nos meses seguintes e que passaria à história da canção brasileira e mundial. Caetano, porém, manteve sua produção incessante e instigante desde então e até hoje. Se em "Alegria, alegria" ele cantava "eu vou" e não dizia para onde ou qual o destino no espaço, hoje podemos ao menos ter certeza de que, no tempo, ele veio até 2022: ele mesmo canta "eu vou", novamente, em *Meu coco*.

Do disco de estreia com estilo afinado à Bossa Nova, *Domingo*, de 1967, com Gal Costa, até o recente *Meu coco*, de 2021, o compositor baiano jamais parou de cantar e pensar. Os semblantes de Caetano que vêm ao nosso coco misturam aquele jovem que saiu da Bahia para o Rio de Janeiro — e que cantou: "ela nem sabe, até pensei em cantar na televisão"; e de fato o fez — com todos os posteriores: cabeleira vasta, chapéu, colares, gravata, jaqueta jeans, óculos. Se Caetano foi parte fundamental da trilha dos "anos rebeldes", quando o

Brasil vivia sob a ditadura cujo governo militar o prendeu, sua música, contudo, permaneceu para muito além daquele momento: aquilo era só o começo. Não há uma década sequer desde então que não tenha sido marcada pelas suas canções. Essas canções se amalgamaram ao país e à sua língua. E continuam assim. Logo, os 80 anos não fazem de Caetano só passado tradicional, mas um presente inquietante e uma interrogação futura: sobre si, nós, o Brasil e mesmo o mundo. *Meu coco* é a prova.

Não é, contudo, a primeira vez que Caetano surpreende com jovialidade quando, para muitos, só se poderia esperar amadurecimento. Depois de várias "fases", a década de 1990 parecia se encaminhar para o coroamento definitivo, com os belos arranjos de Jaques Morelenbaum, como em *Circuladô* — cujo show ao vivo abria com seu inesquecível solo no violoncelo. Caetano, porém, preparava, sem saber, uma virada. O álbum *Noites do norte*, de 2000, ainda com Morelenbaum, trazia já a guitarra jovem de Pedro Sá, que desponta na canção "Rock 'N' Raul". Em breve, a enxuta Banda Cê se formaria, com seu estilo de rock no século XXI: Pedro Sá juntou-se a Marcelo Callado na bateria e Ricardo Dias Gomes no baixo. Os primeiros shows do disco *Cê*, sobretudo no Circo Voador, marcaram o encontro de Caetano com um público mais jovem que o (re)descobria ali. Transpirava energia no calor carioca do verão de 2006 para 2007. Lá estava Caetano.

Esse é apenas um exemplo de como Caetano, mesmo nas bandas com que toca, muda. Caetano permanece o mesmo em mutação. Pedro Sá, ao ser perguntando sobre se ele e os outros meninos da banda ajudavam Caetano a rejuvenescer, respondeu que, ao contrário, Caetano os rejuvenescia. Talvez só sentissem que, para ele, "o mundo não é chato", como escreveu em um ensaio que, depois, tomou duplo sentido: o mundo não é enfadonho nem plano. Esse mundo se torna menos chato pois "podemos lançar mundos no mundo", como canta e faz Caetano. Isso não só se sente no Brasil, mas no mundo. Caetano trabalhou com Pedro Almodóvar no cinema, com David Byrne na música. Cantou no Oscar. Teve composições gravadas por Beck, pelo grupo Beirut. Como o Modernismo de Oswald de Andrade, exerce a antropofagia, devorando a música estrangeira a partir do Brasil e suscitando interesse como uma poesia de exportação também.

Quem primeiro percebeu toda a importância de Caetano, logo no começo, para a música brasileira foi o poeta, tradutor e crítico Augusto de Campos, ainda em 1966. E identificou rapidamente que a operação tropicalista se filiava à antropofagia modernista, pois não se orientava esteticamente nem para o complexo do macaco de imitação, que copia o que é estrangeiro, nem para a síndrome de avestruz, que enfia a cabeça na sua terra e ignora o que é internacional. Caetano abandonou o nacionalismo defensivo. Devorou o que vinha de fora em um mundo cada vez mais globalizado e urbano.

Em breve, a repercussão de sua obra juvenil se alastraria. Roberto Schwarz criticou a dimensão alegórica do Tropicalismo, que atrelava a uma modernização conservadora dos tempos da ditadura, ao avaliar a cultura e a política no Brasil entre 1964 e 1969; enquanto Celso Favaretto enxergou, na mesma dimensão alegórica, a operação musical de interesse proposta no movimento, abdicando de representações totalizantes do sentido (do país) em nome de uma poética fragmentada e caleidoscópica. Mais tarde, Flora Süssekind chamaria a atenção para como o coro, no Tropicalismo, enfatiza disparidades, descompassos e contrários, enquanto a canção de protesto dos anos 1960, como a de Geraldo Vandré, constituía frentes únicas com palavras de ordem a uma só voz.

Pouco a pouco, Caetano consolidou-se no Brasil como "superastro", nas palavras do crítico Silviano Santiago, pois trouxe o corpo "para o palco da praça e para a praça do palco", valorizando a "curtição". Com a reflexão que acompanha sua produção, em entrevistas, textos, colunas, palestras e livros, Caetano assumiu, ao mesmo tempo, o papel de intelectual, incomodando figuras como José Guilherme Merquior, que o chamou de "subintelectual de miolo-mole". Simultaneamente, suas canções são trilhas comuns nas telenovelas, o que atesta sua popularidade. Poucas personas da arte ocupam tantos espaços, indo dos meios acadêmicos aos midiáticos. Quase nenhuma tem sua opinião tão requisitada sobre o que quer que seja — e a oferece. Informado e atualizado, Caetano dá a cara a tapa, o que contrasta, por exemplo, com a discrição de Chico Buarque, seu contemporâneo. Dificilmente alguém teve tanto impacto sobre a cultura do Brasil.

Caetano tornou-se tão forte para a cultura que seu nome deu origem a um verbo: caetanear. Mas, como ocorre com o substantivo Caetano, dificilmente é possível definir o que significa "caetanear". O músico David Byrne, ao explicar quem é Caetano para o público norte-americano, foi forçado a recorrer a frases sobre quem ele não é, por causa da sua singularidade. Não é o Bob Dylan do Brasil, pois, embora um compositor poético, sua voz e a invenção melódica são belas e, ao mesmo tempo, seus arranjos são frequentemente radicais. Neil Young também não se encaixaria, a despeito de semelhanças etéreas e melancólicas. Harmonicamente, a criatividade rivaliza com Lennon e McCartney, mas a comparação seria injusta, pois, se Caetano continua em evolução e mutação, um pedaço daquela parceria já acabou. Será que, juntando duas pessoas, como um híbrido, sabemos quem é Caetano? Leonard Cohen e Gil Evans? Serge Gainsbourg e Bowie? Cole Porter e Marvin Gaye? O fato é que não há paralelos, conclui David Byrne.

Caso se quisesse empregar palavras das próprias canções de Caetano, poder-se-ia dizer, metaforicamente, que é um "objeto não identificado". Na música de 1969, onde este verso está, Caetano anunciava: "eu vou fazer uma canção de amor para gravar um disco voador". Como se sabe, os supostos discos voadores que aparecem nos céus costumam ser classificados como O.V.N.I.s, cujas iniciais designam "objeto voador não identificado". Caetano, claro, brinca com a ambivalência da palavra disco: ao mesmo tempo, o álbum de música e o objeto voador. Tendo em vista o modo como Caetano — que certa vez escreveu: "ninguém é meu dono" — movimenta-se musical e politicamente, sem que se torne previsível ou fixável, ele mesmo parece um objeto não identificado.

✳ ✳ ✳

O livro *Objeto não identificado — Caetano Veloso 80 anos* busca acompanhar o voo na Terra desse objeto não identificado ao longo dessas décadas. É claro que não se trata de exaurir os momentos desse voo nem de dar conta de todos os olhares que já o contemplaram. O objetivo é prestar testemunho dessa viagem e, quem sabe, até voar junto. José Miguel Wisnik pontua, em "Oração ao tempo", outros aniversários de Caetano para enfatizar que suas canções são também ensaios e que, a despeito do niilismo melancólico recente, há uma responsabilidade de afirmação expressa no ofertório e na parceria com seus filhos. Fred Coelho retoma a ideia que Caetano expusera em 1966 de uma "linha evolutiva da música popular brasileira" para pensar seu significado e o papel do próprio Caetano nela. James Martins destaca, no ensaio "Caetano Baiano", seu lugar de nascimento, que se revela mais do que isso e define até um modo de ser estrangeiro. Guilherme Wisnik, José Miguel Wisnik e Vadim Nikitin escrevem sobre "Pólis cósmica e caótica: cosmopolitismo em Caetano", complementando, com referência à experiência urbana moderna mundial, o papel da Bahia na obra de Caetano. Uma e outra coisa, ou seja, a Bahia e o cosmopolitismo, são pensados por Priscila Gomes Correa, em "Gosto de Caetano porque ele me desconcerta", em relação com o Brasil desde o Tropicalismo e depois, empregando aí os conceitos de política da cultura e de política da canção.

Foi ainda em "Não identificado" que Caetano prometeu também "fazer uma canção pra ela, uma canção singela, brasileira", "uma canção dizendo tudo a ela, que ainda estou sozinho, apaixonado". O amor e o que gira em torno dele estão por toda parte em canções de Caetano, frequentemente atrelados ao desejo. "Eu sempre quis muito", ele já cantou. Maria Rita Kehl escreveu justamente sobre "O desejo nas canções de Caetano Veloso", analisando suas relações com o sujeito pensado pela psicanálise. Paulo Henriques Britto, por sua vez, detalhou as operações técnicas e semânticas em uma canção — e que canção! — de Caetano essencial ainda para a questão do desejo, no ensaio "Forma e sentido em diálogo em 'O quereres'". Partindo de um verso da mesma canção, o ensaio póstumo de Santuza Cambraia Naves, "E onde queres romântico, burguês", interpreta Caetano como significante da pluralidade cultural, expressando as contradições de seu meio.

Na minha opinião, como explicito no ensaio "O pensamento em canção de Caetano Veloso", a capacidade de expressar contradições ou tensionar oposições funciona quase como um método filosófico nas suas composições, seja ao tematizar o Brasil, seja ao tematizar o ser em geral, conferindo particular força ao amor e à própria canção. No ensaio "Os povos do Tropicalismo — música popular e populismo", João Camillo Penna é arguto em — passando pelo cinema de Glauber Rocha e pela filosofia de Gilles Deleuze — observar que, "desde que o samba é samba", o samba tem um poder metamórfico. Finalmente, o ensaio "O Brasil no coco de Caetano: afinal, de que seria o Brasil (e a MPB), oportunidade?", de Acauam Oliveira, chega ao momento atual para analisar *Meu coco*, tendo em vista como a questão racial pode ser surpreendida criticamente ali e como, a despeito disso ou por isso mesmo, Caetano ainda propõe uma obra em que as contradições do país emergem de seu desejo, fazendo de si mesmo uma alegoria.

Com esses ensaios, buscou-se corresponder criticamente ao que Caetano Veloso tem feito por tantos anos. Entende-se crítica, aqui, no sentido a ela dado desde sua criação no Romantismo alemão: potencialização da obra, e não mero julgamento dela. Os ensaios pensam próximos a Caetano, através de Caetano e — quem sabe

— para além de Caetano. Juntam-se a esses ensaios teóricos sobre a obra também depoimentos inéditos de quatro pessoas decisivas em sua trajetória: o grande amigo Gilberto Gil, o parceiro Jorge Mautner, o filho Moreno Veloso e a irmã Maria Bethânia — o que confere ao livro, ainda, o sentido de uma homenagem nesses 80 anos de vida de Caetano. Em relação a tais depoimentos, agradeço a Clarisse Goulart, Flora Gil, João Paulo Reys e Ana Basbaum, que ajudaram nos contatos para que eles fossem possíveis.

Gil, que também completa seus 80 anos de vida em 2022, afirmou em seu depoimento que Caetano é mais que a música, ele é todas as musas. Mais uma vez, ele é um objeto não identificado. Múltiplo e curioso, Caetano se espalha — ou voa por toda parte se quisermos manter a fidelidade à metáfora. "Meu coração vagabundo quer guardar o mundo em mim", cantava ele desde jovem. Depois desses 80 anos, Gil concluiu seu depoimento assim: "sobre Caetano tenho cada vez menos a falar, porque ele foi tudo para mim". Nós, entretanto, que não somos "gêmeos" como eles são entre si, tentamos achar "outras palavras", ainda com eles e ainda a partir deles — eis o que acontece nos ensaios sobre este "doce bárbaro" que estão neste livro. "Os livros que em nossa vida entraram são como a radiação de um corpo negro, apontando para a expansão do universo", cantou Caetano em 1997. E quem sabe com este aqui, que só existe por causa dele e que é sobre ele, nosso universo pode se expandir uma vez mais. ∞ o

---

* *Objeto não identificado — Caetano Veloso 80 anos*, além de remeter ao nome da música de Caetano, retoma o título da dissertação de mestrado de Santuza Cambraia Naves, *Objeto não identificado: a trajetória de Caetano Veloso*, defendida no Programa de Pós-graduação em Antropologia Social do Museu Nacional da Universidade Federal do Rio de Janeiro (UFRJ) em 1988; e ainda ecoa como se chamou, em 2013, um breve programa que gravei na Rádio Batuta, do Instituto Moreira Salles: *Caetano Veloso, objeto não identificado*, com supervisão de Paulo da Costa e Silva. Não havia como escapar, então, de repeti--lo mais uma vez aqui.

ENSAIOS

José Miguel Wisnik
ORAÇÃO AO TEMPO

Canções-ensaio

Um amigo me mostra de surpresa uma canção desconhecida, gravada num compacto simples e encontrada por acaso numa loja de discos do largo de Pinheiros. Não reconheço o cantor. É uma balada romântica, segue um tom coloquial até completar um caminho poético perfeito, surpreendente no fôlego e na transparência. Estranhamente familiar dentro do contexto que ela cria e que me escapa e perfeitamente situada, nessa primeira escuta, num gênero pop que ela parece exceder. Só me soa óbvio que não é coisa de São Paulo, mas que vem do Rio.

Lamento não tê-la conhecido antes, porque aquela canção condensava o que desejei ter dito num ensaio que eu acabara de escrever sobre a paixão amorosa. Além do mais (pensava eu), poderia ter citado, entre tantos exemplos de Caetano Veloso, um que não fosse de Caetano Veloso. Inocência minha: quando vou ver, a canção é de Caetano Veloso, chama-se "Tá combinado", e era interpretada ali por Peninha, para quem foi composta, aludindo ao seu estilo (já recriado por Caetano na antológica interpretação de "Sonhos").

A influência de Caetano se parece às vezes com uma onipresença. "Tá combinado" retoma o tema do amor e da amizade, que tinham sido equiparados em "Língua" à poesia e à prosa, sob a sugestão de Fernando Pessoa — "e quem há de negar que esta (a prosa-amizade) lhe é superior (à poesia-amor)?". Começa assim: "Então tá combinado, é quase nada / É tudo somente sexo e amizade / Não tem nenhum engano nem mistério / É tudo só brincadeira e verdade". Mas um giro inesperado repõe o amor, "com todo o seu tenebroso esplendor", no lugar irredutível que a canção anterior parecia lhe haver tirado ("Mas e se o amor pra nós chegar / De nós, de algum lugar / Com todo o seu tenebroso esplendor? / Mas e se o amor já está / Se há muito tempo que chegou e só nos enganou?").

Passar de Peninha a Nietzsche ("Abrirmos a cabeça para que afinal / Floresça o mais que humano em nós"), e de Pessoa a ele mesmo, na mesma canção, sem deixar de ser convincente e natural, é bem a cara desse "compositor de destinos", com sua respiração intelectual tão fluida e sensível quanto a própria música. Guiado pela qual ele sempre apaga e redesenha "a estrada que seu caminhar já desenhou".

Sem saber dessa estória, e tendo assistido à minha conferência sobre Tristão e Isolda no curso "Os sentidos da paixão", que motivou o ensaio a que me referi,[1] Caetano comentou comigo a resenha feita por Sartre sobre o livro de Denis Rougemont, *O amor e o Ocidente*, que eu citara na minha fala. O livro de Rougemont, cuja generalidade Sartre criticava, faz uma extensa interpretação do romance de Tristão e Isolda. Caetano lera a resenha fazia anos, mas se lembrava perfeitamente de seu núcleo.

Ora, essas duas estórias casuais, que eu levanto aqui como um brinde ao amor e à amizade, são também indícios eloquen-

---

[1] Ver José Miguel Wisnik, "A paixão dionisíaca em *Tristão e Isolda*", in: Adauto Novaes (org.) *Os sentidos da paixão*, São Paulo: Companhia das Letras, 1987, p. 195-227.

tes dos modos de ser e pensar de Caetano Veloso. Pois ele tem, muito mais do que muita gente pensa, uma atenção e um repertório agudamente voltados para a música e a filosofia, o cinema e a literatura, ou, se quisermos, a poesia e a prosa. No caso, sem nenhuma programação aparente, feria o assunto pelos dois lados, o poético e o conceitual, introduzindo um comentário culto que não se encontraria todos os dias na universidade. Aliás, as observações que ele faz muitas vezes, de maneira descompromissada, seja sobre Flaubert ou sobre Anibal Machado, Balzac ou Paulo Francis, Proust ou a relação Freud/Jung, são de uma precisão e de uma qualidade crítica raras.

Não sendo nenhum erudito, mas um "desespecialista" convicto (na definição de Luiz Tatit), sua inteligência sensual é movida antes de tudo pela ligação vital com o assunto. Na recente canção "Lindeza", por exemplo, inclui entre as definições de beleza a "promessa de felicidade" de Stendhal, invocada por Nietzsche contra a concepção kantiana da beleza como contemplação desinteressada ("promessa de felicidade / festa da vontade / nítido farol").[2] Para Caetano tudo é sempre interessante ou não é, nas músicas, nas pessoas, no sexo, nos poderes, na televisão. Não há temas distanciadamente acadêmicos (interessante, aliás, é o que é e está entre, no meio da coisa, na raiz do inter + esse). Ele depura e concentra a versatilidade da verve baiana com um poder de atenção e distanciamento que, ao contrário do irracionalismo que muitas vezes se lhe atribui, é temperado por uma enorme exigência de rigor.

---

2 "Belo, disse Kant, 'é o que agrada *sem interesse*.' Sem interesse! Compare-se esta definição com uma outra, de um verdadeiro 'espectador' e artista — Stendhal, que em um momento chama o belo de *une promesse de bonheur* [uma promessa de felicidade]. (...) para ele, o que ocorre parece ser precisamente a *excitação da vontade* ('do interesse') através do belo." Ver Friedrich Nietzsche, *Genealogia da moral*, São Paulo: Companhia das Letras, 1998, p. 94-95.

Todas essas coisas dizem respeito à situação da música popular no Brasil que a sua presença, com seu poder irradiador, imanta. Caetano não representa apenas um talento individual, mas um campo de possibilidades para a cultura, um índice daquela singularidade cultural que o romance *Estorvo*, de Chico Buarque, e suas canções, também atestam. Eles, sim, não merecem que os deixemos sós.

O texto acima foi escrito por encomenda da *Folha de S.Paulo*, por ocasião do aniversário de cinquenta anos de Caetano, em agosto de 1992.[3] Há nele, entre outras coisas, a vontade de testemunhar um fato que me parecia gritante, embora pouco visível na época: que aquele superstar, por uma dessas estranhas singularidades brasileiras, era um ensaísta potente, embora potencial. Cinco anos depois, o livro *Verdade tropical*, depoimento reflexivo sobre a experiência tropicalista e a agitação musical, cinematográfica, literária e existencial do período, daria corpo à minha convicção.

Mas eu queria dizer também, no artigo da *Folha*, que havia um ensaísmo latente entranhado nas próprias canções de Caetano Veloso, mesmo quando elas pareciam simplesmente cumprir os requisitos da canção de massa. É que se podia entrever, nelas, uma autocompreensão *por dentro* do fenômeno pop romântico, com suas peculiares manifestações de sofrência e de busca por felicidade. Essa apreensão interna do alcance do romantismo de massas não se fazia sem provocadoras pontadas literárias e filosóficas, dialéticas e paradoxais, como as que levaram Roberto Carlos a cantar,

---

[3] "Uma promessa de felicidade", *Folha de S.Paulo*, Caderno Mais!, 9 ago. 1992, p. 6-7. A frase final era uma referência crítica ao apelo do presidente Fernando Collor de Mello, no contexto da crise que levou ao seu impeachment, para que *não o deixassem só*. Neste, como nos demais artigos de jornal transcritos ao longo deste texto, me permiti fazer adaptações de redação e acréscimos contextualizantes.

interpretando Caetano e interpretado por ele, frases improváveis como "tudo certo como dois e dois são cinco" ("Como dois e dois"), "estive no fundo de cada vontade encoberta" ("Força estranha"), ou, simples e ironicamente, "noutras palavras sou muito romântico" ("Muito romântico").

Não por acaso, depois de lançar *Verdade tropical*, o cancionista lançou o disco *Livro* e, nele, a canção "Livros", uma reflexão cerrada sobre esse estranho objeto "que pode lançar mundos no mundo" como a emanação "de um corpo negro" que aponta "pra expansão do Universo". Objeto transcendente que podemos amar com o "amor táctil que votamos aos maços de cigarro", e com o qual estamos sujeitos a travar tempestuosas relações de amor e ódio, de controle e descontrole — enjaulando-os, cultivando-os, queimando-os ou atirando-os pela janela em lugar de nós mesmos ("talvez isso nos livre de lançarmo-nos"). A paixão dos livros era concebida ali, pois, como uma experiência radical à qual não era alheia a dimensão extrema do suicídio. Lembremos, a esse propósito, que Gilles Deleuze se atirara pela janela, muito por não poder mais escrevê-los (em 1995, não muito antes da canção, que é de 1997). E que, em 1983, Ana Cristina César também se atirara da janela, talvez por tudo que já tinha colocado, sem que jamais coubesse, dentro de seus livros de poesia.

Posso dizer que Caetano dava forma, na canção "Livros", às dúvidas que atormentaram a escrita de *Verdade tropical*, que lhe pareceu muitas vezes um esforço destinado a "encher de vãs palavras muitas páginas / e de mais confusão as prateleiras". Mas fazia dessa confissão enviesada uma declaração impetuosa de amor ao amor ("Tropeçavas nos astros desastrada / Mas pra mim foste a estrela entre as estrelas"), extraindo da travessia do niilismo uma afirmação da aventura inclassificável da existência, do pensamento e da linguagem ("a ventura e a desventura / dessa estrada que vai do nada ao nada / são livros e o luar contra a cultura").

A contraposição conflitiva entre os "livros e o luar" e a cultura pode causar estranhamento. Mas ela ecoa, por acaso ou não, o espírito de uma conhecida afirmação de Jean-Luc Godard em 1994:

> Pois existe a regra, e existe a exceção. Há a cultura, que é a regra; há a exceção, que é a arte. Todos dizem a regra: cigarro, computador, camiseta, televisão, turismo, guerra. Ninguém diz a exceção, esta não se diz, esta se escreve: Flaubert, Dostoiévski; esta é composta: Gershwin, Mozart; esta se pinta: Cézanne, Vermeer; está se filma: Antonioni, Vigo. Ou esta se vive, e então é a arte de viver (...). É da regra querer a morte da exceção. Será, portanto, da regra da Europa da Cultura organizar a morte da arte de viver que floresce ainda.[4]

(Desnecessário mas imperioso dizer que, passados quase trinta anos, vivemos sob o império da regra, agora quase sem exceção.)

Assumindo na letra a forma de um poema escrito, "Livros" é vazada em estilo culto, conscientemente livresco, em versos decassílabos, ostentando suas empertigadas construções gramaticais ("lançarmo-nos", "odiarmo-los") e exercendo as potências clássicas da língua como quem "já tem a alma saturada de poesia, soul e rock 'n' roll" ("O homem velho"), embriagada do "cheiro dos livros desesperados" ("Reconvexo") e banhada em canções. O verso "tropeçavas nos astros desastrada", por exemplo, é uma variação de "tu pisavas nos astros distraída", parte da letra de "Chão de estrelas" (Silvio Caldas / Orestes Barbosa), que Manuel Bandeira considerava "o verso mais bonito da nossa língua". Aludindo ainda, pelo jogo poé-

---

[4] A declaração de Godard aparece pela primeira vez no curta-metragem *Je vous salue, Sarajevo* (Jean-Luc Godard, 1994). Traduzimos a partir da transcrição contida em Antoine de Baecque, *Godard biographie*. Paris: Bernard Grasset, 2010, p. 741. Agradeço a Daniel Augusto a generosa e precisa informação, além da referência a Gilles Deleuze e a Ana Cristina César.

tico, ao parentesco originário da palavra *astro* com a palavra *desastre* (que é, etimologicamente, um distúrbio astral — dis + astro —, um acidente cósmico, uma "má estrela").

A gravação de "Livros" contém ainda, intencionalmente submersa nos sons do arranjo musical e quase imperceptível ao entendimento imediato, a leitura de um trecho do romance *O vermelho e o negro* (novamente Stendhal), em que Julien Sorel queima, solitário numa gruta remota, um manuscrito de sua autoria. Sibilina citação literária sinalizando que a canção incuba um ensaio sobre a experiência radical dos impasses e das potências desencadeadas pelos livros, tomados como essa força capaz de fazer com que mundos virtuais, possíveis, impossíveis, adentrem, não sem idas e voltas, no mundo real.

Os exemplos de interrelações literárias nas canções de Caetano são muitos. A expressão "nada no bolso ou nas mãos", de "Alegria, alegria", é tomada do livro *As palavras*, de Jean-Paul Sartre, que pareceu ao jovem Caetano, segundo ele relata, o mais extraordinário livro jamais escrito (O verso "foi tirado diretamente da última página de *As palavras* de Sartre: numa brincadeira comigo mesmo, eu tinha enfiado uma linha do que para mim era o mais profundo dos livros numa canção de circunstância. A ambição que tinha me levado a compor tal canção, no entanto, era grandiosa e profunda").[5] "A terceira margem do rio", em parceria com Milton Nascimento, é uma interpretação poética do conto do mesmo nome, de Guimarães Rosa, estabelecendo uma surpreendente e reveladora conexão, mais uma vez de valor ensaístico, entre o conto e o final de *Grande sertão: veredas* ("Rio pau enorme nosso pai", na canção, e "o Rio de São Francisco — que de tão grande se comparece — parece é um pau grosso, em pé, enorme", no romance).

"Pecado original", feita para o filme *A dama do lotação*, baseado em um conto de Nelson Rodrigues (dirigido por Neville d'Almeida,

---

[5] Caetano Veloso, *Verdade tropical*, 3ª ed., São Paulo: Companhia das Letras, 2017, p. 185.

1978), trança a ideia psicanalítica do sem-lugar do desejo ("a gente não sabe o lugar certo de colocar o desejo") com o mito bíblico da Gênese ("todo mundo todos os segundos do minuto vive a eternidade da maçã"). O título explora a oscilação entre "pecado original", no sentido moral e religioso de erro fundador, e a originalidade dos pecados dessa "Belle de jour" suburbana (a personagem de Nelson), cujos erros participam da errância do desejo que nos habita a todos, "todos os segundos do minuto". Conjugando propositalmente diferentes repertórios, cultivados e de massa, com suas respectivas conotações, a letra alude a referências tão díspares como Chico Buarque ("olhos nos olhos da imensidão") e Waldick Soriano ("eu não sou cachorro não"). Tudo isso soando natural e fluente porque, além da movente coesão conceitual que enforma a canção, a forma ondulatória da melodia imita, do começo ao fim, a onda pulsional do desejo que tem na serpente seu símbolo arquetípico. Essa onda-pulsar, melodia serpeante que se expande do semitom ao arpejo e retorna ao semitom, busca um lugar que não estaria senão na sua volta ao princípio, ao seu infinito recomeço narcísico, se não fosse interrompida pela pergunta sobre o enigma do desejo feminino ("a gente nunca sabe mesmo o que quer uma mulher").[6]

A poética de Caetano — seja porque, sendo altamente sutil e informada, exige repertório e atenção redobrada do ouvinte, seja porque, por isso mesmo, parece intrusiva e pretensiosa da parte de um cantor-compositor de músicas de mercado — pode confundir muitas vezes os incautos. Ele próprio gosta de adotar para si a pecha de "subintelectual de miolo mole" (que lhe aplicou, em contexto polêmico, José Guilherme Merquior), reconhecendo com autoironia,

---

[6] Aproveito aqui algumas formulações contidas em José Miguel Wisnik, "Letras, músicas e acordes cifrados", *Songbook Caetano Veloso*, vol. 2, (Idealizado, produzido e editado por Almir Chediak), Rio de Janeiro: Lumiar Editora, p. 13.

na expressão do crítico literário, a sua voracidade de leitor insaciável e sem método. Mas, de um ponto de vista criativo, sua extraordinária agudeza associativa e multifocal representa à perfeição aquilo que os românticos alemães já desejavam para "um homem muito livre e culto": que pudesse "afinar-se à vontade, de um modo filosófico ou filológico, crítico ou poético, (...) antigo ou moderno, da mesma forma como se afinam instrumentos".[7]

A idade das idades

No dia em que Caetano fez sessenta anos, em 2002, eu acordei com o rádio tocando a sua gravação de "Ouro de tolo", de Raul Seixas, numa homenagem explícita ao aniversário. Soava extraordinariamente bem que ele surgisse naquele momento cantado por um outro, um outro através dele, que esse outro fosse Raul e fosse ele (já está claro que desdobrar-se em outros e contê-los em si é um princípio regente de sua personalidade artística). E que a canção fosse essa porrada luminosa de inconformidade com a alienação consumista instalada no mundo, um jorro de negação e afirmação desembocando na frase "eu é que não me sento / no trono de um apartamento / com a boca escancarada, cheia de dentes / esperando a morte chegar". Além da beleza contundente da canção e da interpretação, me impressionava particularmente o verso em que toda a encruzilhada da vida e da morte, e do perigo da morte em vida, estava jogada numa *boca escancarada e cheia de dentes*.

É assim que, dez anos depois, quando Caetano fez setenta, escrevi duas colunas em *O Globo* que tinham a ver com isso:

[7] A afirmação é de Friedrich Schlegel, citado por Anatol Rosenfeld / J. Guinsburg em "Um encerramento", J. Guinsburg (org.), *O Romantismo*, São Paulo: Perspectiva, 1978, p. 287.

Durante os primeiros 33 anos da vida o corpo humano está no processo que o leva a atingir um termo, a chegar ao limite da sua consolidação. Depois disso o organismo não tem mais como se desenvolver, e a pessoa só dispõe de dois caminhos que se bifurcam: envelhecer ou rejuvenescer. Ouvi essas palavras de Edson da Cunha Swain, o meu dentista transcendental, como eu o chamava, no meio dos anos 1980. Não era absolutamente o dentista comum, que trata de cáries e canais. Ligado a uma linha odontológica (ou mais propriamente ontológica, poder-se-ia dizer) chamada "biocibernética bucal", desenvolvida no interior do estado de São Paulo, concebia a arcada dentária como um teclado de cuja afinação dependem as energias do corpo e da mente. O encaixe e o desencaixe dos dentes, o ponto médio, a expansão ou retração dos seus intervalos, afetam (como eu pude comprovar em mim mesmo) a respiração, a postura, a concentração, a energia e potência mental. O consultório tinha a mesma cadeira reclinável dos consultórios de dentista, mas não a parafernália das brocas. O único aparelho ali era o aparelho de ortodontia móvel, que ele "afinava" na boca dos pacientes, como um afinador de piano, enquanto tecia toda uma cascata de considerações cosmobiológicas.

No caso, a transcendência — dental — era a imanência. O método era rigorosamente materialista, mas abria grandes consequências para o espírito, em vez de fechá-las. Porque a principal questão, ali, não era atingir propriamente alguma cura: o ensinamento principal do dentista transcendental era o de que o ser humano não tem finalidade, e, exatamente por isso, não têm fim. Quem está mirando continuamente nas finalidades, e zelando pelas certezas obtidas (ele não poupava exemplos), está cavando o fim. Rejuvenescer depois dos 33, nesse sentido, é manter aberta a zona de exploração de possibilidades, incluindo tomar para si a via das perspectivas fora de esquadro, sabendo também rir delas com a boca cheia de dentes. "Ouro de tolo", de Raul Seixas, fala de outra coisa que não seja o verso e o reverso disso?[8]

A minha divagação cosmobiológica encontrava elos com a história de Caetano e, por tabela, com a de Gilberto Gil, incidindo sobre a questão do envelhecer como rejuvenescer, que é tão flagrante neles, como se pode confirmar admiravelmente hoje, no momento em que os dois fazem oitenta anos. Eu continuava:

> O show "Os doces bárbaros", que reuniu Caetano, Gil, Gal e Bethânia, e que se pode ver no documentário de Jom Tob Azulay, provoca uma sensação de algo datado (pelo figurino de época, pelas fantasias hippies e o contexto da ditadura nos anos 1970, pela intervenção policial e pela prisão de Gilberto Gil por porte de maconha) e, ao mesmo tempo, uma espantosa sensação transtemporal dada por aqueles que estão integralmente presentes no momento vivo. Raramente é dada a ver de maneira tão luminosa e inequívoca, como ali, a fé cênica no ato de existir, em sua inegociável atualidade.
>
> O evento se alinhava, aliás, se quisermos brincar a sério, com a passagem dos 33 para os 34 anos de Caetano e Gil, que se cumpria exatamente naquele meio do ano de 1976 em que o show estreava.
>
> Vejo em "Os doces bárbaros" a maior realização da ideia influente, na época, de Norman O. Brown em *Vida contra morte* — a de uma ressurreição do corpo pleno quando se admite vital e mortal (defender-se cegamente, ou neuroticamente, da morte, diz o livro, é o que nos envelhece e nos mata, impedindo-nos de viver). É no centro desse paradoxo, e dando um salto mortal

---

[8] José Miguel Wisnik, "Rejuvenescer", *O Globo*, Segundo Caderno, 4 ago. 2012.

bem ao seu estilo, e para além dele, que o "Homem velho" de Caetano (canção escrita ao fazer quarenta anos) "deixa vida e morte para trás" e "já tem coragem de saber que é imortal".[9]

Melancholia

Artisticamente, os setenta anos de Caetano Veloso são marcados pelo completamento da trilogia iniciada com *Cê* (2006) e encerrada com o *Abraçaço* (2012), sem esquecer *Recanto* (2011), álbum afim composto todo ele para Gal Costa. Como é sabido, Caetano adota neles uma sonoridade mais seca e contundente nos arranjos de banda; as melodias são mais diretas, menos expansivas e modulantes, as letras, ou muito literais e desmetaforizadas ou alusivas, enigmáticas e, no limite, ostensivamente charadísticas, embora ainda assim inteligíveis.

Ao ver o compositor assumir essa persona e essa mudança de dicção, quase como um heterônimo, a gente se pergunta pelo impulso mais profundo que moveria esse chamado ao ritmo reto, aos timbres crus, às melodias descarnadas, embora às vezes pungentes no grão da voz, e às palavras que criavam equações semânticas cheias de incógnitas de vários graus, mesmo quando condensadas em frases que são gestos nítidos, como "a Bossa Nova é foda" ou "o império da lei há de chegar no coração do Pará".

Com esse desilusionismo roqueiro Caetano estava acessando como nunca, a meu ver, o coração do niilismo e da desilusão. Seria esta, certamente a expressão de uma experiência pessoal, mas inseparável, certamente também, do sentimento e da intuição do estado do mundo. Há um "cansaço do eterno mistério", uma entrega do destino ao "grão-senhor" que é o acaso ("Abraçaço"), e uma relativização pragmática do poder sublimador da arte. "Tédio, horror e

---

[9] José Miguel Wisnik, "Independente", *O Globo*, Segundo Caderno, 11 ago. 2012.

maravilha" ("Um comunista") fazem seu giro perturbador em torno da recorrente pergunta banhada na tristeza: "por que será que existe o que quer que seja?" ("Estou triste"), que ecoa "viver é um desastre que sucede a alguns" ("Tudo dói").

Mas a percepção da raça humana enfrentando a falência do sentido, desde dentro, quer ser também a expressão daquele transe trágico no qual já se engendra outra coisa, extraída do fundo insondável desse nosso tempo. "Quem e como fará / com que a terra se acenda / e desate seus nós?" ("Um comunista").

Quero trazer então algumas considerações sobre a melancolia contemporânea e sua associação com o fim do mundo, que nasceram de uma conversação minha com Francisco Bosco e Caetano Veloso sobre o filme *Melancholia* (Lars von Trier, 2011) nas páginas de *O Globo*, do qual éramos colunistas àquela altura. Na verdade fui eu que, antes de ter visto o filme, fiz o exercício explícito de comentar, no jornal, as impressões que ele provocara nos dois. Transcrevo aqui porque diz algo, ou talvez muito, sobre o modo singular com que Caetano encara, a essa altura, o niilismo e sua impostação midiática.

> Ainda não pude ver *Melancholia*. As colunas de Francisco Bosco e de Caetano me mobilizaram para o filme e para o assunto da melancolia e do fim do mundo. Entrevejo, pelos comentários deles, que as duas irmãs, personagens do filme de Lars Von Trier, de algum modo dramatizam isso. Diante da iminente colisão do planeta Melancholia com a Terra, a melancólica parece encarar o real, enquanto a realista e adaptada não tem como suportá-lo.
>
> Sem ter visto o filme, eu o vejo através dos meus colegas de coluna, além de vê-los e de me ver neles. O texto de Francisco Bosco acusa o impacto do filme sobre si como o da Melancholia destruidora sobre a Terra. Embora já tenha se confessado habi-

tualmente insone, ele conta ter sofrido, na noite que se seguiu, a insônia redobrada desse duplo impacto, que lhe pareceu tão poderoso quanto filosoficamente inaceitável (Bosco acusa, no filme, a traição da vocação dionisíaca da arte, a de afirmar a vida contra a falta de fundamento e sentido).

Caetano é mais escolado do que nós dois, que somos mais escolares, ou mais *scholars*, do que ele. Identifica com naturalidade os truques americanoides que correm por baixo do supereuropeu *Melancholia*, ao mesmo tempo em que identifica os vezos europeizantes do norte-americano *A árvore da vida*, que lhe parece ser o mesmo filme pelo avesso. Conhecendo bem, por experiência própria, os atalhos do campo que medeia entre a arte (historicamente europeia) e o entretenimento (invenção americana), embarca autoconsciente no que há de entretenimento em *Melancholia*, sem se abalar, ao que parece, com os efeitos apocalípticos do filme, movidos a *subwoofers* tipicamente hollywoodianos (aqueles sons mais que graves, que vêm de baixo, vibrando nos ossos, e que servem no cinema para dar a ideia da presença de forças colossais).

Fazendo assim, isto é, apontando truques hollywoodianos no famigerado cineasta transgressor escandinavo e relativizando a sua ambição totalizante, livra-se de sofrer os efeitos do filme em bloco, podendo apreciar as situações da trama que lhe interessam — a atriz sexy, o impasse do casamento, os podres devassados da burguesia, a trepada, o vestido da noiva, a limusine na estrada de terra, a criança e o anúncio da tragédia — mais em escala interpessoal do que em escala global e alegórica. Não deixa de ser uma estratégia, praticamente declarada ao final do artigo, para neutralizar a melancolia espasmódica dada em espetáculo, com suas cólicas catastrofistas.

Essa visão multifocal das coisas, que Caetano pratica hoje em dia sem maiores cerimônias e sem pruridos didáticos, é um dissolvente, funcione assim ou não, dos estereótipos monofocais que pulam e pululam por toda parte. Nos seus comentários ele exibe o modo como ao mesmo tempo gosta e não gosta do filme de Lars Von Trier, colocando-se, no entanto, não em cima do muro, mas acima dos muros mentais.

No final das contas, nos convida de novo a ver os vídeos de Mangabeira Unger. Mangabeira representa, para Caetano, a posição assertiva de quem contrapõe à paralisia crítica e aos lampejos revolucionários de certa esquerda, por um lado, e às ameaças apocalípticas, confusamente objetivas e subjetivas, que nos assombram, por outro, um rol de propostas práticas, não por acaso pouco audíveis em meio ao turbilhão entrópico. Acho que ele migrou desde algum tempo, e a seu modo, para uma ênfase na afirmação política, mesmo que heterodoxa, mais do que na sublimação estética. Isso marca a sua diferença em relação à tônica do artigo de Francisco Bosco, ao mesmo tempo que se liga com a tendência à poética mais crua e direta de suas últimas canções.

Voltando à melancolia. Só os muito insensíveis são capazes de viver este tempo sem sofrerem os efeitos mutantes da mais antiga das doenças da alma. Esses efeitos são desde muito tempo conhecidos como ambivalentes. Enraízam-se na impossibilidade estrutural do desejo, de atingir plenamente os seus objetos, e realimentam-se das ansiedades e ameaças contemporâneas, multiplicadas em todas as escalas. São despistados pela oferta universal das mercadorias. Mas a melancolia mesma só tem uma saída: mergulhar fundo nela, até conhecer a forma mais total do desapego, a de quem abre mão de tudo. Aí então, sem se deixar levar por ela, voltar a ter pela vida um apego de verdade, desses de que não se abre mão.[10]

[10] José Miguel Wisnik, "Melancolias", *O Globo*, Segundo Caderno, 29 ago. 2011.

Oitenta anos

Como já terá dado para se perceber, a colagem que ora faço aqui é uma variação livre sobre os tempos da vida — uma *oração ao tempo* convergindo para os oitenta anos de Caetano Veloso. Vim chegando ao assunto pelas bordas, sem entrar no núcleo duro dos conteúdos polêmicos, das pautas ideológicas, das intervenções historicamente situadas, da multidão dos temas abordados nas suas canções. Justamente para tentar percebê-los em suas refrações e suas disposições menos visíveis e dizíveis, nas quais, voltando aos termos de Godard, vigora mais a *exceção* do que as *regras* da cultura: o pacto com o deus Tempo num "outro nível de vínculo" ("entro num acordo contigo"), ali onde a "arte de viver" é urdida em luminoso segredo ("O que usaremos pra isso / Fica guardado em sigilo / ... / Apenas contigo e migo"), não sendo da ordem do que se traduz mas do que se *escreve* e do que se *compõe*, do que se *canta* ("Portanto peço-te aquilo / E te ofereço elogios / ... / Nas rimas de meu estilo"), para que venha a se dividir e a se multiplicar lançando mundos no mundo ("Peço-te o prazer legítimo / E o movimento preciso / ... / Quando o tempo for propício / ... / De modo que o meu espírito / Ganhe um brilho definido / ... / E eu espalhe benefícios / Tempo Tempo Tempo Tempo") ("Oração ao tempo", 1979). Quem haverá de negar que Caetano colhe hoje, por nós, os frutos límpidos desse acordo com o tempo?

Um exemplo vívido da dimensão não dizível da vida em sua relação com o tempo pode ser visto, ainda, no filme *Narciso em férias* (Renato Terra e Ricardo Calil, 2020), que consiste, em princípio, na filmagem ascética do testemunho de Caetano sobre o período em que esteve na prisão, em 1968, tendo como cenário não mais do que uma cadeira e o aprisionante concreto cinza de fundo. A rigor, os conteúdos desse puro cinema falado não deveriam ter muito a acrescentar ao capítulo já tão eloquente de *Verdade tropical* ("Narciso em férias") e às entrevistas que antecederam a apresentação do filme.

Mas acontece ali, como em alguns documentários de Eduardo Coutinho em que não há mais do que alguém sozinho em cena, sendo filmado, que o rosto e a voz se transformam na própria tela e no substrato de conteúdos emocionais não traduzíveis e mesmo desconhecidos de quem fala — quando bate a memória afetiva, com suas emanações involuntárias, e quando se entende que é só ela, essa outra memória, que prova que o que a gente lembra que viveu quem viveu foi a gente.

É algo dessa natureza que o filme acrescenta fortemente ao capítulo do livro, iluminando ainda o fato perturbador de que o samba-exaltação "Onde o céu azul é mais azul" (João de Barro), com sua pergunta-chave sobre o Brasil ("O seu Brasil / O que é que tem, / O seu Brasil / Onde é que está?"), evocado dramaticamente por Caetano nas circunstâncias que cercam a sua prisão, encerra o próprio xis da questão que o assombra desde então e que retorna hoje: o país, paraíso da promessa de felicidade, decantado pelo samba, se vê guardado numa canção associada intimamente ao inferno interno da ditadura, e sofridamente cercada, talvez por isso mesmo, de tabu.

É esse nó, envolvendo ainda a tensão profunda entre niilismo e afirmação na nova situação contemporânea (enfrentada na extraordinária canção-ensaio "Anjos tronchos"), que Caetano assume a responsabilidade de desatar de maneira inequívoca, categórica, imperativa, oferecendo-se em *Meu coco* como sujeito de um desejo investido pela coletividade democrática ("Não vou deixar", "Sem samba não dá", "Sei que a luz é sutil / mas já verás o que é nasceres no Brasil").

Essa afirmatividade só pode existir, a essa altura, graças à graça de colher as dádivas da vida, seu ofertório, a parceria dos filhos (tal como acontece também, mais do que por coincidência — por sincronicidade de destinos — com Gilberto Gil). ∞ o

Fred Coelho

A LINHA EVOLUTIVA DE CAETANO VELOSO

> *O problema do músico brasileiro*
> *é o problema da libertação do Brasil.*
> — Caetano Veloso, 1966

Para onde vais, aliás?

Uma das principais características de uma longa carreira artística é a espessura. É quando, com a passagem do tempo, percebemos suas camadas, seus estratos, seus platôs. A longevidade de uma atividade inquieta como a de Caetano Veloso nos permite, de acordo com o recorte desejado, fazer diferentes escavações. E destaco a indefinição processual do termo *escavações* para deixá-lo como uma ação em aberto, como meio especulativo e princípio de organização narrativa. Escavar sem necessidade de encontrarmos provas ou respostas. O gesto que esse ensaio propõe não encontrará origens ou genealogias — como na arqueologia. O que busco aqui é, durante o passeio pela espessura de uma obra de sessenta anos, especular hipóteses por dentro de uma de suas camadas em permanente movimento.

Caetano Veloso e sua arte surgiram em pleno dilema sócio-histórico do subdesenvolvimento brasileiro e latino-americano. Momento sintetizado na magistral e agônica definição de Paulo Emílio

Salles Gomes em que "nada nos é estrangeiro, pois tudo o é" e cujo pensamento crítico "se desenvolve na dialética rarefeita entre o não ser e o ser outro".[1] É nesse contexto que ele se torna um artista, porém completamente distinto de seus pares geracionais. Além do extremo talento e competência criativa, Caetano Veloso faz do Brasil o tema central de sua obra, uma ideia tanto cantada quanto escrita e falada. Pela capacidade reflexiva sobre seu tempo, pela prosa singular e pelas canções que articulam pensamento crítico, lírico e político, ele se tornou, também, um intelectual que se fez não na universidade, mas no âmbito da cultura de massas. Sua presença ubíqua — que atravessa desde o culto à celebridade até os estudos acadêmicos — o transformou numa persona *sui generis* no campo cultural do país e do mundo. Para ficarmos com uma definição simultaneamente ampla e sintética de Roberto Schwarz, Caetano Veloso foi e é, até hoje, um "portador de inquietações".[2]

Neste ensaio, a escavação de suas inquietações terá como recorte um dos seus primeiros momentos como pensador público, quando ainda não era tropicalista, muito menos o artista imenso que se tornou. Mesmo assim, já era convocado a debater o cenário da música popular brasileira do seu tempo. É entre 1964 e 1972 que Caetano estrutura uma série de discursos que influenciaram seus pares e o definiram publicamente por muito tempo. Antropofágico, baihuno, liberal, experimental, polêmico, superastro, alienado, revolucionário e subversivo foram alguns dos termos que, durante esse período

---

[1] P. E. Gomes, *Cinema: trajetória do subdesenvolvimento*, p. 88. A citação segue uma dica do texto de S. Santiago, "Apesar de dependente, universal".

[2] R. Schwarz, "Verdade tropical: um percurso do nosso tempo". Apesar de ser um dos principais críticos do Tropicalismo e de Caetano em particular, a obra de Schwarz sempre situou o compositor nesse espaço duplo de artista e pensador. Para melhor entender o diálogo do crítico com a obra do músico, conferir o livro de J. C. Penna, *O tropo tropicalista*). Algumas de suas ideias, de forma indireta, reverberam neste ensaio.

inicial da carreira, pavimentaram uma trajetória feita sob o regime performativo do "desabafo e desafio".[3]

Nesses passos iniciais, o compositor baiano e seus companheiros da cena musical de Salvador migram para o Sudeste e são, rapidamente, inseridos no centro de uma transformação completa do meio musical brasileiro. Com um corte que servirá para os objetivos do pensamento aqui trabalhado, as décadas de 1960 e 1970 serão esse espaço-tempo cujas obras decisivas da década anterior — basicamente a Bossa Nova e seus desdobramentos imediatos — tornam-se aberturas de novos caminhos sonoros e intelectuais no debate sobre a canção popular no Brasil. A renovação radical que o movimento carioca causa no país e no mundo convoca uma nova geração de músicos para se posicionarem em relação as suas consequências e promessas.

Essa geração, aqueles que tinham menos de dezoito anos em 1959 e ouviram em diferentes cidades do país o violão e a voz de João Gilberto, os arranjos e harmonias de Tom Jobim e as composições de Vinicius de Moraes, Carlos Lyra ou Newton Mendonça, também foi a geração que viu seus artesanatos sonoros se transformarem em mercadorias de uma indústria de eletrônicos, televisiva e internacional. Eles adentram o cenário da música popular, portanto, em meio a uma saúde corroída por uma série de crises — geopolíticas sociais, econômicas, estéticas. No cerne dos debates, existia um país brutalmente desigual que expandia seus veículos de massa e sua linguagem urbana, elitizava seus fluxos culturais e via seu imaginário popular se transmutar em imaginário pop. No bojo disso, viam um país que precisava projetar seu futuro e superar a precariedade de sua situação histórica. Caetano Veloso será um desses jovens que entende tais transformações em seus paradoxos, seus limites, sua violência e suas possibilidades de experimentação.

Nesse quadro musical, um nome será incontornável para o compositor e suas opiniões públicas: João Gilberto. É ele quem Caetano

---

[3] Título de canção de Moraes Moreira, presente no álbum homônimo de 1975.

define como arquivo e meta, como passado, presente e futuro, com plataforma e ideia motriz de sua revolução cósmica. É conhecida a centralidade que a obra e a pessoa de João têm para Caetano desde sempre. Em diversos momentos de sua vida, o músico de Juazeiro aparece para o músico de Santo Amaro como verdadeiro princípio ético, espécie de fundamento primordial de toda sua obra. Em uma palavra (que será aprofundada mais à frente), João é a *síntese*.

E é a partir desse personagem conceitual que Caetano propõe uma de suas ideias mais importantes para pensarmos a música brasileira e nossa própria situação diante do dilema pós-colonial do subdesenvolvimento: a *linha evolutiva*. O que farei nas páginas a seguir será perseguir essa linha em seus possíveis sentidos, situando-a no bojo do debate intelectual do seu tempo e lançando provocações para pensarmos a obra de seu autor. Teria ele aplicado, por mais de meio século, o princípio crítico que propôs em 1966 ao seu próprio trabalho?

Uma possibilidade seletiva

Um dos pontos de que podemos partir é uma constatação cronológica: quando Caetano, Gil, Bethânia e Gal, os doces bárbaros, iniciaram suas ações em teatros de Salvador ainda na primeira metade da década de 1960, eles estavam mais próximos da Semana de Arte Moderna do que estamos hoje do que se chamou de Tropicalismo.[4]

---

[4] É sempre bom lembrar: cada vez que o termo Tropicalismo aparecer neste ensaio, faço referência ao movimento tanto no seu escopo musical, quanto no campo das ideias que circularam ao seu redor. Tropicalismo, assim, é a metonímia para uma série de trabalhos que envolvem, além do quarteto baiano, uma constelação de criadores brilhantes como Tom Zé, José Carlos Capinam, Torquato Neto, Rogério Duarte, Duda Machado, Os Mutantes, Jards Macalé, Guilherme Araújo, Hélio Oiticica, José Agripino de Paula, Rogério Duprat e tantos outros.

Lá, eram apenas pouco mais de quarenta anos de separação dos eventos ocorridos no Theatro Municipal. Hoje, já estamos há cinquenta e cinco anos da noite em que Gil e Caetano apresentaram trabalhos cujo impacto de inovação abalou o III Festival de Música Popular da Record, em São Paulo.

Tal constatação tem um motivo: muito do que ocorre nos debates culturais do Brasil entre 1960 e 1968 é, em grande parte, balizado por princípios definidos pelos trabalhos de seus pensadores principais — sobejamente, Mário e Oswald de Andrade. De alguma forma, os problemas que os modernistas tinham como pauta permaneciam os mesmos, com novas dimensões. Pensar o Brasil no mundo, situar nossa especificidade como nação diante do quadro de subdesenvolvimento, nos explicar e nos inventar simultaneamente, elaborar uma tradição em momento necessário de ruptura, foram ações que, tanto no período modernista quanto nos movimentos culturais da década de 1960, ensejaram uma série de ideias e obras. As diferenças óbvias eram os contextos em que cada situação dessas ocorreu. Enquanto na década de 1920 havia a presença ostensiva de estruturas que vinham do período escravocrata e imperial, na década de 1960, a modernidade já era um fato esteticamente consumado no Brasil. As tarefas, porém, permaneciam similares — inclusive no cenário da miséria, como decorrência direta dos séculos de escravidão.

No caso de Caetano, darei destaque a como ele mobiliza a ideia de História (e seus corolários como arquivo e tradição) em um dos enunciados definitivos de suas intervenções críticas. A *linha evolutiva* aparece constantemente nos textos e intervenções de 1965-1968 como um princípio que organiza o pensamento do compositor e o permite estruturar publicamente suas ideias. A partir dela, veremos como o tema do tempo — desdobrado em termos como saudosismo, (chega de) saudade e atualidade — são mobilizados pelo compositor em prol de um discurso que define, simultaneamente, as bases de seu trabalho e a missão de sua obra.

A linha evolutiva ganha densidade de conceito pelo uso constante que Augusto de Campos, poeta, tradutor e, nessa época, crítico atento e constante do cenário musical brasileiro, fez dela. Incorporando imediatamente a expressão de Caetano como operador estratégico de suas ideias em diferentes artigos publicados na época, o crítico dá corpo a um termo que, se esmiuçarmos, cria um nó no campo intelectual brasileiro de então. Afinal, em uma primeira aproximação, a "linha evolutiva" pode ser vista como um modelo de análise crítica que abre mão da perspectiva constelar de História em prol de seu aspecto dialético e teleológico.[5] Ao situar o tempo em uma metáfora diacrônica — a linha — e dar a ele uma qualidade de transformação ordenada e seletiva — evolutiva — vemos como tal modelo remete à tradição da *formação* e seus desdobramentos como garantia orgânica de mudanças.[6] Evoluir, dar um passo além, fazer da história uma possibilidade progressiva e etapista de conquistas maduras e perenes, era uma forma de se colocar em relação aos dilemas de um país subdesenvolvido, preso ao passado, refém de uma ideologia reacionária e de uma estética saudosista. Foi nesse solo crítico que Caetano apresentou ao Brasil sua ideia.

[5] Se tivermos que situar a ideia de "linha evolutiva" em uma série histórica no pensamento social brasileiro, um dos seus primeiros momentos está na obra decisiva de Caio Prado Junior. É em *Formação do Brasil contemporâneo* (1942) que lemos uma "linha mestra e ininterrupta de acontecimentos que se sucedem em ordem rigorosa e dirigida sempre numa determinada orientação". É também nesse livro que o historiador atribui à linha histórica os temas da formação, da síntese, da evolução, do "momento decisivo" e demais expressões que, de alguma forma, impactam desde Antonio Candido em sua *Formação da literatura brasileira — momentos decisivos* até Caetano Veloso. Apesar de não termos indicações da leitura do historiador por parte do compositor, a circulação dessa "imaginação crítica" certamente povoava suas reflexões. Devo essa dica sobre Caio Prado a Silviano Santiago, a quem agradeço.

[6] S. Santiago, na conferência "A literatura brasileira da perspectiva pós-colonial — um depoimento", alerta para o caráter eminentemente orgânico que o tema da *formação* desencadeia em sua perspectiva germinativa nos "múltiplos saberes confessionais, artísticos e científicos".

A Bossa Nova é foda

No debate promovido pela *Revista Civilização Brasileira* (RCB), n. 7, uma crise se colocava. Era maio de 1966, e o sucesso da Jovem Guarda levava um grupo de compositores e críticos a pensarem como a música popular brasileira "de qualidade", isto é, de conteúdo politizado e pendor nacional-popular, se encontrava em tal situação de inferioridade quantitativa perante o público. Com um recorte majoritariamente atual das vozes que participavam do debate, um jovem compositor iniciante, de 24 anos, evocava como saída para o impasse uma "possibilidade seletiva como base de criação" e a necessidade dialética de se conhecer a tradição para transformá-la.

Para situarmos esse momento, Caetano Veloso estava havia pouco tempo no eixo Rio-São Paulo, desde que chegara de Salvador, em fevereiro de 1965. Ainda sem carreira de intérprete e com poucas composições, ele assumia o proscênio precocemente como um articulado pensador do campo musical daquele tempo. Sua irmã Maria Bethânia e seu amigo Gilberto Gil já vinham obtendo as primeiras projeções consistentes como talentos da nova canção popular brasileira — e Caetano fazia parte dessas ações. Mesmo se vendo como uma liderança intelectual e estética que ajudaria os amigos artistas na condução de suas carreiras, ele também se preparava desde cedo para o palco. Não à toa, acaba participando das experiências com Augusto Boal no Teatro de Arena em espetáculos como *Tempo de guerra* e, principalmente, *Arena canta Bahia*, ambos entre 1965 e 1966. Ao lado de Torquato Neto e José Carlos Capinam, fez roteiros para shows como o de Bethânia, realizado naquele mesmo ano, ao lado de Jards Macalé, na Boate Cangaceiro, ou do espetáculo *Pois é*, que contaria com a irmã, Gil, Vinicius e Susana de Moraes. Caetano também já estava inserido nas conversas e debates que ocorriam no Solar da Fossa (principalmente com Rogério Duarte) ou no Teatro Jovem de Botafogo (onde se aproximou de nomes como Paulinho da

Viola e Edu Lobo). Em suma, Caetano já frequentava na cidade os roteiros típicos da juventude progressista e engajada do seu tempo. É nesse circuito que o samba e a temática nacional da música brasileira ganham espaço como assunto, forma e problema geracional.

Foi no samba, aliás, que Caetano encontrou o primeiro assunto para pensar publicamente os rumos da canção popular no seu tempo. Na revista baiana *Ângulos*, ele publica, ainda em 1966, o artigo "Primeira feira de balanço". Em um estilo incisivo e irônico, o tema do artigo é fruto de uma tensão que Caetano assumiria como contraponto decisivo em suas opiniões. Naquele mesmo ano, o livro *Música popular — um tema em debate* foi lançado por José Ramos Tinhorão, crítico musical do *Jornal do Brasil* e estudioso profundo da história da música brasileira.[7] Suas páginas (com artigos publicados nos jornais entre 1961 e 1965) traziam uma visão diametralmente oposta do que o compositor acreditava. Para escapar dos argumentos de um livro que "representa a sistematização de uma tendência equívoca da inteligência brasileira em relação à música popular", Caetano escreve uma visão original do que se passara na última década no país com o samba e suas transformações — ocorridas entre as inovações cosmopolitas da Bossa Nova e as diluições inevitáveis da cultura de massas.[8]

Já nesse primeiro texto de relevo, Caetano define duas premissas que nortearão seus argumentos futuros: a presença incontornável de João Gilberto e a perspectiva evolutiva e etapista da história. A ideia de "linha evolutiva" já trazia aqui sua definição, formulada de outra maneira. Para que o pensador Caetano Veloso pudesse contra-argumentar as afirmações de Tinhorão — cujo cerne era uma crítica tanto ao caráter classista e colonizado da canção popular pós-Bossa Nova quanto ao apagamento dos "verdadeiros" compositores

---

[7] José Ramos Tinhorão. *Música popular — um tema em debate*.

[8] Caetano Veloso. "Primeira feira de música", p. 2. As demais palavras e frases entre aspas dos parágrafos a seguir são parte desse ensaio.

de samba em seu corte econômico e racial — ele concentra sua argumentação no músico cuja obra fez a síntese de uma história sonora do país. Seja do ponto de vista da tradição, seja do ponto de vista da inovação, João Gilberto teria conseguido articular, em novas bases sonoras e filosóficas, um modo de constituir um estilo musical que era altamente brasileiro e altamente cosmopolita. Citando Caetano, foi ele quem possibilitou aos demais compositores brasileiros "organizar seus conhecimentos no sentido de expressar-se com fidelidade à sua sensibilidade brasileira". Se Tinhorão ainda via naquele momento as obras de Jobim e João como meras citações epidérmicas e plágios elitistas da música moderna norte-americana, Caetano via nessas obras a possibilidade de reinvenção do nosso arquivo. Indo além, essas obras possibilitavam a reinvenção do país.

Basta vermos como ele coloca o ressurgimento que os ditos "sambões" ou sambas puros, como os de Nelson Cavaquinho, Cartola ou Zé Kéti estavam obtendo naquele período, principalmente a partir dos primeiros discos de Nara Leão, das atividades que ocorreram no Zicartola, de shows como *Rosa de Ouro* ou de espetáculos como os de Tereza Aragão no Teatro Opinião. Se Tinhorão vê no repentino sucesso dos compositores das antigas agremiações de samba e dos subúrbios um esgotamento precoce da "moda" da Bossa Nova e uma apropriação da classe média alienada de uma "cultura forte" para aplacar a ausência de cultura própria, Caetano arrisca uma teoria original que subverte a hipótese economicista do crítico: foi justamente por conta das conquistas de Jobim, João e companhia que esses sambas puderam voltar. Em suas palavras, essa "volta do samba" foi "uma necessidade da própria Bossa Nova, um elemento exigido pela sua própria discussão interna". Assim, o que ocorre no país após o lançamento de *Chega de saudade*, ganha o filtro de um músico com "intuição seletiva", que consegue reposicionar de forma moderna gêneros musicais "passadistas" e realizar um momento definitivo na "trajetória dessa linguagem".

Essa visão sobre a trajetória de uma linguagem pode ser articulada com outra perspectiva, também apresentada nesse artigo para a revista *Ângulos*: a proposição de uma "linha de evolução clássica" para um determinado estilo (no caso, o samba) e a "coerência" com a "organicidade evolutiva de uma cultura". Dito de outra forma, Caetano pensa as mudanças históricas de uma forma estética através de linhas orgânicas (para nos apropriarmos do termo contemporâneo de Lygia Clark) que produzem um relato coerente de acúmulos, progressos e bons momentos. No final do artigo, em uma parte intitulada "Depoimento", ele mostra os riscos de se fazer música popular no Brasil em um tempo cujo tom da cultura de massas era a diluição e a transformação de uma composição em produto "vulgar". Seu veredito é a ponte para a tarefa que viria:

> A inevitável eclosão da bossa nova é, comercialmente, natimorta e, culturalmente, vive safando-se do comércio, tanto quanto precisa dele. O que lhe impossibilita apenas andar bem devagar. Estamos tentando a linha perdida.[9]

Tentar uma linha perdida era, no caso de Caetano, a prova de que era necessário que sua geração tomasse como tarefa retomar outra trilha para suas ações criativas: a linha evolutiva.

Voltemos neste ponto para o debate referido da RCB. Ali, era uma "crise atual da música brasileira" e a busca por "caminhos" que dava o tom da convocatória. O livro de Tinhorão — que Caetano sempre reconhece como esforço louvável e pioneiro de sistematização sobre o tema que se dedica — ainda paira como contraponto. A ideia fixada pelo compositor é que o crítico, em sua dura argumentação sobre o caráter colonizado de classe média americanizada que o movimento da Bossa Nova carregava — preferia congelar a criação musical do

[9] Ibid., p. 12

país em um campo iletrado e miserável que, se ainda era presente na sociedade, já não tinha correspondente na criação musical. Segundo o músico, o surgimento de João Gilberto não apagaria Nelson Cavaquinho, assim como o moderno samba carioca não apagara o tradicional samba de roda da Bahia. Para Caetano, Tinhorão se recusava a assumir o caráter renovador do fenômeno da canção popular e a possibilidade de sua historicidade ser de viés integrador, produzindo uma utópica autonomia intraclasses a partir de sua comunidade. Logo na primeira intervenção que faz no debate conduzido por Airton Lima Sobrinho, ele expõe sua discordância com o crítico de forma direta:

> A única coisa que saiu neste sentido — o livro do Tinhorão, defende a preservação do analfabetismo como uma única salvação da música popular brasileira. Por outro lado, se resiste a esse "tradicionalismo" — ligado ao analfabetismo defendido por Tinhorão, com uma modernidade de ideia ou de forma imposta como melhoramento qualitativo. Ora, a música brasileira se moderniza e continua brasileira, à medida que toda informação é aproveitada (e entendida) da vivência e da compreensão da realidade cultural brasileira.[10]

A questão posta é dialética: de um lado, uma demanda pelo analfabetismo como preservação salvacionista do "primitivo"; do outro, a assunção de que a qualidade virá naturalmente pela imposição de uma "modernidade de ideia ou de forma". Entre o conservadorismo popular e o idealismo elitista, Caetano propõe a síntese de uma música que se moderniza a partir de toda informação que possa ser aproveitada no contexto orgânico — seja popular, seja sofisticado,

---

[10] "Que caminhos seguir na música popular brasileira?", publicado no número 7 da *Revista Civilização Brasileira*, in: F. Coelho e S. Cohn (Org.). *Série Encontros — Tropicália*, p. 21.

seja nacional, seja internacional — da população. Esse aproveitamento, portanto, deveria ocorrer através da vivência (palavra escolhida por Caetano) e da compreensão da "realidade cultural brasileira" — isto é, tanto pelo dado incontornável de ser brasileiro quanto pela necessidade de pensar o Brasil na década de 1960 em relação a outras realidades, em um mundo globalizado. Era o que ele chamava, logo em um trecho à frente, de "compreensão emotiva e racional" dos fatos e da história. Viver e entender o país como uma realidade complexa, sem maniqueísmos prévios, sem esquemas reducionistas, sem tentar recusar a vitória mundial da Bossa Nova e suas conquistas. E a saída para isso é recuperar a "intuição seletiva" de João Gilberto.

Intuição, emoção, compreensão, razão. Os termos aparentemente conflitantes mostram a dificuldade de se entender a operação que ele coloca para seus pares e os leitores. Há algo aí que ele intui, uma inteligência que, anos mais tarde, defenderia em *Verdade tropical* como o encontro entre os "hiper-racionalistas" e os "irracionalistas" — os primeiros, representados por artistas e intelectuais ligados ao construtivismo e aos limites das vanguardas modernistas, como os Concretos, os maestros do movimento Música Nova, alguns artistas do grupo Neoconcreto; os segundos, artistas e intelectuais ligados à contracultura brasileira e aos seus experimentalismos transgressores, como Jorge Mautner, Rogério Duarte, José Agripino de Paula, Waly Salomão etc. Esse jogo entre razão e emoção que permeia sua obra pode ser lido já nesse debate de 1966, quando afirma que, para transformar uma tradição, não basta apenas senti-la, mas conhecê-la. E é no conhecimento sensível, no estudo empírico e estético, na produção de um repertório com "os bons momentos" na trajetória de uma linguagem, que será possível traçar uma linha histórica que articule qualidade e invenção.

No debate da RCB, Caetano retoma tal ideia com a frase "devemos criar uma possibilidade seletiva como base de criação". A "linha evolutiva", portanto, aparece nesse contexto entre sentir e entender uma tradição para, após um processo de seleção e depuração, melhorá-la dentro do quadro histórico de seu tempo:

> Só a retomada da *linha evolutiva* pode nos dar uma organicidade para selecionar e ter um julgamento de criação. Paulinho da Viola me falou já alguns dias da sua necessidade de incluir contrabaixo e bateria em seus discos. Tenho certeza que, se puder levar essa necessidade ao fato, ele terá contrabaixo e terá samba, assim como João Gilberto tem contrabaixo, violino, sétimas, nonas e tem samba. Aliás João Gilberto para mim é exatamente o *momento* em que isto aconteceu: a informação da modernidade musical utilizada na recriação, na renovação, no *dar um passo à frente* da música popular brasileira.

As expressões que o compositor escolhe são marcantes no seu ímpeto de crítico que visa um horizonte futuro: "Dar um passo à frente", "selecionar", "momento", traçar uma "linha evolutiva" como *retomada* do ganho qualitativo e criativo na canção popular. No impulso legítimo de *atualização* diante das transformações do mercado fonográfico internacional, Caetano anuncia, em plena época de mudanças no paradigma formativo da moderna canção popular, sua ruptura com leituras que evocam uma tradição (via as conclusões de Tinhorão) "primitiva" como a "verdadeira" música brasileira. Para andar para a frente, era preciso olhar criteriosamente para trás (sem virar estátua de sal ou caminhar naquela direção) e entender os materiais do arquivo que podem inventar o porvir.

O modelo dessa operação, mais uma vez, era João Gilberto. Em seus cinco primeiros discos solos (lançados entre 1959 e 1973), seu repertório era parte de uma tradição que, contraditoriamente, fundava uma ruptura e uma revolução. De Caymmi a Ari Barroso, de Assis Valente a Marino Pinto, de Geraldo Pereira a Bide e Marçal, de Herivelto Martins a Haroldo Barbosa, João teria feito o que parecia impossível: expandir o Brasil do passado em direção a uma atualidade radical. Em um *press release* para o lançamento do disco *Domingo* (1967), primeira experiência solo que Caetano teve ao lado de Gal Costa, vemos um exemplo do seu pensamento "joão gilbertiano" ao dizer que a cantora conseguia lançar "o samba para o futuro, com a espontaneidade de quem relembra velhas musiquinhas".[11] Como João, Gal articulava técnica e sensibilidade, razão e emoção. Fazia samba (tradição) para o futuro, como uma flecha que arrasta o seu tempo rumo a uma progressão complexa, apesar de linear.

A "linha evolutiva", portanto, tornava-se expressão crítica para pensarmos uma história cujo *telos* era uma promessa: fazer jus a Bossa Nova e, principalmente, ao legado de João Gilberto. Essa era a *profecia utópica* que Caetano vislumbrara nas doze faixas daquele disco de 1959.[12] É ele o passado, o presente e o futuro. Daí a necessidade de sempre retomar sua obra e seu legado. Na sua peculiar visão histórica, o prefixo *re* consegue, ao mesmo tempo, rever e revolucionar. Uma linha, portanto, em que as diferentes temporalidades são sempre ingredientes para uma síntese conectiva: integradora *e* transformadora, tradicional *e* atual, Caymmi *e* João.

Voltando à tensão que Caetano estrategicamente produz ao citar constantemente a obra de José Ramos Tinhorão, o compositor afirma que não adiantaria "defender a preservação do analfabetismo como única salvação da música popular brasileira". Dentro desse contexto, a acusação ao crítico é fulcral. Caetano, como bom modernista, deposita todas as suas fichas no novo como signo de invenção e melhoria seletiva para uma ação produtiva. Seria a partir de seu grau de informação que ele poderia provocar uma intervenção vio-

---

11 C. Veloso, op. cit., p. 17

12 O termo "profecia utópica" é utilizado por Caetano em "Diferentemente dos americanos do norte", conferência proferida no Museu de Arte Moderna do Rio de Janeiro em 1993 e publicada em E. Ferraz (org.). *Caetano Veloso, o mundo não é chato*, p. 46.

lenta e efetiva no debate e na produção da canção popular do seu tempo.[13] Tal estratégia contra as opiniões de Tinhorão se mostrava oportuna. Afinal, nas primeiras linhas do prefácio de *Música popular — um tema em debate*, podemos ler, justamente, a visão do crítico e jornalista sobre o tema da "evolução". Citando Tinhorão:

> Isso quer dizer que, enquanto o que se chama de "evolução", no campo da cultura, não representar uma alteração da estrutura socioeconômica das camadas populares, o autor continuará a considerar autênticas as formas mais atrasadas (os sambas quadrados de Nelson Cavaquinho, por exemplo) e não autênticas as formas mais "adiantadas" (as requintadas harmonizações do samba bossa-nova, por exemplo).[14]

Nesse trecho, o crítico inverte astuciosamente polaridades no jogo entre gosto, autenticidade e evolução. Tinhorão cola o autêntico ao "atraso", fazendo da linha evolutiva não uma seta iluminista em direção ao progresso, mas um afastamento do que já seria pleno em sua força "original" — o samba brasileiro e as demais formas sonoras feitas por compositores populares, vindos majoritariamente de uma classe trabalhadora espoliada socialmente e racialmente.

---

13 O termo "violento" remete à quantidade de vezes que Caetano usa "violentar" como verbo de ação quanto ao pacto (carioca, principalmente) de resguardo que a música brasileira fez na era pós-Bossa Nova. Conferir as suas declarações no livro *Música popular brasileira*, uma série de depoimentos recolhidos por Zuza Homem de Mello em 1968. Entre algumas, destaco: "Acho que a música brasileira depois da BN ficou discutindo tudo que a BN propôs, mas não saiu dessa esfera, não aconteceu nada maior. Eu, pessoalmente, sinto necessidade de violência, acho que não dá pé pra gente ficar se acariciando, me sinto mal já de estar ouvindo a gente sempre dizer que o samba é bonito e sempre refaz nosso espírito. Me sinto meio triste com tudo isso e tenho vontade de violentar isso de alguma maneira." J. E. de Mello. *Música Popular Brasileira*, p. 256.

14 J. R. Tinhorão, *Música popular — um tema em debate*.

É curioso que o texto de Tinhorão é anterior tanto ao texto de Caetano na revista baiana *Ângulos* quanto à sua fala na RCB. De onde teria vindo essa coincidência? Teria Caetano elaborado sua "linha evolutiva" em resposta direta a esse comentário do crítico? Ou ambos apenas articularam uma ideia comum nos debates intelectuais de um país subdesenvolvido e com necessidade permanente de inventar sua história em contraponto ao estigma histórico do atraso? Afinal, eram escritores pensando a música popular em um país "condenado ao moderno".[15] O fato é que cada um optou por uma leitura oposta de "evolução" — conceito biológico que se tornou motor histórico para pensar a passagem do tempo como aprimoramento natural. Tinhorão questiona a lógica evolutiva e progressiva da narrativa histórica (e aqui a ideia de *formação* tem papel decisivo), afirma a imobilidade como autenticidade e denuncia a inovação como manutenção de privilégios. Já Caetano adere ao primado da evolução com a fé da modernidade ocidentalizada ao apostar no projeto que incorpora criteriosamente a tradição e propõe como força histórica de continuidade um processo de seleção e escolha. Curioso é que ambos têm consciência histórica da estrutura desigual que sustenta tal debate estético. Tanto Tinhorão quanto Caetano sabiam da necessidade de mudar "a estrutura socioeconômica das camadas populares". Basta vermos a citação que abre este ensaio, retirada do artigo para a revista *Ângulos*, quando o compositor afirma que o destino do cancionista brasileiro passa pela demanda macroestrutural de "libertação do Brasil". Além disso, décadas depois, Caetano retoma o tema para afirmar que até mesmo a revolução estética da João Gilberto deu con-

---

15 A citação é decorrente da expressão criada por Mário Pedrosa em 1958. O trecho completo (que também convoca a ideia de *formação*), é: "O nosso passado não é fatal, pois nós o refazemos todos os dias. E bem pouco preside ele ao nosso destino. Somos pela fatalidade mesma de nossa formação, *condenados ao moderno*", in: M. Pedrosa. *Dos murais de Portinari aos espaços de Brasília*, p. 347.

ta dessa dimensão política: "ninguém compõe 'Chega de saudade', ninguém chega àquela batida de violão sem conhecer não apenas os esplendores, mas também as misérias da alma humana".[16]

Essa tênue concordância — que é muito mais de fundo humanista do que de aliança ideológica — não esconde que a diferença central entre ambos é o desejo do compositor em pensar algo a partir das experiências criativas de sua geração, sem fixar um passado mítico que não possa ser reelaborado por conta de sua aura pura e intocável. Como os poetas concretos de São Paulo (que ainda não conhecia quando elabora tais ideias), a "linha evolutiva" poderia, ao mesmo tempo, propor uma narrativa sobre a *formação* da moderna música popular brasileira e elaborar de forma cuidadosa um *paideuma* cuja régua, no caso de Caetano, é João. Tudo parte e chega de sua voz e seu violão. História, razão e emoção.

De palavra em palavra

Em seu livro *O sequestro do Barroco na* Formação da Literatura Brasileira, Haroldo de Campos analisa a perspectiva que o crítico paulista Antonio Candido propõe em seu estudo clássico sobre a história da literatura brasileira — cujo título é inserido por Haroldo em seu próprio trabalho. Ao propor um modelo constelar oriundo de Walter Benjamin para pensar a ausência do Barroco e de Gregório de Matos na obra de Candido, o poeta paulista se detém sobre o tema da *formação* e de seu "caráter redutor" com as seguintes afirmações:

> A *Formação* privilegia — e o deixa visível como uma glosa que lhe percorre as entrelinhas — um certo tipo de *história*: a evolutivo-linear-integrativa, empenhada em demarcar, de modo enca-

[16] E. Ferraz, op. cit., p. 47.

deado e coerente, o roteiro de encarnação literária do espírito nacional.[17]

Não há dúvida de que a história da música brasileira, pela forma como ela foi contada pelos seus principais autores, obedece ao modelo da "formação" de uma comunidade nacional. Afinal, o tema impregnou a "consciência crítica brasileira" do século XX em diversas frentes de reflexão. Isso implica dizer que a música brasileira teve seus principais modelos explicativos baseados numa linearidade diacrônica em que, necessariamente, um germe evolutivo e, por consequência, a invenção de uma genealogia organicista, precisaram ser desenvolvidos em prol de uma teleologia. Uma sequência linear que viria do mais "primitivo" ao mais "sofisticado" e consolidaria ao longo do tempo uma "verdade".

Tal princípio da *formação*, da superação dialética em prol de uma melhoria progressiva, aplica nas práticas e nos discursos sobre a canção popular um filtro criativo e interpretativo que articula, em uma mesma continuidade, história (a "passagem do bastão" entre gerações") e composição (uma forma estável e com limites e leis predefinidos para a transgressão). Como aponta Haroldo de Campos, é parte de uma tradição teleológica e tautológica de História, que pensa o tempo e seu desenvolvimento a partir do presente e de suas demandas. De alguma forma, podemos aqui sugerir como provocação que, para Caetano Veloso, João Gilberto e História são sinônimos em sua linha evolutiva.

O princípio narrativo da *formação*, portanto, propõe uma perspectiva etapista que indica seus "momentos decisivos" como uma espécie de espinha dorsal que organiza essa história — aqui, no caso,

---

[17] H. de Campos. *O sequestro do Barroco na Formação da Literatura Brasileira — o caso Gregório de Matos*, p. 44

a história da canção popular no Brasil.[18] Ao entendermos a história enquanto uma sequência linear de momentos, é possível perceber quando algum elemento dissonante interrompe a linha do tempo e quando se faz necessária uma operação de depuração normativa de volta à linha formativa "autêntica". É nesse modelo, por exemplo, que a "raiz" se torna a imagem perfeita para uma concepção conservadora de origem (ativada, por exemplo, por Tinhorão) e que o "atraso" ou o "primitivo" podem servir como valores excludentes das vozes e sonoridades que escapam de tal linha.

O interesse em trazer Haroldo de Campos para esse debate é que será justamente seu irmão e parceiro de ideias, Augusto de Campos, o intelectual público que mobilizará com desenvoltura a "linha evolutiva" de Caetano Veloso. Isso ocorre na série de artigos e entrevistas que o crítico fez entre 1966 e 1968, reunidos no livro *Balanço da Bossa*, publicado em 1968. Em 1974, a segunda edição ganha o adendo *e outras bossas* em seu título.[19] No conjunto de textos que Augusto publica, as experiências e ideias de Caetano Veloso e Gilberto Gil se mostram decisivas na sua concepção dos rumos que a música popular ganhava até então.[20] Mais do que isso, o que o crítico-poeta vê na dupla de compositores — e nas opiniões públicas de Caetano — é a oportunidade de uma aliança trans-histórica. Se a poesia concreta seria a confirmação de uma vertente experimental e construtiva do Modernismo de 1922 em sua face antropofágica (a obra de Oswald

---

18 Tanto a ideia de *formação* quanto a de "momentos decisivos" dialogam com *Formação da Literatura Brasileira — Momentos decisivos*, trabalho clássico de Antonio Candido, publicado pela primeira vez em 1956.

19 Apesar de creditado a Augusto de Campos, as duas edições trazem a participação de Brasil Rocha Brito, Júlio Medaglia e Gilberto Mendes. No ensaio em questão, trabalhamos com a terceira edição, de 1993. Todas as três edições foram publicadas pela editora Perspectiva.

20 Para uma análise detida do livro de Augusto de Campos, conferir S. Naves, "Balanço da Bossa: Augusto de Campos e a crítica de música popular".

de Andrade), o trabalho inovador que os compositores baianos passam a fazer a partir de 1967 seria a articulação perfeita — mais uma vez, a síntese — desses processos vanguardistas que partem do experimental e, principalmente, da *invenção* para realizar seus trabalhos no âmbito de uma cultura de massas. Outro ponto fundamental é que, no caso específico do campo musical, Augusto também reforça a ideia de que o trabalho de Veloso e Gil está em consonância estética — e histórica — com o trabalho inovador de João Gilberto. Será ele, aliás, que produzirá a dobra temporal perfeita entre passado, presente e futuro, ou entre a tradição (o Modernismo) e o Tropicalismo.

Em seus principais artigos no livro (publicados antes em jornais como *O Estado de S. Paulo* e *Correio da Manhã*), Augusto aplica aquilo que chamou na introdução da primeira edição de "previsão evolutiva de Caetano".[21] O segundo artigo é "Boa palavra sobre a música popular", publicado em outubro de 1966. Ao contrário do primeiro, "Da Jovem Guarda a João Gilberto", publicado em abril do mesmo ano, "Boa palavra" já traz como ingrediente crítico o depoimento da Caetano para a *Revista Civilização Brasileira* n. 7.

No texto de abril, primeira intervenção aberta de Augusto nos debates da canção popular, ele apresenta sua perspectiva do "novo" em relação ao sucesso mercadológico do movimento iniciado nos programas de televisão por Roberto Carlos, Erasmo Carlos, Wanderléa e outros nomes sob o tino comercial de Carlos Imperial. Como provocação, Augusto comete a "heresia" de dizer que as experiências sonoras dos jovens suburbanos cariocas têm mais afinidade com os usos enxutos e sem ornamento da voz em João Gilberto do que as canções de cunho folclórico e popular que a moderna música popular brasileira e seus jovens de base progressista e universitária estavam

---

[21] Vale ressaltar que tanto Júlio Medaglia quanto Gilberto Mendes utilizam o termo "linha evolutiva" em seus respectivos artigos presentes na coletânea de Augusto de Campos.

fazendo até então. Eram eles os portadores da "informação nova", assim como foi João Gilberto na Bossa Nova.

Já no texto de outubro, a novidade no argumento é o surgimento desse jovem compositor baiano (como João Gilberto) que não só lança letras mais adequadas aos padrões construtivos e econômicos da poesia concreta (na visão de Augusto), como propõe um pensamento crítico sobre o processo que a música brasileira atravessava no bojo de suas transformações estéticas, históricas e econômicas. Ali, já encontramos o par que mobilizará as ideias dos seus textos posteriores: Oswald de Andrade e João Gilberto, o casamento perfeito entre modernismo e modernidade. Enquanto o primeiro servirá como método para analisar a relação da canção popular com a cultura de massas internacional (e evitar as "macumbas para turistas"), o segundo será o índice de informação da radicalidade inventiva. Por conta da intervenção de Caetano, que Augusto reproduz praticamente na sua íntegra, os termos temporais como "passo à frente" e "passo atrás" são incorporados definitivamente pelo crítico. Há, porém, o aviso: não se trata de "volta" ou "saudosismo". O que Caetano propõe, na visão de Augusto, é um antídoto contra aqueles que pregam uma "reconciliação com as formas tradicionais da música brasileira". Para o crítico, o que temos agora é uma forma de "tomada de consciência" do papel renovador que a canção popular precisa ter no contexto contemporâneo. São eles, os baianos, que conseguem "desprovincianizar" esse cenário e torná-lo, simultaneamente, brasileiro e internacional — como a antropofagia oswaldiana ou, por que não, a poesia concreta.

Gonzalo Aguilar, em seu extenso trabalho *Poesia concreta brasileira — as vanguardas na encruzilhada modernista*, propõe pensarmos, a partir do livro de Augusto de Campos, a aproximação entre a poesia concreta e os compositores tropicalistas a partir de "quatro linhas interpretativas" (talvez um jogo de palavras com a linha evolutiva) que serviriam para instaurar uma continuidade estratégica entre os primeiros e os segundos. A primeira dessas linhas, chamada pelo crítico de "A distância crítica", traz os dados necessários para serem implementados "critérios de homogeneidade, autonomia e evolução" que implicassem, na obra de Caetano e Gil, "uma atitude construtiva". O mais importante para o argumento desse ensaio é o que ele chama de "distância crítica do arquivo". Saber selecionar, com consciência crítica, os materiais da tradição, é um gesto que está na base da ideia de Caetano Veloso apropriada por Augusto de Campos.[22]

Uso o verbo "apropriar" no seu sentido produtivo, já que a "linha evolutiva" seguiu sendo utilizada nos textos seguintes de Augusto. Em "O passo a frente de Caetano Veloso e Gilberto Gil" (1967), a proposição já se encontra no próprio título. Mais uma vez, o termo é destacado como "a mais lúcida autocrítica da música popular brasileira" e "oportuna rebelião com a 'ordem do passo atrás'".[23] A mesma abordagem ainda aparece nos artigos "A explosão de *Alegria, alegria*" (1967), "Viva a Bahia-ia-ia" e "Informação e redundância na música popular" (ambos de 1968). O arco se encerra com duas entrevistas — de Gilberto Gil (cuja primeira pergunta já enuncia a "retomada da linha evolutiva") e Caetano Veloso — realizadas em abril de 1968. Com elas, Augusto aperta o nó górdio que amarra, na mesma linha evolutiva, Oswald de Andrade, os concretos, a bossa nova de João Gilberto e os novos compositores baianos.

Aqui temos uma série de camadas que podem ser especuladas. Apesar da crítica permanente que os poetas concretos fazem de uma ideia historicista da literatura, da poesia e da cultura brasileira em geral, Augusto aplica a imagem da "passagem de bastão" — metáfora central na perspectiva formativa de Antonio Candido — entre as três gerações. Como o autor da *Formação da Literatura Brasileira*, o poeta concreto também define os seus "momentos decisivos" na trin-

[22] G. Aguilar. *Poesia concreta brasileira — as vanguardas na encruzilhada modernista*, p. 135.

[23] A. de Campos, op. cit., p. 143.

ca modernismo-concretismo-tropicalismo — trinca esta que inaugura um segmento crítico no pensamento cultural brasileiro cuja reverberação nas análises e abordagens sobre esse período se sente até hoje. Há ainda o papel de João Gilberto como divisor de águas — o dono do bastão — que, na lógica do *paideuma* utilizado pelos concretos, demarca um "ponto luminoso" incontornável na valorização dos novos compositores baianos como "Inventores".

O *paideuma*, termo criado pelo etnólogo alemão Leo Frobenius em 1921 e utilizado por um dos ideólogos centrais do movimento concreto, Ezra Pound, é um método de eficiência analítica em relação ao repertório eclético e desigual de uma cultura ou campo estético. É no seu *ABC of Reading* (1934), traduzido no Brasil como *ABC da Literatura* pelo próprio Augusto de Campos e José Paulo Paes em 1970, que vemos o arcabouço com o qual o *Balanço da Bossa* partilha. Em um primeiro plano, o *paideuma* como método de seleção histórica, em que, na "ordenação do conhecimento", o estudioso possa "achar, o mais rapidamente possível, a parte viva" do mesmo.[24] Em um segundo plano, a tipologia poundiana divulgada pela poesia concreta na década de 1950, em todos os seus manifestos e textos centrais, propunha três categorias para os criadores: os inventores (os precursores que descobrem e deslancham novos processos criativos), os mestres (os que conseguem, combinando diferentes processos criativos, irem além das ideias dos inventores) e os diluidores (os que apenas repetem o já feito pelos dois primeiros, sem conseguir produzir nada de original).[25]

Essa famosa perspectiva, que articula seleção e depuração, pode ser tanto vista na perspectiva da *formação* de Antonio Candido (em que prioriza os "momentos decisivos" e seus autores fundamentais como chaves de leitura cuja força histórica organiza em periferias

---

24 E. Pound. *ABC da Literatura*, p. 161. Vale reparar como o termo "parte viva" ressoa a metáfora organicista/vegetal da *formação*.

25 Ibid., p. 42.

e gradações qualitativas os eventos que não definem um tempo em função da díade tradição/posteridade), quanto na perspectiva da "linha evolutiva", em que o trabalho de depuração do arquivo musical brasileiro feito por João Gilberto (caso raro de "mestre" e "inventor" simultaneamente) é o ponto nevrálgico de entendimento do passado e projeção de futuro.

De alguma forma, o que sugiro aqui é o peso de uma perspectiva temporal no debate crítico do período e suas diferentes saídas. Mesmo com as especificidades de cada um, *paideumas*, formações e linhas evolutivas buscavam modelos explicativos para entender nosso impasse diante do subdesenvolvimento, do processo colonial, do seu lastro de atraso e sua impossibilidade plena de salto para o progresso — ao menos nos moldes ocidentais que tanto Antonio Candido quanto Augusto de Campos e Caetano Veloso interagem em suas teorias.

Minha voz, minha vida

E como o próprio Caetano aplicou a organicidade da ideia de "Linha evolutiva" em sua obra? O compositor que acompanhamos ao longo dos textos de Augusto de Campos é aquele que tinha apenas dois discos lançados — um ao lado de Gal Costa, *Domingo*, gravado em 1967, e outro solo, *Caetano Veloso*, conhecido como o "disco tropicalista", de 1968. Havia também feito o disco-manifesto *Tropicália ou Panis et circencis*, ao lado do grupo de intérpretes, músicos, compositores e arranjador (Rogério Duprat) que definiram o caráter sonoro do movimento. Em dezembro do mesmo ano, como se sabe, foi preso ao lado de Gilberto Gil, sendo solto apenas em fevereiro de 1969, partindo para o exílio em Londres em meados do mesmo ano. Após essa sequência de eventos, Caetano só retornará ao Brasil em janeiro de 1972.

Nesse período, o músico faz um disco durante a prisão domiciliar em Salvador (conhecido como "álbum branco") e dois discos para a matriz inglesa da gravadora Philips: *Caetano Veloso*, conhecido como o disco londrino, cantado praticamente todo em inglês, e *Transa*, obra-prima gravada em Londres no segundo semestre de 1971. Esse, só seria lançado em março do ano seguinte, com o músico já em solo brasileiro. Sua volta, assim como já ocorria antes de sua prisão, foi rodeada de atenções, pedidos de entrevistas, matérias jornalísticas e ensaios. Em uma dessas entrevistas, concedida para a revista *O Bondinho*, Caetano reafirma, com outra embocadura, alguns dos princípios que nortearam sua ideia de "linha evolutiva". Lá, em formato de balanço do que ocorrera antes do exílio, podemos ler sua relação com os poetas concretos e a obra de Oswald de Andrade, a preocupação permanente em definir um perfil cosmopolita e contemporâneo para a canção popular brasileira, o tema do subdesenvolvimento como problema permanente para a criação cultural no Brasil e, por fim, a centralidade absoluta de João Gilberto.

É curioso — ou óbvio, mediante tudo que este ensaio tenta articular — que o adjetivo que Caetano usa tanto para a poesia concreta quanto para o trabalho de João seja o mesmo: radical. Se nos primeiros ele viu uma aliança com o seu trabalho de compositor por conta de uma "atitude radical" de ambas as partes, no caso do músico de Juazeiro do Norte, o que os associava era algo no mesmo tom: "tomei o negócio do João Gilberto como um exemplo, essa coisa da radicalidade".[26]

Apesar da etimologia da palavra "radical" vir do termo "raiz", nada mais distante do uso que Caetano fazia dela do que a imagem conservadora que circulava nos debates sobre música popular. Nesses, a mesma raiz era convocada como sentido de origem e pureza. Aqui, a radicalidade é sinônimo de atualidade. Pelo prisma da linha evolutiva, ser atual era saber selecionar os momentos chaves dessa radicalidade projetiva que atualiza o arquivo em prol de uma nova informa-

[26] Sérgio Cohn e Miguel Jost. *O Bondinho — Entrevistas*, p. 239.

ção — uma síntese que abre para novas etapas de produção crítica e criativa. No contexto desse debate, podemos pensar *Transa* como o produto mais bem acabado da linha evolutiva proposta por Caetano.

Após um disco cuja função foi uma espécie de descompressão da carga depressiva e do choque que prisão e exílio causaram na sensibilidade do compositor (e do cidadão), o trabalho seguinte inaugurava um tempo inédito para ele. *Transa* é o primeiro projeto em que Caetano monta pra si uma banda (e que banda!), elabora um repertório, produz uma ideia sonora original — em conjunto com Jards Macalé, diretor musical do trabalho, importado do Rio especialmente para a tarefa — e interpreta com plena desenvoltura bilíngue algumas das canções que se tornaram verdadeiros clássicos.[27]

O que faz desse disco um fenômeno (um ponto luminoso, para usarmos a expressão de Pound, ou um "momento decisivo" para ficarmos abusadamente com Antonio Candido) presente em qualquer lista dos melhores discos brasileiros de todos os tempos? Sem dúvida que seu marco, para além do apuro estético e sonoro, é o arquivo cancional que Caetano mobiliza em suas faixas. Como proclamado no debate da RCB, o disco alia sentimento e conhecimento, fazendo da história musical de um país uma história pessoal. Como um curador de sua própria memória sonoro-afetiva, ele agora reorganiza o movimento — não mais da nação ou do campo musical, e sim das suas escutas. Conhecedor assombroso, como João Gilberto, da história popular da canção radiofônica brasileira das décadas de 1940 e 1950, criador formado nas disputas que, por conta da ruptura tropicalista, travou com seus pares (muitos deles amigos próximos) no final da década anterior, Caetano faz em *Transa* um ajuste de contas consigo mesmo e com sua geração ao inserir em suas faixas um re-

---

[27] Os músicos envolvidos no disco, além de Caetano e Macalé, são Tutty Moreno, Moacyr Albuquerque e Áureo de Souza. Para aprofundar a relação criativa e frutífera de Caetano Veloso e Jards Macalé durante as gravações do disco, conferir Fred Coelho, *Jards Macalé — Eu só faço o que quero.*

pertório de citações que iam de Carlos Lyra a Edu Lobo, de Beatles a Mansueto Menezes, de Gregório de Matos a Dorival Caymmi, de Luiz Gonzaga a Baden Powell e Vinicius de Moraes. Na entrevista já citada para *O Bondinho*, ele comenta esse processo de escuta e estudo:

> Por exemplo, [em Londres] eu fiquei ouvindo melhor as músicas, as letras, reouvi os Beatles direito, porque eu não conhecia realmente direito, entendeu? Revi o que foi feito no Brasil durante esse tempo, por ter visto toda essa coisa... Achei fantástico como tudo aconteceu no Brasil, fiquei entendendo melhor.[28]

Nessa cornucópia de citações, vemos o método seletivo e a organicidade que insere, com sensibilidade dialógica, tais citações em pleno fluxo sonoro das suas próprias canções. Entre Caetano dizer que "você não me conhece" e entoar "Maria Moita" de Lyra e Vinicius, que por sua vez foi cantada por Nara Leão no espetáculo *Pobre menina rica* e gravada em seu emblemático disco de estreia pela gravadora Elenco, temos a materialização de uma inventiva costura de si e da história, de sua voz e sua vida. Uma síntese.

Entre o pré-sampler e a devoração antropofágica, entre a citação e a homenagem, fica evidente a "linha evolutiva" que costura a obra de Caetano e sua banda. No campo sonoro, rock, baião, reggae, samba e cantigas folclóricas da Bahia embalam de forma diversificada esse "passo à frente" definitivo. Se no trabalho imediatamente seguinte o repertório tende mais para a radicalidade dos concretos (me refiro aqui a *Araçá azul*, gravado em 1972), em *Transa* a radicalidade é oriunda do apetite devorador de Oswald de Andrade e do oráculo João Gilberto. A síntese entre o Barroco e o pop realiza um trabalho que, simultaneamente, encerra uma época e inaugura outra. O disco, e Caetano lembra disso na mesma entrevista para o *Bondinho*,

---

[28] Sérgio Cohn e Miguel Jost, op. cit., p. 228.

foi realizado sob o impacto de *Plastic Ono Band*, primeiro trabalho solo de John Lennon, lançado em Londres quando Caetano morava lá. O tema do fim do sonho ("The dream is over", última frase da devastadora canção "God") marca o músico tanto quanto marcou seu amigo e parceiro Gilberto Gil, autor de "O sonho acabou", canção composta na mesma época. Para zerar o jogo com o passado e superar o saudosismo do Brasil, era preciso um trabalho que afirmasse com todas as letras: chega de saudade.[29]

Nos trabalhos que viriam nos anos seguintes, vemos Caetano em um refluxo do lugar de crítico orgânico do formato canção e de liderança intelectual ostensivamente atuante no debate público. *Joia* e *Qualquer coisa*, trabalhos gêmeos divididos em duas frentes e lançados simultaneamente, são dois discos que demonstram, mais do que nunca, a ênfase no músico. Ao modo bossa-novista, valoriza a economia de instrumentos e o seu trabalho — cada vez melhor — de intérprete. Vemos também sua liberdade na seleção de repertórios, retomando canções dos Beatles de diferentes períodos ("Help", "For no one", "Eleanor Rigby" e "Lady Madonna"), porém, com arranjos completamente despojados em voz e violão. Há ainda sambas de Chico Buarque e Jorge Ben e um poema de Oswald de Andrade musicado. A abertura sonora que *Transa* tinha dado ao seu trabalho era agora posta em uma perspectiva livre que nunca mais faltaria ao longo de sua carreira.

Assim, o arquivo, a tradição, a saudade, seja como queiramos classificar, é sempre articulada ao radical senso de atualidade que o compositor popular precisa ter. Um disco exemplar para esse tipo de procedimento é *Totalmente demais*, registro de um show de 1986 cujo repertório vai de "Kalu", faixa composta por Humberto Teixeira para

---

[29] Como exemplo dessa atmosfera desiludida com um projeto utópico para o país, gestado nas décadas de 1950 e 1960 e que na década seguinte já apresentava sua falência, lembro aqui do ensaio "Brasil diarreia", escrito por Hélio Oiticica em 1970 e gritava, em letras maiúsculas, a sentença "CHEGA DE LUTO NO BRASIL".

Dalva de Oliveira, até "Todo amor que houver nessa vida", do então atualíssimo jovem compositor carioca Cazuza. Nessa linha evolutiva pessoal, foram gravados standards norte-americanos, canções latinas, repertórios sofisticados seus e de terceiros. Parcerias com Augusto de Campos, Arto Lindsay e Jacques Morelembaum tiveram como contrapontos mergulhos populares com shows e discos ao lado de nomes radiofônicos como Maria Gadu e Ivete Sangalo, bandas de diferentes formações foram montadas e desmontadas. Na perspectiva de sua linha evolutiva, o Tropicalismo seguiu como seta histórica pela sua premissa antropofágica e seletiva dos repertórios que ele pode revisitar ou inaugurar.[30]

Na primeira faixa de seu disco lançado em 2022, "Meu coco" (faixa e disco, aliás, com o mesmo nome), essa forma peculiar de organizar o repertório a partir de uma ação seletiva e inventiva do arquivo ganha mais um capítulo. Em uma letra vertiginosa, ele consegue fazer pulsar, ao mesmo tempo, o seu passado e o passado-presente da canção brasileira. Entre Irenes, Naras, Bethânias e Elis, entre Caymmi, Noel, Djavan e Chico Buarque, quem estabiliza o vórtex é, sempre, João Gilberto. É ele quem "fala", e o coco de Caetano deambula pelas muitas histórias de muitos Brasis.

Mas é em "GilGal" que o modelo histórico tão caro ao tema da linha evolutiva é retomado de forma cristalina. A partir de um nome composto pelos seus maiores parceiros — espécie de ser bifronte, novamente síntese do próprio horizonte estético e qualitativo que Caetano sempre afirmou como primados de excelência — ele opera o tema

---

[30] Para não dizer que o termo "linha evolutiva" fica datado nos debates da década de 1960, na já referida conferência "Diferentemente dos americanos do Norte", Caetano retoma o termo, agora em um contexto mais amplo e comparativo do Brasil com os Estados Unidos: "Apenas não exijo menos do Brasil do que levar mais longe muito do que se deu ali [nos EUA] e, mais importante ainda, mudar de rumo muitas das *linhas evolutivas* até espantosas conquistas tecnológicas, estéticas, comportamentais e legais", in: E. Ferraz, op. cit., p. 59.

da origem (com o verbo "vem" usado no sentido de uma trajetória localizada em algum ponto de partida), a seleção e o passo à frente. Dessa vez, porém, ele coloca na mesa a reinvenção do que realmente importa para qualquer linha evolutiva brasileira nos tempos contemporâneos: a presença da matriz afrodiaspórica na formulação do que é a música popular e o Brasil.

Caetano, 55 anos depois de declarar a importância da "retomada da linha evolutiva", hoje entende que novos arquivos precisam ser criados. Se toda a música brasileira é feita das excelências "de Pixinguinha a Jorge Ben", passando por Djavan, Wilson Batista, Jorge Veiga, Carlos Lyra e "o imenso Milton Nascimento", nada disso chega "aos pés dos Tincoãs". Banda formada na Bahia durante o período em que Caetano, Gil e seus companheiros estavam revolucionando os debates e práticas sonoras na canção brasileira do seu tempo e alhures, a partir da entrada de Mateus Aleluia, a banda reinventou sua trajetória, abandonando boleros e mergulhando no universo musical de matriz africana. Essa guinada — ou invenção de uma outra linha evolutiva? — é consolidada no disco homônimo de 1973, por décadas (e talvez até hoje) desconhecido de muitos pesquisadores. É singular que, em 2022, a linha evolutiva de Caetano Veloso possa, ainda, desfazer equívocos, refazer o arquivo e colocar a premissa afro-baiana como um novo começo, de uma possível nova história, em um necessário novo Brasil. ∞o

Referências bibliográficas

AGUILAR, Gonzalo. *Poesia concreta brasileira — as vanguardas na encruzilhada modernista*. São Paulo: Edusp, 2005

CANDIDO, Antonio. *Formação da Literatura Brasileira — Momentos decisivos*. Rio de Janeiro: Ouro sobre Azul, 2006.

CAMPOS, Haroldo de. *O sequestro do Barroco na Formação da Literatura Brasileira — O caso Gregório de Matos*. São Paulo: Editora Perspectiva, 2011.

COELHO, Fred. *Jards Macalé — Eu só faço o que quero*. Rio de Janeiro: Numa, 2020.

____; COHN, Sérgio (orgs.). *Série Encontros — Tropicália*. Rio de Janeiro: Azougue, 2008.

COHN, Sérgio; JOST, Miguel. *O Bondinho — Entrevistas*. Rio de Janeiro: Azougue, 2008.

FERRAZ, Eucanaã (org.). *Caetano Veloso, o mundo não é chato*. São Paulo: Companhia das Letras, 2005.

GOMES, Paulo Emílio. *Cinema: trajetória do subdesenvolvimento*. Rio de Janeiro: Paz e Terra, 1986.

MELLO, José Eduardo de. *Música Popular Brasileira*. São Paulo: Melhoramentos, 1976.

NAVES, Santuza. "Balanço da Bossa: Augusto de Campos e a crítica de música popular", in SÜSSEKIND, Flora; GUIMARÃES, Júlio Castañon (orgs.). *Sobre Augusto de Campos*. Rio de Janeiro: Sete Letras, 2004.

PEDROSA, Mário. *Dos murais de Portinari aos espaços de Brasília*. São Paulo: Perspectiva, 1981.

PENNA, João Camillo. *O tropo tropicalista*. Rio de Janeiro: Circuito, 2017.

POUND, Ezra. *ABC da literatura*. São Paulo: Cultrix, 1970.

SANTIAGO, Silviano. "Apesar de dependente, universal", in: *Vale quanto pesa*. Rio de Janeiro: Rocco, 1982.

___. "A literatura brasileira da perspectiva pós-colonial — um depoimento" (versão impressa), palestra proferida na Universidade Federal de Minas Gerais, 2015.

SCHWARZ, Roberto. "Verdade tropical: um percurso do nosso tempo", in: *Martinha versus Lucrécia — ensaios e entrevistas*. São Paulo: Companhia das Letras, 2012.

TINHORÃO, José Ramos. *Música popular — um tema em debate*. Rio de Janeiro: Editora Saga, 1966.

VELOSO, Caetano. "Primeira feira de música", in: *Alegria, alegria*. Rio de Janeiro: Pedra Q. ronca, 1979.

James Martins
CAETANO, BAIANO

"Sou baiano e estrangeiro." Antes de ser verso de Tom Zé na letra de "2001", música lançada em 1969, essa foi uma frase-afirmação de Caetano Veloso, dita em entrevista a algum jornalista, em 1967, na primeira hora do Tropicalismo. E é uma espécie de chave para abordar o que aqui pretendo demonstrar, isto é, que ser baiano é *qualitas* fundamental na construção da *persona* artística Caetano Veloso — e que essa qualidade foi também deflagradora do movimento tropicalista, inclusive naquilo que a Tropicália pareceu ter (e tinha, teve, tem) de fortemente internacionalizante. "Sou baiano e estrangeiro", disse o jovem cantor e compositor. O Brasil mesmo, território de conflitos algo superficiais, ficou fora da conversa. E aqui já aparecem as primeiras questões: por que importaria tanto assim ser baiano, a ponto de impactar até na abertura à influência estrangeira que marcou a obra do artista? E o fato de ser estrangeiro, que peso tem?

"Onde eu nasci passa um rio
Que passa igual no sem fim
Igual sem fim minha terra
Passava dentro de mim."

A equação é mais complexa do que parece. Para resolvê-la precisamos encarar a difícil questão da identidade. O que significa ser baiano?

Em março de 1949, quando Tomé de Sousa e sua tropa desembarcaram no Porto da Barra com a missão de fundar a cidade-fortaleza que veio a ser Salvador, já encontraram por aqui um esboço de organização social indo-europeia, portanto mestiça, encarnada na convivência de Diogo Álvares Correa com os tupinambás. E o lance crucial, a nosso ver, é que Diogo Álvares, rebatizado Caramuru pelos indígenas donos do litoral, era já o primeiro baiano, um proto-Pierre Verger (aquele dândi francês que séculos depois também baianizou-se e se rebatizou Fatumbi) do mundo quinhentista. Coroando o entrosamento que mantinha com os nativos, Caramuru casou-se com a índia Paraguaçu, filha do cacique Taparica, na Catedral de Saint-Malo, na França, onde ela também rebatizou-se, como Catarina (em homenagem à madrinha da cerimônia, Catherine des Granches, esposa de Jacques Cartier, o descobridor do Canadá). Desse casal surgiu uma nova linhagem humana, uma estranha identidade cuja principal característica é justamente a mistura, a pluralidade.

Vale dizer que, embora português, Diogo Álvares naufragou nas águas do Rio Vermelho sob bandeira francesa, no local que hoje, e já há bastante tempo, se chama Mariquita — e embora pareça ser um diminutivo lusitano de Maria, trata-se de corruptela de formulação tupi que guarda, em sua carne, esse fato histórico e revelador. Quem nos explica é o também santo-amarense Teodoro Sampaio, em seu pioneiro *O tupi na geografia nacional* (1901). Trata-se da junção de três palavras daquele tronco linguístico: *mair* (= francês) + *y* (= rio) + *kyta* (= naufrágio). *Mair-y-kyta*, isto é, o rio onde naufragou o francês. Daí para a forma aportuguesada Mariquita foi um pulo. E o mais curioso é que Caetano Veloso, aqui na Cidade da Bahia, mora justamente na Mariquita onde tudo começou. E dali para o Porto da Barra é outro pulo. Mas não percamos o fio da meada. Eis o que interessa: quando a tropa de Tomé de Sousa chegou para construir a primeira capital da colônia, cidade-fortaleza planejada como uma Brasília do século XVI, no traço preciso do mestre Luís Dias, o que encontrou já era a Bahia. A saber, uma catrevagem impossível de ordenar, multifacetária, de interpenetração, onde o estrangeiro é rapidamente deglutido e incorporado à alma geral, à corrente sanguínea, onde tudo faz parte de um. Não por acaso, esta que foi, repito, a primeira cidade planejada das Américas, destaca-se hoje e há muito (inclusive negativamente) por sua desordem urbana agudíssima.

Assim também, a ideia de uma cidade militar, onde o fechar-se, o proteger-se, vinha antes mesmo que o morar, terra impermeável à invasão estrangeira, cercada de fortes, encontrou anticorpos muito mais fortes na família Caramuru-Paraguaçu, a tradicional família baiana, para poder estabelecer-se de fato. Ao contrário, o que vingou aqui foi o porto globalizado, o mais importante do Atlântico Sul nos séculos XVII e XVIII, tendo a própria Baía de Todos os Santos (Kirimurê, como os tupinambás a chamavam), com suas águas que entram e que saem — boca, xota aberta — como sistema, como ícone.

"O rio deságua no mar
Já tanta coisa aprendi
Mas o que é mais meu cantar
É isso que eu canto aqui."

Uma importante observação do arquiteto e historiador contemporâneo, o também baiano Francisco Senna: "O baiano tem a característica de não estranhar nada que se lhe apresente. Tudo que chega novo, na Bahia, no ano seguinte já é tradição. A gente adota como se fosse nascido aqui, de berço." Outrossim, a Boa Terra, como muitos já a chamaram, costuma também, justamente graças a seu centro sem centro, apresentar-se como terra estrangeira, exótica, um outro país, a brasileiros em geral e até mesmo a... baianos! Fato é que aqui tudo entranha-se e tudo estranha-se, podemos dizer jogando com o slogan criado por Fernando Pessoa (esse homem de muitas caras, "estranho estrangeiro", patrício nosso pela língua do padre Vieira) para a Coca-Cola: "Primeiro estranha-se, depois entranha-se." Aqui, porém, a ordem cronológica não é linear. Ideograma. Assim, voltando ao início, a frase de Caetano que Tom Zé tomou como slogan numa canção heroica do Tropicalismo, "Sou baiano e estrangeiro", é, na verdade, um pleonasmo. Ser baiano já é ser estrangeiro. Mas por dentro.

Em *Verdade tropical*, espécie de autobiografia da Tropicália (algo como a *Autobiografia de Alice B. Toklas*, de Gertrude Stein, por sinal citada no fim do livro em tom metalinguístico), lançado no aniversário de trinta anos do movimento, Caetano escreve: "A palavra-chave para se entender o Tropicalismo é sincretismo." E completa dizendo:

> E na verdade os remanescentes da Tropicália nos orgulhamos mais de ter instaurado um olhar, um ponto de vista do qual se pode incentivar o desenvolvimento de talentos tão antagônicos quanto o de Rita Lee e o de Zeca Pagodinho, o de Arnaldo Antunes e o de João Bosco, do que nos orgulharíamos se tivéssemos inventado uma fusão homogênea e medianamente aceitável.[1]

Arrematando então: "Somos baianos." Sincretismo. Palavra "perigosa" — assim a classifica o próprio artista, que nos faz pensar imediatamente no sincretismo religioso que irmanou (mas não confundiu) no Brasil santos católicos e orixás do candomblé, a começar pela Bahia —, ela parece ainda mais irresistível para decifrar o movimento quanto mais nítido fica que toda música pop do mundo tem por base os toques dos atabaques da macumba, que cada ritmo brasileiro (mas não só) traz em seu DNA uma célula matricial da música sacra africana: do samba, passando pelo tango, ao rock 'n' roll.

---

[1] Caetano Veloso. *Verdade tropical*. São Paulo: Companhia das Letras, 1997, p. 292.

"Hoje eu sei que o mundo é grande
E o mar de ondas se faz
Mas nasceu junto com o rio
O canto que eu canto mais."

De modo simplista, o Tropicalismo pode ser (e tantas vezes é) descrito como uma mistura de música popular brasileira e rock, sendo a adoção da guitarra elétrica a atitude escandalosa principal. Filhos e admiradores da Bossa Nova, Caetano, Gil, Gal e seus companheiros de movimento de repente apareciam transfigurados em roqueiros, acompanhados pelo timbre (e ostentando a postura) daquele instrumento símbolo do imperialismo norte-americano. Basta lembrar que naquele mesmo ano de 1967 aconteceu a Marcha Contra a Guitarra Elétrica da Família com Deus e Pela Propriedade (perdoem a brincadeira :p), liderada por Elis Regina e com participação de ninguém menos que Gilberto Gil. Logo Gil, tido como o profeta tropicalista, enquanto Caetano seria apenas (assim considerou Rogério Duarte) seu apóstolo. Mas, enfim, embora não tenha se dado sem dor, sem algo (muito) de autoviolação, a adesão à guitarra elétrica era também um retorno às origens. Isto é, um retorno à Bahia. Pois hoje em dia todo mundo sabe que a guitarra elétrica é também uma invenção baiana da lavra de Dodô & Osmar, do início dos anos 1940, para tocar no Carnaval. Assim, enquanto Rio e São Paulo, já então centros urbanos muito mais desenvolvidos (quer dizer, muito mais cosmopolitas) que Salvador, ainda estavam se debatendo contra a invasão ianque representada pela música eletrificada, baianos, criadores de um contexto elétrico próprio para sua festa mais tradicional, não podiam deixar de achar que havia algo de estranho e de errado naquilo. E fazer justiça à própria natureza.

Eu mesmo perguntei a Caetano certa vez se, *grosso modo*, o Tropicalismo não poderia ser visto como uma tradução, para não baianos, do Carnaval de Salvador. Ele respondeu que sim. Folião, amante da festa soteropolitana desde 1960, ele não podia simplesmente marchar contra a guitarra elétrica numa jogada de marketing em que supostamente lutava-se para "Defender o que é nosso". Nosso de quem, cara-pálida? Certamente não do baiano/estrangeiro. O lance é que não apenas durante o movimento que durou pouco mais ou menos um ano, mas em toda a carreira de Caetano Veloso, muito do que provocou choque, espanto, escândalo, foi apenas manifestação natural de sua baianidade de nascença, do fato de ser filho do Recôncavo, de Santo Amaro da Purificação. Ou seja, muito do que parecia perigosamente inovador, vanguardista, era no fundo a mais antiga tradição nacional.

"Sou um mulato nato
No sentido lato
Mulato democrático do litoral."

Inclusive nos momentos em que, frustrando todas as expectativas, o que ele fez foi justamente o convencional. Pois não se trata aqui de perseguir o pitoresco, o folclórico, mas de acatar o natural. E o natural, na Bahia, significa simplesmente tudo.

"O rio só chega no mar
Depois de andar pelo chão,
O rio da minha terra
Deságua em meu coração."

Continuemos, por ora, no Tropicalismo. Não quero dizer que na Bahia (ou na obra do nosso cantor/compositor) não haja (não ajam) conflitos estéticos, hierarquias, cânones, exclusões etc. Ainda em *Verdade tropical*, Caetano confessa: "Imagine-se com que força eu não tive que pensar contra mim mesmo para chegar a ouvir Roberto, e Beatles, e Rolling Stones — e mesmo Elis — com amor. Zé Celso [Martinez Corrêa] gostava de dizer que havia um forte componente masoquista no Tropicalismo." Ainda tomando o Carnaval como exemplo, há uma passagem que ilustra bem esse caminho para um gosto novo, um frevo novo. Quem o conta é Armandinho, o virtuoso músico filho de Osmar Macedo, também bandolinista virtuose, que pilotava a guitarra baiana no trio elétrico (aqui já se referindo ao veículo em vez de ao conjunto) do pai. Ele formou-se com um repertório que, além de frevos, galopes, marchas e choros, incluía também o rock 'n' roll — de Jimi Hendrix, dos Rolling Stones. Um dia, Armandinho levou para cima do trio os pedais de distorção que comprara no Rio de Janeiro. O velho Dodô, o engenheiro de som da família, reagiu: "Eu me acabo para tirar o ruído do som, para fazer um som limpo, sem chiados, sem besouros, sem areia, e vem seu filho e compra essas caixinhas de areia dos americanos e traz para cá para sujar o meu som?! É inadmissível", teria ele reclamado com o companheiro.

Armandinho, porém, como quem não quer nada, mantendo um respeito sonso e sincero à autoridade do tio-patriarca, persistiu. Primeiro com o volume baixinho, mas aumentando-o pouco a pouco quando o velho se distraía, até que este, ante a apoteose, o delírio coletivo da galera lá embaixo curtindo o som de Hendrix tocado em condição timbrística adequada, se rendeu à nova sensibilidade. Sabe-se lá com que força pensando contra si mesmo. Fato é que, dali em diante, o trio elétrico foi altamente enriquecido pela linguagem do rock 'n' roll, como se tivessem sido feitos um para o outro — assim como a Coca-Cola parece uma bebida feita pelos americanos para acompanhar o acarajé. E quando o maestro Júlio Medaglia, arranjador da música "Tropicália", descreve o movimento como "um gigantesco sarapatel fervendo" que engloba "música fina, música cafona, música de vanguarda, música do passado, a refinada música debussyiana celestial, mas também o Vicente Celestino, o teremim e o berimbau, a poesia concreta e o Cuíca de Santo Amaro", num organismo "que fazia com que nenhum valor se tornasse absoluto e nenhum valor sobrevivesse àquela crônica de costumes, de acontecimentos e comportamentos da época", é impossível não pensar no repertório do trio, na dinâmica do Carnaval de Salvador.

"A Bahia
Estação primeira do Brasil
Ao ver a Mangueira
Nela inteira se viu
Exibiu-se sua face verdadeira."

"Primeiro estranha-se, depois entranha-se", escreveu o poeta-publicitário para/sobre a Coca-Cola. Por muito tempo, Caetano reivindicou para si, sem que ninguém o desmentisse, a primeira menção em música popular no Brasil à famosa bebida ("não sem que isso representasse um certo escândalo"). Precisou ele mesmo, na reedição comemorativa do livro de memórias já citado, fazer justiça a Luiz Gonzaga e Zé Dantas, que em "Siri jogando bola", de 1957, portanto dez anos na frente do sujeito que diz "eu tomo uma Coca-Cola" em "Alegria, alegria", cantam: "Vi um jumento beber vinte Coca-Cola/ Ficar cheio que nem bola e dar um arroto de lascar." Acontece que também o relacionamento entre Caetano e a Coca-Cola (CCC) se deu em forma de conquista, de violência-expansão do próprio gosto. Ele mesmo, aliás, se diverte contando que, na Santo Amaro de sua juventude, as pessoas achavam que o refrigerante era "ótimo, tem o gosto igualzinho ao do Sabão Aristolino", um sabonete líquido famoso na primeira metade do século passado, certamente não por seu sabor. E contando ainda que, ao ouvir de Nara Leão que a personagem (o cara de "Alegria, alegria") era um alter ego seu, reagiu injuriado apontando, entre outras diferenças, que o sujeito em questão, eca, tomava Coca-Cola.

"Tudo o que não era americano em Raul Seixas, era baiano demais", escreveu Caetano Veloso no encarte do CD "Tropicália 2". "(...) depois entranha-se." Não se trata, porém (e aqui está uma chave comum para se entender tanto o Tropicalismo quanto o Ser baiano e a postura artística de Caetano Veloso, sempre desafiadora, assim como a associação de tudo isto tal como proposta neste frágil ensaio), de mera adesão, adoção irrestrita e acrítica de toda e qualquer coisa que chegue como uma onda no mar. Sim, Caetano passou, desde aquele tempo, a tomar e amar Coca-Cola, inclusive para acompanhar o acarajé, uma combinação perfeita. No entanto, nunca aderiu ao modo de se comer os bolinhos de feijão difundido em toda parte pelo turismo, inclusive na própria Bahia, recheados de vatapá, camarão, caruru e salada — hábito criado no pós-guerra, quando o "american way of life" tornou-se regra mundial e invadiu até os tabuleiros das baianas. "Acarajé não é sanduíche", diz ele. E come o seu apenas com pimenta, como faziam os antigos, os baianos.

Além, é claro, de Coca-Cola. Sincretismo. Segundo Gil, "tanto resistência, quanto rendição".

"No dia em que eu vim-me embora
Minha mãe chorava em ai
Minha irmã chorava em ui
E eu nem olhava pra trás
No dia em que eu vim-me embora
Não teve nada demais."

A essa altura, espero que já esteja bem claro que, embora eu tenha dito, referindo-me à fórmula "baiano e estrangeiro", que o Brasil mesmo, território de conflitos algo superficiais, ficou de fora da pauta caetânica-tropicalista, essa parte, não obstante, da Bahia vista, tida, concebida como terra-mãe do Brasil. Citando Falcão, o cearense: "O Brasil está em nossas mãos, e não adianta lavar." Quer dizer, a Bahia em questão é aquela sobre a qual Manuel Bandeira escreveu após uma alegre visita em 1927:

Ali a gente se sente mais brasileiro. Em mim confesso que, mais forte do que nunca, estremeceram aquelas fundas raízes raciais que nos prendem ao passado extinto, ao presente mais remoto. Raízes em profundidade e em superfície. E fiquei comovidíssimo, querendo mais bem não somente aos baianos, com que ali me irmanava, senão também aos patrícios mais afastados ou mais esquivos — paulistas, acreanos, gaúchos, matogrossenses.[2]

"Bahia onipresentemente, Rio e belíssimo horizonte."

"Alguma coisa acontece no meu coração
Que só quando cruza a Ipiranga e a avenida São João."

Contrariamente à sua alegada vocação receptiva, a Bahia foi destino de uma quantidade ínfima de imigrantes no século XX. Assim, enquanto São Paulo, por exemplo, incorporou muitos italianos, japoneses, árabes e outros ao seu viver, Salvador conservou-se (a despeito do sobrenome Caymmi, de origem italiana) basicamente afro-portuguesa em meados do século passado. Coisa que, combinada ao precário desenvolvimento urbano de ex-capital esvaziada de recursos, deu-lhe um gosto peculiar ante os outros brasileiros. O sabor ainda de terra estrangeira. E estrangeira, paradoxalmente, porque mais brasileira que o resto do Brasil. Segundo o historiador Cid Teixeira, a cidade que encantou Pierre Verger no fim dos anos 1940 e no início da década de 1950 conservava ainda "um certo cachê novecentista". Pois esse isolamento recebeu, ainda nos anos 1950, graças à sagacidade do magnífico reitor Edgard Santos, da Universidade Federal da Bahia, o concurso de artistas e pensadores de vanguarda europeus como Hans-Joachin Koellreuter, Yanka Rudzka, Walter Smetak, Ernst Widmer, Agostinho da Silva e outros que, ao lado de brasileiros como o pernambucano Eros Martim Gonçalves, buscavam formas de "desprovincianizar" o pensamento do mundo e aqui acharam campo fértil para sondar o futuro como o passado.

---

[2] Manuel Bandeira. *Crônicas da província do Brasil*. São Paulo: Cosac & Naify, 2006.

Foi do atrito da graça de uma cidade em tudo ancestral com o desembaraço modernista promovido pela universidade que surgiram, posteriormente e fora da Bahia, manifestações como Cinema Novo e Tropicalismo — justamente duas matérias que o reitor Edgard desprezou, música popular e cinema; mas aí é outro papo para outra hora. O que quero dizer é que, por essas e outras, muito do que pareceu, por exemplo, mera adoção ao rock 'n' roll no receituário tropicalista, bem como na obra posterior de Caetano, assim como a ênfase na sexualidade, foram tantas vezes aspectos comuns da identidade baiana que já se apresentavam assim aos, também por exemplo, olhos paulistanos. Era de se supor que São Paulo, cosmopolita e superurbana, encarnasse com mais naturalidade que Santo Amaro da Purificação questões como "liberdade sexual". Daí o motivo daquela cidade ser, em tese, muito mais roquenrol do que esta. Qual o quê? Falando sobre Os Mutantes, a incrível banda formada por Rita Lee e os irmãos Sérgio Dias e Arnaldo Baptista, trazida pelo maestro-arranjador Rogério Duprat para acompanhar Gil na apresentação virada-de-mesa de "Domingo no parque", Caetano lembra:

> Os três eram tipicamente paulistas — o que, no Brasil, significa uma mescla de operosidade e ingenuidade — e talvez nós, baianos, lhes parecêssemos involuntariamente maliciosos: numa entrevista à revista *Veja* para uma matéria comemorativa de não sei se de dez ou quinze anos do Tropicalismo, Arnaldo declarou que, na época, temia que nós propuséssemos sexo grupal ou algo assim. Lembro apenas que, por causa de Arnaldo, tínhamos de evitar palavrões em presença de Rita.[3]

Agora você veja, os traidores-derivados da bossa nova assustando os filhos-cultores do rock 'n' roll em questões de costumes sexuais.

---
3 Caetano Veloso. op. cit., p. 172.

Engraçado, né? Revelador. "Somos baianos", diz Caetano. O carioca Lobão, um dos roqueiros mais vorazes e férteis da geração dos anos 1980, ao insurgir-se contra a MPB consagrada e, a seu ver, conservadoramente brejeira, sacou um argumento psicanalítico, freudiano: "A reação nacionalista contra a guitarra elétrica é inveja do brasileiro impotente diante do falo americano." Como em resposta a uns e a outros, a já citada guitarra baiana chamou-se justa e originalmente de pau elétrico!

"Quem já botou pra rachar aprendeu
Que é do outro lado, do lado de lá
Do lado que é lá do lado de lá."

Ainda durante o exílio londrino, num retorno conseguido especialmente para celebrar as bodas de seus pais, Caetano Veloso frustrou a plateia pós-neo-tardo tropicalista que o ovacionara esperando alguma fusão de pop inglês com samba jazz carioca, ao cantar, acompanhado apenas de seu violão acústico, o samba de Sinval Silva consagrado por Carmen Miranda "Adeus, batucada". Era o baiano/estrangeiro, supertropicalista, novamente em ação. "Onde queres revólver, sou coqueiro."

"Eu tinha consciência de que estávamos sendo mais fiéis à Bossa Nova fazendo algo que lhe era oposto", descreveu ele décadas depois sobre o ponto de partida. O pai, o baiano João Gilberto, infalivelmente surgiria ressurreto e esplendoroso após a morte.

Portanto, é muito belo, além de coerente, que Caetano de Canô e Seu Zezinho tenha evocado a sua cidade natal em versos liriconcretos de feição joyceana (isto é, paulistana de campos e espaços), nos quais cabe inclusive uma atitude de blasfêmia e iconoclastia. "Acrílírico", de 1969. Vale a pena reproduzir a letra inteira:

"Olhar colírico
Lírios plásticos do campo e do contracampo
Telástico cinemascope teu sorriso tudo isso

Tudo ido e lido e lindo e vindo do vivido
Na minha adolescidade
Idade de pedra e paz

Teu sorriso quieto no meu canto

Ainda canto o ido o tido o dito
O dado o consumido
O consumado
Ato
Do amor morto motor da saudade

Diluído na grandicidade
Idade de pedra ainda
Canto quieto o que conheço

Quero o que não mereço
O começo
Quero canto de vinda

Divindade do duro totem futuro total
Tal qual quero canto

Por enquanto apenas mino o campo ver-te
Acre e lírico o sorvete
Acrílico Santo Amargo da Putrificação."

E por falar em Bossa Nova, o refinado movimento criado em torno da batida de João Gilberto, que colocou, enfim, o Brasil no mapa-múndi com dignidade, verdadeiro criador do Brasil moderno, o próprio Caetano já disse mais de uma vez que o que faltava era o país estar à altura dela. Da mesma forma, podemos concluir, o Tropicalismo ainda vai nascer. E a postura artística do autor de "Coração vagabundo" tem sido, durante todo esse tempo, velar por isto. Nesta luta, a desidentidade baiana segue sendo lema e leme. Então, quando ele conseguiu em 2001, já um medalhão bastante consagrado, a apoteose de uma vaia da plateia que pagou caro para ver seu show, mesmo que tenha sido por ter citado um funk carioca, o que surgia no palco, em plenitude, era inovador e novamente, o tropicalista. Isto é, o baiano por excelência. Caetano, baiano.

"Ê, começo

Destino eu faço não peço
Tenho direito ao avesso
Botei todos os fracassos
Nas paradas de sucessos

Ê, João"

Já entendemos que a Bahia tem uma identidade tão particular justamente por abarcar as mais diversas identidades. Mesmo que ostente traços distintivos e até pitorescos — o que lhe dá, tanto para os estrangeiros quanto para os locais, ares de terra estrangeira. Mas lhe dá também, sem prejuízo de incoerência, o aconchego de casa da gente. Não são raros os exemplos de gringos que, chegando aqui, finalmente se encontram e tornam-se nativos. Por isso, podemos dizer, pensando em Antonio Cicero, que a Bahia é moderna pela própria natureza. Ou "absolutamente" moderna, na expressão de Rimbaud citada pelo mesmo Cicero. Em *O mundo desde o fim*, o filósofo defende que a modernidade, ou melhor, a era moderna (aquela que se reconhece como tal, quando qualquer outra poderia tê-lo feito) distingue-se das demais por não se identificar com nenhum traço particular. Nem Deus, nem uma dinastia, nada a caracteriza a não ser encarnar o ponto de vista que iguala e relativiza dinastias e deuses. Nada lhe é estrangeiro, assim como tudo lhe é.

Ao analisar o impacto artístico da Tropicália, o efeito que o movimento causou no panorama da música popular brasileira, sua fidelidade infiel à Bossa Nova, Antonio Cicero (ele próprio um talentoso letrista e poeta, autor de sucessos de público e crítica) disse: "Em suma, a elucidação conceitual efetuada pelo Tropicalismo mostra que a MPB não tem limites preestabelecidos, pois não tem essência. Tal elucidação destrói as bases sobre as quais se consideravam como essencialmente ou privilegiadamente brasileiros determinados gêneros ou formas, em detrimento de outros; por outro lado, ela proporciona ao compositor/cantor uma abertura sem preconceitos não só a toda a contemporaneidade, mas também a toda a tradição, de um modo que não era sequer concebível, quando imperava a idolatria ou o fetichismo desta ou daquela forma tradicional. É por isso que o tropicalista é capaz de trazer à tona gêneros, canções e cantores que se encontravam condenados ao ostracismo pelos representantes involuntariamente provincianos do bom-gostismo."

"Eles querem salvar as glórias nacionais
As glórias nacionais, coitados

Ninguém me salva
Ninguém me engana
Eu sou alegre
Eu sou contente
Eu sou cigana
Eu sou terrível
Eu sou o samba."

Há até um toque místico nisso tudo, como não poderia deixar de ser. Sem falar no sebastianismo pessoano via Agostinho da Silva, que merece um livro inteiro, outro lance é a chegada do nome Tropicalismo até as tramas da baianada desvairada. Como se sabe, a canção-título do movimento não tinha título depois de pronta. Foi o cineasta Luiz Carlos Barreto que, ao ouvi-la com forte impressão, sugeriu o nome "Tropicália" por causa de semelhanças que julgou ver (ouvir) entre ela e uma obra de Hélio Oiticica assim batizada. "Eu naturalmente disse que não, que não poria o nome da obra de outra pessoa na minha música, que essa pessoa poderia não gostar. O que eu não disse é que esse nome de 'Tropicália' não me agradara muito", conta Caetano em *Verdade tropical*. Bom, o nome não só ficou como se espalhou, e os artistas assumiram a alcunha de tropicalistas. Acontece que essa nomenclatura já existia, referindo-se à Escola Tropicalista Baiana, ramo da medicina surgido no século XIX e especializado em tratar doenças tropicais, dando à ciência médica critério sociológico que considerava, entre outras coisas, as más condições de vida dos escravizados. Um dos fundadores do movimento, isto é, um dos pioneiros tropicalistas, foi o dr. Antônio José Alves, pai do poeta Castro Alves, e um importante seguidor da escola foi o dr. José Gil Moreira, pai do poeta Gilberto Gil. Nota: foi da mesma Recife onde Castro Alves desenvolveu consciência política e filiou-se ao movimento abolicionista que Gilberto Gil voltou com o germe do que viria a ser o Tropicalismo musical. Assim, o que em outra plaga seria tão somente um gesto de rebeldia, entre baianos a Tropicália aconteceu também como tradição familiar, filiação a um destino vocacional.

"Nosso amor resplandecia sobre as águas que se movem
Ela foi a minha guia quando eu era alegre e jovem"

Nascido em Santo Amaro, Caetano Veloso adotou Salvador, para onde se mudou aos dezoito anos, como também sua cidade. Ele gosta de andar pelas ruas, de passear de barco pela Baía de Todos os Santos, de tomar sorvete de coco na Ribeira, de tomar banho de mar no Porto da Barra. Claro que há assédio ao astro da MPB, mas também respeito ao acordo de deixar à vontade o filho da terra em seu passeio. Sempre ligado, o cantor atualiza seu repertório de gírias e trejeitos, sabe dos novos artistas e da nova violência das facções criminosas. Sempre foi assim. Em 1986, no programa que apresentou com Chico Buarque na TV Globo, deu notícia ao Brasil do que se passava então em cima e atrás do trio elétrico e que veio a se chamar axé music, convidando Luiz Caldas & Banda Acordes Verdes. Entendeu pioneiramente a importância da profissionalização da indústria musical local e a incentivou. Mas há um caso que ilustra bem a densidade do relacionamento. Diz o cineasta e compositor Jorge Alfredo que, no início dos anos 1980, ele e Caetano (o mesmo que cobrou ao vivo profissionalismo e exigiu que a MTV botasse "essa porra pra funcionar") foram a um ensaio do Afoxé Badauê, no Engenho Velho de Brotas. Já sabendo que o som era playback, eles fariam participações especiais dublando músicas suas. Jorge fez sua parte, tudo certo. E no fim, a atração principal subiu ao palco para cantar/dublar "Beleza Pura", aquela que fala em "moço lindo do Badauê". Quando soltaram o som, porém, tchan-tchan-tchan-tchan: era a gravação do grupo A Cor do Som, na voz de Armandinho.

 Acham que Caetano se fez de rogado? Nada. Dublou tudo direitinho até o fim, como se nada estivesse acontecendo, e todo mundo ficou satisfeito. Depois, ainda segundo Jorge Alfredo, ele lhe disse no canto algo assim: "Essa gente é tão boa conosco, eu não iria magoá-los por causa de um detalhe." Um componente importante do Tropicalismo, que também passa pelas ruas da Bahia, foi seu antídoto contra a arrogância.

 No ano em que completa oitenta anos, Caetano Veloso lançou *Meu coco*, álbum com doze faixas inéditas. Claro que algo de biográfico, de compêndio de si. Ainda mais se tratando do autor que disse "as minhas letras são todas autobiográficas. Até as que não são, são". Porém, é sobretudo um disco do momento em que foi lançado.

Voltando a citar Antonio Cicero em seu ensaio "O agoral", publicado em 1995: "Moderno tem origem no advérbio latino *modo*, que quer dizer agora mesmo. (...) Moderno é o que se refere a agora, o que posso chamar de agoral." Ao investigar a essência do que é moderno, o filósofo chega ao "eu". Segundo Caetano, "*Meu coco* é tudo o que se passa em minha cabeça no momento". Moderno, como é essencialmente a Bahia, o disco é cheio de referências/citações da obra do próprio artista, estilhaços de canções como "Um índio" e "Irene" pintam o tempo todo. Mas é também, talvez até mais ainda, repleto de referências/citações para fora, isto é, de obras e nomes de colegas que vão desde Arnold Schoenberg (passando por Leo Santana, Billie Eilish, Gabriel do Borel, John Cage, Carlinhos Brown, Gal Costa, Os Tincoãs, Wilson Batista, Maria Bethânia, Pixinguinha...) até Marília Mendonça. Gosto de brincar dizendo (sem confirmar) que se trata do álbum com o maior número de nomes de artistas da música, parecendo um catálogo telefônico.

E aqui está mais uma chave para o segredo. Ao comemorar oito décadas, Caetano Veloso mostra mais uma vez que atualizar-se é manter-se, que a tradição é o renovar-se. "(...) numa longa duração que não resida em algo permanente, mas que se instale, muito ao contrário, na mudança contínua em que o novo é substituído pelo mais novo", diz a menina no final de *O cinema falado*. Baiano/estrangeiro, Caetano está sempre em movimento para não sair do lugar. Como o mar. E nos diz também que quem confirma o eu é o outro. "Eu sou terrível/ Eu sou o samba." A verdade é que, além de querer guardar o mundo em si, o seu coração vagabundo também sempre quis e buscou guardar-se no mundo. Por isso, ao nomear os outros, Caetano apresenta-se. Ao citar-se, evoca-os. "Ele me ensinou o sentido do som/ E eu quis ensinar o sem som do sentido", diz de Gil em "GilGal". Tudo está dito. Tudo é infinito. Travessia. ∞ o

Guilherme Wisnik, José Miguel Wisnik & Vadim Nikitin
PÓLIS CÓSMICA E CAÓTICA
Cosmopolitismo em Caetano Veloso[1]

Este texto tenta ler uma parte da obra de Caetano Veloso a partir de uma imagem que muitas de suas canções nos oferecem: a imagem da cidade. Num artista múltiplo, contudo, essa imagem é um feixe radial de várias outras, um ir e vir de cidades atravessando a trajetória biográfica em trajetória poética. "Sobrevoo a baía de Guanabara/ Roço as mangueiras de Belém do Pará/ Paro sobre a Paulista de madrugada/ Volto pra casa quando quero voltar/ Vejo o todo da festa dos Navegantes/ Pairo sobre a Cidade do Salvador/ Quero de novo estar onde estava antes/ Passo pela janela do meu amor." Chega-se aqui a uma panorâmica dos diferentes modos de densificação da vida, formas de manifestação de um "pluriverso polimorfo" e rarefeito em que as cidades são também elas como "pontos de luz vibrando na noite preta", vistas de longe e de muito perto a partir do "Tapete mágico" da canção. Santo Amaro da Purificação, Salvador, Rio de Janeiro, Brasília, São Paulo, Londres, mas também Belém do Pará e Hebron, Barcelona, Aracaju, Porto Alegre e Nova York, são lugares de uma experiência que se tornou cosmopolita num sentido inteiramente novo: não simplesmente o sintoma de estilos de vida

---

[1] Texto publicado originalmente em: *Revista Caramelo* n. 7. São Paulo: GFAU-USP, 1994, pp. 79-93. Revisado e atualizado para esta edição.

metropolitanos e internacionalizados, mas o sentimento radical e literal de uma pólis cósmica, plural, feita de grandes concentrações urbanas e dimensões pequeniníssimas, novas e antiquíssimas, entre as quais se reatualizam da maneira mais contemporânea os embates do caos e do cosmos.

Esse cosmopolitismo singular, sendo um sentimento planetário e transnacional, desarraigado e apegado à carne e ao nome da Terra, viajando "no nada" perante luzes, cometas e estrelas ("Terra"/"Tapete mágico"), não deixa de trazer as marcas mais profundas da experiência brasileira. Nela, a fixação e o desarraigamento, a migração através de tempos e espaços equívocos entre o pré-moderno, o moderno e o pós-moderno fazem parte da história de gerações. Nela o estrangeiro designa não apenas o que está fora, mas também o que está dentro — o estranho se aplica naturalmente ao nativo de outras terras, mas também ao estatuto da nossa própria identidade, que Paulo Emílio Salles Gomes definiu como uma "dialética rarefeita entre o não ser e o ser outro". Como sabemos, Caetano Veloso escolheu o olhar do estrangeiro como crivo para deparar-se, em sonho poeticamente construído, com a mais brasileira das cidades, o Rio de Janeiro ("O estrangeiro").

Mas essa construção remonta na verdade às origens da sua obra, nas quais se encontram "um vulto feliz de mulher" e "um sonho feliz de cidade", afastados e perdidos para esse "coração vagabundo" de poeta/músico que quer abraçar o mundo em si quando já está lançado à errância. Num país de migrantes como o nosso, o chegar a uma cidade adversa e desejada constitui-se num rito de passagem que, para a origem social, regional e etária de Caetano Veloso, multiplica-se numa verdadeira série de cidades-limiares. Ao se transpor uma fronteira, deixa-se para trás "outra cidade amada e velha" ("Os mais doces bárbaros") e se produz uma visão nova do país e do mundo.

Caetano Veloso guarda desde o início a forte marca de uma relação nuclear originária com a cidade pequena, contida na concavidade do Recôncavo, cujo valor de fidelidade e segredo, de singularidade intransferível, permanece como um amuleto poético: "Cana doce Santo Amaro/ Um gosto muito raro/ Trago em mim por ti/ E uma estrela sempre a luzir/ Bonde da Trilhos Urbanos/ Vão passando os anos/ E eu não te perdi/ Meu trabalho é te traduzir" ("Trilhos urbanos"). Assim também a cidade primeira é paradigmaticamente referida na canção "Onde eu nasci passa um rio", em cadência de cancioneiro popular algo pessoano ou cabralino, remontando ao tempo de um rio recorrente e imune à mudança, embora já alterado: "Onde eu nasci passa um rio/ Que passa no igual sem fim/ Igual sem fim minha terra/ Passava dentro de mim/ Passava como se o tempo/ Nada pudesse mudar/ Passava como se o rio/ Não desaguasse no mar/ (...) Hoje eu sei que o mundo é grande/ E o mar de ondas se faz/ Mas nasceu junto com o rio/ O canto que eu canto mais/ O rio só chega no mar/ Depois de andar pelo chão/ O rio da minha terra/ Deságua em meu coração."

O desarraigamento, a saída do continente familiar, que é a um só tempo tristeza, felicidade, impedimento e desejo, tem um caráter inaugural nas canções de Caetano Veloso, como se vê nesta, dos primórdios, recuperada em gravação no álbum produzido com a irmã Maria Bethânia: "Adeus meu tempo de chorar/ E não saber por que chorar/ Adeus minha cidade/ Adeus felicidade/ Adeus tristeza de ter paz/ Adeus não volto nunca mais/ Adeus eu vou-me embora/ Adeus e canto agora/ O que eu cantava sem chorar" ("Adeus meu Santo Amaro"). A cidade/felicidade perdida projeta, ao que parece, no "arco da promessa", no horizonte polimorfo do desejo, uma identificação utópica de felicidade com cidade, como se verá de modo condensado mais tarde em "Outras palavras": "Homenina nel paraís de felicidadania". O país é utopizado, veja-se aí, na palavra-valise "paraís" (país/paraíso), em correspondência com "felicidadania", transexualizada por sua vez em "homenina".

Mas a marca desse cosmopolitismo latente — ou nascente — é o fato de a tradição, o passado ou a origem aqui não significarem para o sujeito simplesmente imobilidade conservadora a ser rompida, mas, para além disso, ser um mundo que morre e também ser matriz renovadora. A combinação do sentimento de pertencimento e de afastamento, de territorialidade provincial garantida pelo afeto e ao mesmo tempo aberta aos impactos da desterritorialização, irmana Caetano Veloso e Gilberto Gil, o recôncavo/reconvexo de um com a parabolicamará de outro, o mundo centrado e o descentrado, o artesanato e a tecnologia de ponta, o circular e o simultâneo.

Para se chegar lá, no entanto, há uma série de dores narcísicas e superações, cujas estações sacrificiais são justamente confrontos com cidades menos côncavas e mais convexas, menos arcaicas e mais modernas. O passo inicial desse defrontar-se com a cidade-outra está registrado na canção "No dia que eu vim-me embora" (parceria com Gil incluída no álbum *Caetano Veloso*, de 1968, o primeiro disco tropicalista do compositor). Enquanto o universo feminino se retrai em dor e reflui para o recôndito da memória familiar ("Minha mãe chorava em ai/ Minha irmã chorava em ui/ E eu nem olhava pra trás/ (...) Minha avó já quase morta/ Minha mãe até a porta") e o pai, "até o porto", é o portador silencioso do imperativo da partida, o sujeito, que "ia indo/ Atravessando seguindo/ Nem chorando nem sorrindo/ Sozinho prá capital", não está mais na origem nem no fim, mas num movimento desprendido que só não é já o "nada no bolso ou nas mãos" de "Alegria, alegria" porque é ele que carrega o sinal sacrificial do mundo agrário, o canto do bode de uma era que termina, "a mala de couro que (...) embora estando forrada/ Fedia, cheirava mal".

A Cidade do Salvador que desponta como "capital" no horizonte dessa canção é objeto da música de Gilberto Gil, "Tradição", retomada em 1993 no *Tropicália 2* em luminosa interpretação de Caetano. Talvez ela exemplifique também o caráter vocacionalmente (entre) aberto da tradição urbana e provinciana da Bahia que aparece na experiência poética dos dois grandes cancionistas. Ali o movimento "do bairro pra cidade" é a lida e a ida de todo dia, "todo dia, todo santo dia" (com a irmã e a tia) para o "Largo do Terreiro", percurso diário e ritualizado no qual marcas do *apartheid* escravista ("No tempo que preto não entrava no Bahiano/ Nem pela porta da cozinha") e de um fetichismo difuso ("Num lotação de Liberdade/ Que passava pelo ponto dos Quinze Mistérios") convivem com o aflorar de indícios, pequenos atos, gestos, de metrópole moderna, surpreendidos singularmente num "jeito inteligente de pongar no bonde", de dispor de uma camisa aberta e de uma "certa calça americana", de um rapaz "muito inteligente" namorado de uma "garota do barulho", donde a sedução no limiar dos sexos. Tudo ali é promessa quase inconsciente de um mundo que mal começa, que produzirá o consumo de massas e o rock 'n' roll, Brasília, a bossa nova e a liberação sexual, em suma, as precondições do Tropicalismo. De tudo isto, esta música, que ironicamente se chama "Tradição", apresenta quase que a instância delicadíssima de uma cena primeira. Toda essa ambivalência situa-se justamente em Salvador, que será recôncavo e capital, latência côncava e convexa, fonte arcaica e modernidade transformadora, nessa fase de formação geracional que levou a uma outra visão do Brasil na música, no teatro e no cinema. Caetano Veloso não cessou de decantar essa matriz, a capital baiana, "transafricana", "pós-americana", "neoasiática", "supralusitana", e atualizar a cada passo, em novas voltas, o mito vivo e prospectivo da cidade, em canções como "Reconvexo", "A verdadeira baiana" e "Bahia, minha preta". "Insiste no que é lindo e o mundo verá/ Tu voltares rindo ao lugar que é teu no globo azul/ Rainha do Atlântico Sul/ Ê ô/ Bahia fonte mítica encantada/ Ê ô ê ô/ Expande teu axé não esconde nada nada/ Ê ô/ Teu grito de alegria ecoa longe tempo e espaço/ Ê ô/ Rainha do Atlântico."

✽ ✽ ✽

"Paisagem útil" representa um ponto nevrálgico nesse percurso de desgarramento, produzido agora pelo olhar sobre a paisagem/ cidade do Rio de Janeiro: "Olhos abertos em vento/ Sobre o espaço do Aterro/ Sobre o espaço sobre o mar/ O mar vai longe do Flamengo/ O céu vai longe suspenso/ Em mastros firmes e lentos/ Frio palmeiral de cimento."

Nesta que é, possivelmente, a primeira canção tropicalista de Caetano, a paisagem natural da praia idílica, caymminiana, guardada nas composições iniciais de Caetano no "avarandado do amanhecer", é contraposta à praia artificial do Aterro. O "sonho feliz" da Cidade do Salvador, deslocada historicamente do eixo modernizador Recife-Rio-São Paulo como um nicho "colonial", relativamente à margem do tempo, sofre o choque da confrontação com essa arquitetura litorânea onde "os automóveis parecem voar", decolando através do próprio estranhamento melódico para a voz paródica de um Orlando Silva que canta a "lua oval da Esso", que comove, por sua vez, os "pobres tristes felizes corações amantes do nosso Brasil". Inserindo-se na tradição baudelairiana do lirismo lançado ao mundo da mercadoria, e deflagrando pela primeira vez na obra um tom escancaradamente paródico, o olhar-guia para essa (re)definição de posturas é o choque entre o imaginário suburbano e o novo perfil urbanístico do Rio de Janeiro. Como é dito no primeiro verso da canção, os olhos se abrem em vento, incorporando a nova onda de um mundo onde a aurora "sempre nascendo" na luz artificial é o olho sem pálpebra da Brasília lispectoriana, o mundo sem ciclo, o antiolhar do luar do sertão. A paisagem da canção antecipa o óbvio/encoberto daquelas luzes inusitadas e inquietantes que se acenderão, quase na mesma paisagem, na madrugada pontilhista de "O estrangeiro". Nessa recorrência, constroem-se sobre o mesmo espaço físico, ao longo do tempo, imagens diversas que se sobrepõem e se contrapõem.

✳ ✳ ✳

A atenção voltada para a realidade das cidades brasileiras vai se revelando, na obra de Caetano, em ondas de descobrimento, o que permite identificar momentos específicos de sua poética nos quais o olhar avança sobre as cidades, uma a uma, ligando os pontos para uma nova compreensão do Brasil. De Santo Amaro para Salvador em "No dia que eu vim-me embora", e daí para a "Paisagem útil" do Rio (cujo primeiro impacto será revisitado lindamente em "O nome da cidade", que não deixa de ser para o Rio de Janeiro o que "Sampa" é para São Paulo).

Em seguida, a canção "Tropicália" é marco e mola propulsora de um movimento mais abrangente, que tematiza tanto a política quanto o comportamento e a estética — de uma forma geral — do Brasil, ganhando o espaço de Brasília, ocupando a cena do Planato Central e refazendo parodicamente o sonho daqueles que inscreveram a capital no interior do território, isolada, acreditando que de lá se irradiariam ondas de desenvolvimento para o resto do país. A atitude de Caetano toma para si, e a seu modo, a mística inscrita na construção de uma capital isolada no centro do território e a magia de potência que isso representa. Acreditava-se que, desse centro vazio, as intenções de modernização (ou de repressão, ou de qualquer coisa que lá se concentrasse) se espalhariam, se difundiriam para todo o país. Esse modelo de centro de irradiação constituiu-se, segundo Mário Pedrosa, numa antítese do modo de formação colonial no desenvolvimento das cidades brasileiras.[2] A Brasília correspondeu não o modelo orgânico da colonização litorânea, mas o modelo de oásis dado pelos núcleos de povoamento e os desertos técnicos. A construção de Brasília aceita, no entanto, o novo paradigma modernizador e irradiador da civilização implantada no deserto combinando-o com o velho processo da tomada de posse, a "dominação mecânica de um solo despovoado". A cidade artificial é inscrita no nada, como arbitrariedade trágico-carnavalesca. Do centro do território nacional a canção "organiza" imagens desconexas, relacionadas meto-

---

[2] Mário Pedrosa, "Reflexões em torno da nova capital: Brasília ou maracangalha?", in: *Dos murais de Portinari aos espaços de Brasília*, Aracy Amaral (org.), São Paulo, Perspectiva, 1981.

nimicamente do ponto de vista do absurdo. Absurdo, se quisermos, porque constitui uma totalidade que, como a Brasília interpretada por Pedrosa, é construída de fora, e não fecundada por dentro. Mas, mesmo sem resolver a oposição entre o gesto colonizador ancestral ("tomada de posse à moda cabralina, chanfrando na terra o signo da cruz") e o moderno ("fazendo pousar docemente sobre a sua superfície" a forma de avião do plano-piloto), o projeto de Brasília, essa Pasárgada/Maracangalha, está fundado, ainda segundo Mário Pedrosa, na sabedoria equilibrada de Lucio Costa e na sua esperança de que "a vitalidade mesma do País lá longe, na periferia, queime as etapas, e venha de encontro à capital-oásis, plantada em meio ao Planalto Central, e a fecunde por dentro". Assim, as condições "tão antinaturais, tão artificiais, tão imaturas, de sua fundação", propícias à "irresponsabilidade moral" e ao centralismo burocrático, seriam quem sabe superadas pela emergência de novas forças sociais, políticas e culturais.

O texto profético de Mário Pedrosa coincide, de certo modo, com o que está implícito na alegoria tropicalista. Acusado por Roberto Schwarz[3] de congelar uma visão absurda do Brasil, em que a incongruência estática faria desse lugar o eterno "fim do mundo", o Tropicalismo aponta com radicalidade as incongruências do Brasil modernista arcaico como quem quer criar com isso as condições para a superação, ou para a fecundação desse ovo mallarmaico, Brasília, aninhado na "geleia geral brasileira".

"No pátio interno há uma piscina/ Com água azul de Amaralina/ Coqueiro brisa e fala nordestina/ E faróis." Aqui a praia baiana está, de acordo com o anunciado em "Paisagem útil", contida pelo artifício de uma piscina num pátio de um edifício, um monumento que não tem portas. A um só tempo totalmente confinada e novamen-

---

[3] Roberto Schwarz, "Cultura e política 1964-69", *O pai de família e outros estudos*, São Paulo, Paz e Terra, 1978.

te aberta: transfigurada. Essa piscina não deixa de ser a de "Baby", a piscina que é também, por metonímia serial do mundo do consumo de massas, a margarina, a Carolina, São Paulo, a Coca-Cola, Brasília, e, ainda e sempre, a Bahia-ia-ia.

✻ ✻ ✻

"Onde será que isso começa?/ A correnteza sem paragens/ O viajar de uma viagem/ A outra viagem que não cessa/ Cheguei ao nome da cidade/ Não a cidade mesma espessa/ Rio que não é rio imagens/ essa cidade me atravessa."[4]

Em "O nome da cidade", a cidade do Rio de Janeiro (que não é rio literal) é o rio-correnteza desgarrado sem paragem, que arrasta tudo, ao contrário daquele outro, que "passa no igual sem fim". Não há o desdobramento da cidade sobre a não cidade, mas, de maneira paradoxal e inversa, há um desdobramento da não cidade sobre a mesma não cidade. A cidade, por dentro — ou a espera dela —, é o nome, o rio. Não é a cidade espessa, mas a que atravessa. À frente dessa imagem imersa na atemporalidade da visão da cidade, e que se declara Rio não rio, mas imagens, desfilam o boi e o bus. "Ô ôô ê boi ê bus!" Desfilam o que está por fora e o que vem de dentro da cidade. O "bus" pode ter tanto a significação coloquial da palavra "ônibus" quanto da palavra "nada". O contraste produzido pela simultaneidade com que são colocadas as expressões de um termo alheio e um termo íntimo à cidade constitui sinais denunciadores de uma intenção de desautomatização, entre outras coisas, da visão de cidade, que não recai nesse choque, nem para um olhar alienadamente imerso no que talvez seja a realidade profunda da cidade nem em uma impressão simploriamente "virginal", em que a cidade seja má.

---

[4] Essa mesma sensação é reforçada na última estrofe da canção: "A gente chega sem chegar/ Não há meada é só o fio/ Será que pra meu próprio rio/ Esse rio é mais mar que o mar?".

A segunda parte da canção ajuda a produzir esse choque rico de estranhamento. A cidade passa a ser vista pela ótica do vário, do múltiplo. A cidade é ameaça e promessa.

"Será que tudo me interessa?/ Cada coisa é demais e tantas/ Quais eram minhas esperanças?/ O que é ameaça e o que é promessa?/ Ruas voando sobre ruas/ Letras de mais tudo mentindo/ O Redentor que horror!/ que lindo!/ Meninos maus mulheres nuas." O verso "Ruas voando sobre ruas" faz decolar a imagem de "Paisagem útil": "Os automóveis parecem voar." Entretanto, o que na canção tropicalista se mostrava como uma imagem futurista que, por um efeito mágico e simples de contrapor a realidade ao seu contrário, descolava essa realidade do chão, em "O nome da cidade" cristaliza a imagem pulverizada dos automóveis que decolam, pavimentando-os no ar, nos viadutos que se somam e se eternizam. "Ruas voando sobre ruas" concreta no céu a imaterialidade cubista do olhar tropicalista sobre a cidade. Concreta um olhar poderoso e cada vez menos congelado sobre os sentidos profundos das cidades brasileiras.

A imagem dos automóveis pode nos remeter a uma série de outros elementos importantes presentes na obra de Caetano, geralmente ligados a uma composição cubista da paisagem da cidade. Na contracapa do disco de 1968 há um texto em que, referindo-se também ao verso "Os automóveis parecem voar", ele diz: "Do lado de cá não resta quase ninguém. Apenas os sapatos polidos refletem os automóveis que, por sua vez, polidos, refletem os sapatos assim *per omnia* até que (por absoluta falta de vento) tudo sobe num redemoinho leve, me deixando entrever um resto de rosto ou outro, pedaços, amém."

Essas imagens estão diretamente referidas, outra vez, na canção "Ângulos", composta em parceria com Arrigo Barnabé. "Os ângulos retos domam seus cabelos/ Automóveis pretos refletem sapatos/ Lábios quase opacos/ Você me diz/ Vamos parar./ (...) E o amor nuvem nos topos/ Não encontra lagos/ A curva dos copos/ Reflete automóveis/ Olhos quase secos/ Você me diz/ Vamos parar." As imagens presentes na canção não estão relacionadas, como acontece em geral, a um olhar que foca a cidade e age sobre ela. Pelo contrário, a cidade, por fora, age e condiciona os sentimentos. As imagens estão colocadas para falar do amor, de um amor que está aprisionado fora dos dois e que encontra símbolo na cidade, que o espelha, de um modo ao mesmo tempo caótico-cubista e racional-ângulos retos. A cidade, possuindo esse duplo viés caótico-racional, funciona como crítica à concepção unilateral de qualquer um desses dois extremos.

O encontro com São Paulo, na canção "Sampa", acaba por destacar-se como um marco desse "defrontar-se" que estamos acompanhando, como choque e queda, morte narcísica e renascimento. O olho aberto ainda articula a desobstrução da experiência e a obstrução do paradigma do sonho feliz de cidade. Mais uma vez a premissa da canção da cidade é essa; e mais uma vez (e talvez aqui com choque ainda mais inédito) a canção realiza a passagem da certeza do igual para a aceitação do diferente: a quebra de espelho que torna o mito de Narciso potencialmente construtivo. O encontro com São Paulo — exemplo emblemático no Brasil da cidade que se desdobra sobre si mesma, da cidade que não tem, em torno ou por dentro, um cinturão de não cidade a envolvendo ou contrastando (como, no caso de Salvador ou do Rio de Janeiro, o mar e o morro e, no caso de Brasília, o cerrado, marcos transurbanos que definem e delimitam o urbano) aceita e incorpora definitivamente como postura poética o dado mais essencial dessa cidade: a lógica mutante, o nada do que não era antes.

Em "O estrangeiro", Caetano coloca o sujeito poético da canção na posição de uma espécie de revisor de visões do Rio de Janeiro, cidade que parece reviver inúmeras canções de todos os tipos e épocas, além de outro tanto de ainda brilhantes frases feitas e inesgotáveis lugares-comuns. Não é a esse repertório, no entanto, que a canção explicitamente se refere, e sim a um pequeno conjunto de olhares estrangeiros, vindos do antropólogo Claude-Lévi Strauss, do pintor Paul Gauguin e do compositor Cole Porter, os três dirigidos em particular à baía de Guanabara. Ergue-se então o cenário[5] de um estranhamento — que recupera com nova força aquele de "O nome da cidade" —, estrangeirando uma paisagem tornada monumento nacional.

O sujeito da canção parte do *familiar* e migra em direção ao *estranho*, a ponto de poder passar os olhos pelas lentes dos estrangeiros. (É significativo que as palavras "estranho" e "estrangeiro", afinal, tenham a mesma raiz latina, *extraneu*, quer dizer, "trazido de fora", e que os dicionários registrem o verbete "estrangeiro" como palavra oriunda da francesa étranger, como um galicismo definitivamente incorporado e portanto *familiar* à língua portuguesa.) Ir do familiar ao estranho — ou *sinistro*, conforme a mitologia freudiana —, porém, significa transitar da evidência invisível à vidência visionária. Entre esses caminhos, como uma fronteira que precisa ser cruzada a fim de que se perfaça a visão da cidade, está a figura do cego, que, desde as esculturas representando Homero até os cantadores nordestinos, é historicamente relacionada ao adivinho, ao taumaturgo, ao poeta,

---

[5] A referência aqui a um *cenário* não é gratuita, já que a capa do disco *Estrangeiro* e o cenário do show homônimo reproduzem a pintura de Helio Eichbauer para a montagem de *O rei da vela* (escrita em 1933 e publicada em 1937), realizada pelo Teatro Oficina no ano de 1967, em São Paulo. Diz o personagem Coronel Belarmino, no segundo ato da peça: "Continuo sempre a apreciar a paisagem que se descortina desta ilha encantada. A mais bela baía do mundo! Nem Constantinopla, nem Nápoles, nem Lisboa! (...) Lá em cima, o Corcovado com o Cristo de braços abertos. Consola-me ver o Rio de Janeiro aos pés da cruz! O Brasil é mesmo uma terra abençoada. Temos até um cardeal. Só nos falta um Banco Hipotecário!" (Oswald de Andrade, *O rei da vela*. São Paulo, Globo/Secretaria de Estado da Cultura, 1991, pp. 64-65.

àquele capaz de ver além da realidade que vê o comum dos olhos, de tornar transparentes as aparências e contemplar o essencial. A voz do visionário, ou seja, o cantar do poeta, é a sua forma de comunicar, de fazer coletiva a sua visão privilegiada, convocando os ouvintes para abrirem os olhos do espírito à mesma luz que o inspira.

O poeta, portanto, é *cego*. Mas, como a sua linguagem se organiza sempre de forma oracular, metafórica, apartada de um modo ou de outro da linguagem cotidiana — muitas vezes reanimando a palavra morta —, o poeta também é *estrangeiro*.

Na severa lógica poética de "O estrangeiro", ver o que se deseja é não ver, "cego de tanto vê-la, de tanto tê-la estrela": a baía foi aos poucos desprendendo-se da sua realidade para ser confundida com a sua idealização. Essa situação, no entanto, será subvertida pelo alinhamento dissonante do eu que canta ao paradigma das "três caravelas" que são aqueles três olhares estrangeiros: "O pintor Paul Gauguin.../ O compositor Cole Porter.../ O antropólogo Claude Lévi-Strauss.../ E eu..." Da "luz" do pintor à "boca banguela" do antropólogo, passando pela "luz da noite" do compositor, as diversas baías se constelam em torno das imagens de falta e de carência, de opulência e de miséria. Por sua vez, o sujeito da canção, furando os próprios olhos e se exilando da paisagem, tornando-se assim "quase não" cego e estrangeiro, evoca quatro cegos geniais que fazem ver: Ray Charles, Stevie Wonder, Hermeto Paschoal, além, é claro, da lente do amor. E abre sobre a boca da cidade as perguntas que darão início à construção do "raro pesadelo": "E eu menos a conhecera mais a amara?" / "O que é uma coisa bela?". Que claro enigma é essa baía-Brasil? "Uma baleia, uma telenovela, um alaúde, um trem?/ Uma arara?" A Guanabara também é vinheta, comercial, videoclipe, ecologia e eletrônica, paraíso e televisão. Areia branca e óleo diesel, palmilhada por esse forte fetiche do consumo que são os tênis, iluminada por um "quase não" de todas as cores, flagrada com "arestas insuspeitadas" na previsível redondez de cartão-postal do Pão de Açúcar. Banguela e bela.

"Eu não sonhei": o poeta menos sonha do que *inventa* o sonho do sujeito da canção, cuja poética — ele mesmo faz questão de afirmar — não será surrealista, mas impressionista, procurando, conforme a lição do pontilhista Georges Seurat, concentrar os matizes da realidade no ponto luminoso de sua pintura. É a partir dessa tela microscópica da baía que vão surgir os personagens do velho e da menina. Nos sonhos, de acordo com um mote da psicanálise, vê-se o que se deseja; essa plenitude de visão, contudo, será minada pelo não querer ver, em *close* impressionista, "o terno negro" e "os dentes quase não púrpura" (que retomam, por contraste, de um lado a imagem das luzes da baía; de outro, a da baía banguela). Escancara-se então o "duplo som" — composto pelas vozes do velho, que é o velho, e do novo, que é a menina —, artificial, sampleado, não mais que uma coleção de sentenças arquetípicas de todos os meios de repressão, um decreto antigo sinistramente renovado pela aliança vocal que a "ainda adolescente e muito linda" pôde travar com o velho de "cabelos nas narinas". Na baía sonhada pela visão do cego estrangeiro parece moldar-se assim um verdadeiro fim da história, já que o novo abraça o velho num discurso ditatorial, deixando fora do contexto, isto é, fora do tempo, a geração (a qual pertence Caetano) que lutou como pôde contra tais sentenças. Não à toa ocorre nesse passo de "O estrangeiro" uma invocação da força estranha de "Alegria, alegria".

O eu que canta vai anunciar-se, portanto, *temporalmente* estrangeiro — "menos estrangeiro no lugar que no momento" —, "entendendo o centro" do que está dizendo a canção de antiprotesto do velho e da menina. Trata-se de uma trágica ironia, de um "desmascaro" pleno de negatividade que põe a nu a nudez antes inapontável do "rei", signo dos mais corrosivos para figurar um sonho acabado. Mas a canção faz um movimento decisivo para além da negatividade: o que desse "desmascaro" emergiu não foi apenas o "amaro", mas também o "belo", diante do qual, porém tudo cala. Descobrir o Brasil da *bela-banguela Guanabara* é despertar, sair do pesadelo, mas reconhecendo na baía o que nem a falta nem o excesso dos três olhares estrangeiros pareciam ter divisado: o rei nu é tanto belo quanto amaro, e a sua beleza repousa justamente sobre essa tensão dialética que é ordem sem renunciar ao caos. "Mas eu desperto porque tudo cala frente ao fato de que o rei é mais bonito nu." Voltam as cores sem o "quase" que as assombrava ao longo de toda a canção. Azul, púrpura, amarelo, sol, aro, elo. Na poesia dos *sons* — que, pelo intenso jogo de rimas, reverberam, reelaborando, o belo, o amaro, o pesadelo, a aurora, a banguela, o desmascaro — tornam-se visíveis, num anagrama, outras paragens: Amaralina, um novo tempo.

    O alumbramento com a beleza cambiante da nudez que remata "O estrangeiro" acaba por afiar uma mirada *crítica* sobre a ordem singular da realidade do Brasil, sem dúvida um estrangeiro em relação à "nova ordem mundial". Diante disso, não seriam as palavras de Bob Dylan, a respeito de João Gilberto, citadas no final da canção, mais um olhar estrangeiro, só que agora apalpando em si mesmo a boca banguela? Se é possível um país pobre fazer cantar um "soft brazilian singer", enquanto no chamado "primeiro mundo" vige o lema pós-moderno da desistência das perfeições, então aqui a utopia não passa pelo modelo perfeito, estático, mas sim por uma visão dinâmica das coisas que continue a busca do "belo" e do "amaro", como se vê na canção "Fora da ordem": "E o cano da pistola que as crianças mordem/ Reflete todas as cores da paisagem da cidade que é muito mais bonita e muito mais intensa do que no cartão-postal." A "paisagem da cidade" (novamente dada a ver através de "cores") não cabe cristalizada no "cartão-postal", tampouco fixa-se no "cano da pistola", mas se constrói e se desconstrói essencialmente em movimento, só se deixando apreender de fato sob esse aspecto. Entre a fantasia edulcorada do turismo e a grotesca violência do morro, ou "entre a delícia e a desgraça", a cidade ginga em tensão flutuante na assimetria de uma outra ordem arquitetada com o traço da utopia, desde já em processo, aceitando criticamente a ordem presente como ponto de partida, como ponto riscado de encontro dos tempos.

O percurso poético de "O estrangeiro" começa e termina na "Cidade Maravilhosa": consiste também, à sua maneira, numa chegada na qual a cidade sai revista, assim como os olhos que a contemplavam. É um encontro com o avesso do avesso do avesso desse país-cidade, reatualizando de certo modo aquele mito da invasão dos (doces) bárbaros às cidades do império milenar, que as tira do estabelecido e coloca em leito de rio a energia de um caos constituído por forças de renovação já latentes sob os "grossos portões". O que inaugura, em torno do princípio de harmonia na contrariedade, uma liberação progressiva de todas as ordens.

* * *

Em várias entrevistas que concedeu à imprensa a respeito do lançamento do disco *Circuladô*, Caetano sublinhou na canção "Santa Clara padroeira da televisão" a reelaboração poética da lembrança de infância que tinha de sua cidade natal: "Quando a tarde cai/ Onde o meu pai/ Me fez e me criou/ Niguém vai saber/ Que cor me dói/ E foi e aqui ficou/ Santa Clara." Particularmente simples e revelador é um trecho da fala de Caetano no programa *Cara a Cara*, da Rede Bandeirantes: "Agora, eu vou lhe dizer: havia umas tardes, assim, em Santo Amaro... Aquele calor, aquela melancolia... E eu não sabia por quê... Aquela tristeza... Talvez, se tivesse televisão, eu tivesse a cabeça mais esperta. Eu acho que as crianças que cresceram com a televisão de todo modo têm a cabeça mais esperta, veem muito mais coisas, e isso torna essas crianças mais sabidas do que nós fomos. E isso tem sido útil..."

Em "Santa Clara", a imagem de Santo Amaro entra em contraponto, a princípio inusitado, com a "promessa de modernidade", grande marca da televisão. A rede televisiva é a ausência de cidade, ausência de lugar específico – *kosmopolítes* –, nada mais avesso, portanto, às tardes da cidade original enraizadas no próprio sujeito lírico da canção. O tema da cidade, porém, ganha corpo mais uma vez através do contraste e, a partir daí, do entrelaçamento da aldeia natal ("Onde eu nasci passa um rio") e da "aldeia global", para citar a arquifamosa expressão de Marshall McLuhan. Assim como na canção e na capa do disco *Parabolicamará*, de Gilberto Gil, em "Santa Clara" a trama da rede da parabólica de algum modo entretece e é entretecida pela rede das fibras do balaio. No nó entre a parabólica e o camará, entre a chave imediata ao internacionalismo e o tempo artesanal da memória e da tradição — entre a bela-banguela Guanabara e Santo *Amargo* da Purificação —, instaura-se o pulsar da pólis cósmica de Caetano. "Eu sou a chuva que lança a areia do Saara/ Sobre os automóveis de Roma" ("Reconvexo"). Em tudo, a potência lúcida do sonho, a materialidade religiosa da utopia. "Santa Clara" é toda construída no presente do subjuntivo: tempo de oração, tempo infletido em direção ao futuro.

Mergulhar na tela, cujas "miríades de imagens" compõem o lago-espelho de Narciso, e assim sacrificar-se e cair — "porque a queda é uma conquista" —, e também ressuscitar. Em vez de recusar a maçã (afinal já mordida) da televisão, a oração à Santa Clara procura desvendar-lhe a poesia, que está em colher o pecado da modernidade para transcendê-lo. Que o mundo se mire no exemplo daquela ialorixá — a Mãe Menininha —, cujo canto, no ritmo do seu terreiro, incorpora o anúncio (de TV) e "segue inteira", ou na arquitetura ritual do "terreiro eletrônico", do "teatródromo elektrocandomblaico" da Companhia de Teatro Comum Uzyna Uzona: "Um terreiro de Salvador, com pedaços de Theatro Municipal, num programa do Chacrinha."

✳ ✳ ✳

O disco *Tropicália 2*, como continuidade de um movimento de criação e reflexão, não pretende dar um prosseguimento literal ao disco lançado em 1968 (e ao movimento aí instaurado) nem alcançar os propósitos revolucionários que lhes guiam, novamente, através de uma manifestação de nítido impacto.

"Eu não espero pelo dia em que todos os homens concordem/ Apenas sei de diversas harmonias bonitas possíveis sem juízo final." O canto e a voz afiada que devem entrar e desafiar as consciências instaladas do Brasil não estão na violência estética aparente e generalizada, mas na reflexão sobre este momento através de uma retrospectiva crítica. O disco evoca os antecedentes da Tropicália, aquilo que produziu este contexto. É um disco evocativo da onda cultural e geracional da década de 1960, que, por exemplo, produziu o cinema como descoberta e parceria com a música. O disco vai aos fundamentos da sensibilidade tropicalista, não só num contexto histórico-evocativo, mas também aquém e além deste.

A canção "As coisas", de Gilberto Gil e Arnaldo Antunes, ilustra bem o panorama do além-Tropicália, incorporando em estado bruto a materialidade das trocas e a relatividade das atribuições, dos valores. A canção, pelo cosmopolitismo intrínseco que apresenta, pode ser tomada como uma poderosa visão de cidade — a cidade em seu estado puro: troca, passagem, mercadoria, relatividade. Ela assevera a imagem também talvez visionária de uma cidade "pós-tudo", oposto e complemento daquela cidade original "pré-tudo". Uma cidade além da cidade, uma cidade das coisas tomadas por si próprias, a cidade — cidade nenhuma — da televisão referida em "Santa Clara", ou em "Noite de hotel". Sobre esta última, é interessante abrir um parêntese e notar um paralelo entre ela e a canção "Nu com a minha música", do disco *Outras palavras*. Ambas foram compostas em momentos e em lugares diferentes, e portanto a brutal diferença de "clima" entre as duas é sintomática, embora se aglutinem em torno de um mesmo eixo central: uma situação, ou uma noite, passada num quarto de hotel. Sozinha num quarto de hotel na liberdade provinciana de "Nu com a minha música", a voz que canta se permite alçar voo, alcançando com a música as diversas cidades do interior de São Paulo. "Vejo uma trilha clara pro meu Brasil apesar da dor/ Vertigem visionária que não carece de seguidor/ Nu com a minha música/ Afora isso somente amor/ Vislumbro certas coisas de onde estou." A música e o violão são o veículo para o contato direto que o eu lírico da canção mantém com o mundo lá fora, com o qual não está em tensão, mas em harmonia. Já em "Noite de hotel" não há contato, a relação é doentiamente interna — só leva à diluição, à poluição, na qual a tomada-fresta de contato com o mundo externo é a parabólica que "só capta videoclipes".

No entanto, a televisão de "As coisas" não significa a televisão exatamente como "coisa" em si, objeto prático, mas o cosmopolitismo a que ela alude. "As coisas" nos remete à cidade do capitalismo generalizado, onde as coisas permanecem coisas na vertigem que as anula: "As coisas não têm paz." Em contraste, a canção "Aboio", por sua vez, situa-se num campo simbólico que remete a um contexto, digamos, mais aquém: àquilo que a cidade (cantada) matou, e mata, para existir. O pedido de que a grande cidade se pense, que inverta pelo menos por um instante seu movimento contínuo e devorador e, por uma súplica, se renda e olhe o que está à sua volta. "Urbe imensa/ Pensa o que é e será e foi/ Pensa no boi./ Enigmática máscara boi/ Tem piedade/ Megacidade/ Conta teus meninos/ Canta com teus sinos/ A felicidade intensa/ Que se perde e encontra em ti/ Luz dilui-se e adensa-se/ Pensa-te."

O canto roga a consideração do presente, do futuro e do passado e daquilo que a cidade precisou sacrificar para se construir. O boi representa essa dor sacrificial, também incorporada pela máxima oswaldiana tomada pelo Tropicalismo: transformar o tabu em totem, o princípio que transforma o sacrifício em alegria. Olhar para fora e para trás (para o boi), significa ao mesmo tempo refazer e repensar este percurso. O canto religioso clama por uma redenção e aposta no revigoramento da capacidade de olhar o outro, crendo no movimento das diferenças. Para Caetano, essa capacidade de trabalhar com as diferenças é que dá (e dará) ao Brasil sua singularidade em face de um mundo planetarizado. A singularidade dada, entre outras coisas, pela sincronia entre o arcaico e o moderno, e a elaboração dessa passagem/combinação pela ótica brasileira, qualifica o país como uma "potência singular" que não pode ser diminuída.

O sentido degenerativo introjetado nas canções tropicalistas[6] agora busca a sua elaboração e sua redenção nesta revisão crítica através de uma utopia. Mesmo na profundeza podre da realidade e das cidades brasileiras revelada em "O cu do mundo" e "Haiti", por exemplo, está a vontade de trazer à tona, no choque de diversidades, a virtualidade de um Brasil afirmativo. Isso pode se dar tanto em canções que contrapõem o belo e o horrível, cujas imagens repousam em tensão, como "O estrangeiro" e "Fora da ordem", quanto em canções como "O cu do mundo" e "Haiti", cuja necessária "descida aos infernos" tem, em última análise, a função de expurgar ritualmente aquilo que se repudia. É necessário falar do que se abomina, assim como cantar o que se despreza. Desta forma é incorporada nessas canções a lógica tropicalista da glosa/paródia da visão colonizada do Brasil.[7]

"Haiti" referencia-se (considerando o contraponto que faz com as outras canções do disco *Tropicália 2*) como uma consciência de que a volta dos infernos também é necessária e existe. "Haiti" desce

---

[6] Essa intenção pode ser bem identificada em imagens de algumas canções tropicalistas, como "Tropicália" e "Baby"; seja com a dura crueza da figura da criança sorridente, feia e morta, que estende a mão enquanto um cenário fantástico se constrói ao seu redor, seja com a aspereza com que são incorporadas expressões que para muitos significavam entreguismo à onda cultural de massas e importada, como "gasolina", "margarina", "lanchonete", ouvir canções do Roberto.

[7] Aqui entenda-se essa visão colonizada como aquilo que nega esse potencial singular-construtivo do país, seja o colonizador externo, o que vê de fora, no Brasil, tudo o que se considere desprezível e subdesenvolvido, seja o colonizador interno, que vê de dentro, no Brasil, todos os processos como imitação cabal do que vem de fora.

às profundezas sem receio para falar, com uma veia masoquista, de tudo o que deve ser expurgado e que é inelutavelmente um conjunto de dados reais da sociedade brasileira: o preconceito, a miséria, a violência, a inconsciência. Nesse desfiladeiro a que se chega, a visão infernal de cidade já não está tanto na sua dimensão física, mas além dela. "Não importa nada, nem o traço do sobrado, nem a lente do fantástico." Para além da cidade, essa violência/inconsciência repousa na postura do homem que a habita: "ninguém é cidadão".

De dentro do inferno, a voz pode gritar para, em composição e contraste com as outras "construções" do disco, afirmar a expressão de uma multiplicidade fecundada no Brasil sem, no entanto, deixar de apontar criticamente tudo o que não constrói, não ergue e faz calar. As cidades brasileiras têm, para Caetano Veloso, o fermento de pôr em contato níveis diferentes de cultura, produzindo uma cultura dialógica intertextual de possibilidades que se ligam. "Cidades maravilhosas os pulmões/ Culhões do meu Brasil." ∞ ⊙

Priscila Gomes Correa
"GOSTO DE CAETANO PORQUE ELE ME DESCONCERTA"

> *Absurdo, o Brasil pode ser um absurdo*
> *Até aí tudo bem, nada mal*
> *Pode ser um absurdo, mas ele não é surdo*
> *O Brasil tem ouvido musical*
> *Que não é normal*
> — Caetano Veloso, "Love, Love, Love"

Nas meditações para um ensaio sobre Caetano Veloso, a estrutura de uma narrativa crítica, tão basilar ao olhar historiográfico, dissolve-se nas facetas múltiplas de sua arte, pois nossos sentidos atendem com mais eficácia ao lirismo e ao "jeito de corpo" que comunica fantasias, desejos, dúvidas e assertivas de um sujeito capaz de agregar eventos diversos em seu canto, ou melhor, em sua performance contínua. Observa-se, então, o quão precisa foi a afirmação de Chico Buarque, quando indagado pelo próprio Caetano no programa *Vox Populi*, em 1979: "Chico, você gosta de mim?" Chico encontrou espontaneamente uma chave: "Gosto de Caetano porque ele me desconcerta." Eis o papel da *persona* de Caetano Veloso na trajetória recente da cultura brasileira, suas posições estéticas e políticas aparecem sempre como uma expressão criativa desconcertante que se equilibra nas ambiguidades que afloram das definições, sensações e projetos de Brasil.

Jovem estudante de filosofia, Caetano compartilhou com toda a sua geração uma preocupação intuitiva com a ideia de Brasil, com a continuidade do pensamento sobre a formação da nação brasileira, herdada das reflexões dos modernistas de 1922 e de pensadores como Sérgio Buarque de Holanda e Gilberto Freyre. O Brasil *eufórico* de meados do século XX cederia lugar ao Brasil *absurdo* das décadas após o golpe de 1964, e a percepção cinematográfica do artista baiano em busca do seu lugar foi se adensando em corpo crítico, em performance vanguardista. Caetano evitou cair em dicotomias explicativas, mas não deixou de refletir a cada álbum e a cada show sobre a cultura brasileira como um desdobramento das belezas e mazelas do nosso cotidiano. Do sutil frescor das caminhadas ao vento, tomando Coca-Cola e vendo notícias sem muita pretensão, à observação das motos e fuscas que avançam os sinais vermelhos; eis o descortinar do herói que "sempre quis o que desmente este país", quando mesmo sob o novo ritmo dos algoritmos de "anjos tronchos" ainda é melhor ouvir e fazer uma canção.

Os contornos e movimentos da música de Caetano estão, portanto, nos caminhos de um rapaz da Bahia, imerso em angústias e desejos, mas com olhos voltados para a percepção do Brasil. O ser/estar brasileiro é um dos filtros mais recorrentes na sua obra, o que vem se intensificando graças a sua recente atuação não só por meio da música, mas também das redes sociais, mídias e movimentos sociais, quando então as suas concepções sobre a cultura brasileira ganham contornos mais teóricos e políticos, e sua ação intelectual se torna mais contundente, pois sua *persona* artística já agrega notoriedade suficiente para exercer esta inserção crítica na sociedade. Assim, em consonância com a definição de intelectual do filósofo Edgar Morin, Caetano se autoinstituiu como tal, ao se atribuir uma missão de cultura e de consciência pela humanidade.[1]

---

[1] Edgar Morin. *Os meus demônios*. Rio de Janeiro: Bertrand Brasil, 1995, p. 189.

Em trabalhos recentes, Caetano continuou de braços abertos para uma reflexão crítica dentro da música, dialogando com artistas jovens, com sonoridades do pop, rock ao funk, inclusive com show produzido em parceria com seus filhos. Refinando, assim, a sua seminal lente tropicalista, escopo para o qual tem apontado desde a publicação de sua obra escrita mais popular, *Verdade tropical*. Nesta obra se vislumbra mais que um olhar retrospectivo, mas também o descortinar de um projeto artístico e, sobretudo, um contraponto desconcertante (visto que afiado, polêmico e ambíguo) com o recorte temático que detém nossa atenção ao longo deste ensaio: os utópicos "projetos de Brasil". Noção que sempre perpassou suas intervenções públicas (canções, entrevistas ou artigos), bem como a consciência de que sua voz era ouvida, de que o Brasil teria um excepcional "ouvido musical" apesar de todas as dificuldades de representação e identidade.

Inserido na tradição da música popular brasileira, Caetano buscou desde cedo um nicho de atuação crítica, o lugar social do compositor popular, de "todo aquele que nos empresta sua testa, construindo coisas pra se cantar", como bem retratado em sua canção "Festa imodesta", gravada por Chico Buarque no disco *Sinal fechado* (1974). Caetano sempre esteve pronto a assumir uma "missão de cultura" como músico popular. Não por acaso se rebelou contra a chamada *esquerda nacionalista* (opção típica dos artistas ligados aos CPCs, Centros Populares de Cultura), até mesmo demonstrando complacência com a indústria cultural ao abraçar as ambiguidades das performances tropicalistas, incompreendidas naquele momento de fortes tensões ideológicas. A dicotomia *alienação/engajamento* político era seu alvo predileto para expor as consequências limítrofes de tal simplificação, daí sua atenção às representações do mercado, suas mercadorias que invadiam o cotidiano da população brasileira, a partir de meados do século XX, no mesmo caldo que os produtos culturais, uma verdadeira "tragicomédia" cotidiana que não podia ser ignorada.

A partir de sua estreia nacional no cenário musical brasileiro, em 1967, aderir ao movimento quase obrigatório da chamada *canção de protesto* não era opção para Caetano e seus companheiros tropicalistas. Ainda assim, a relação entre arte e política perpassou suas performances e comportamento, relação sempre vista como uma associação impura capaz de diminuir a excelência do fazer artístico, daí parte de seu público ser reticente quanto às suas intervenções políticas, sobretudo em entrevistas e artigos. Trata-se de um senso comum ideologicamente motivado, que associa toda política a *política dos políticos* e aponta para um juízo negativo acerca daqueles que atuam nela ou a promovem. Os próprios intelectuais, sujeitos intimamente ligados à ação política, tiveram que matizar essa polêmica relação, e com o filósofo Norberto Bobbio encontramos uma solução possível, a chamada *política da cultura*, aquela própria dos intelectuais e que garante a "autonomia relativa da cultura", sendo uma "ação que se enquadra bem numa concepção ampla de política, entendida como atividade voltada para a formação e a transformação da vida dos homens".[2]

Logo, é inevitável identificar na trajetória de Caetano Veloso a *política da cultura*; e visto que fortemente ancorada em uma tradicional *rede de recados* da música popular, podemos desdobrar a noção para *política da canção,* quando o artista não atua somente na brecha deixada pelas dificuldades de identidade, mas, sobretudo, na (re)construção de um lugar de identidade possível. Tanto que, como identificamos em estudo anterior, já em seu primeiro disco, *Domingo*, de 1967, o jovem compositor expôs sua relação com as canções, "traçando um esboço de seu "projeto" como músico na contracapa do LP: "a minha inspiração não quer mais viver apenas da nostalgia de tempos e lugares, ao contrário, quer incorporar essa

---

2 Norberto Bobbio. *Os intelectuais e o poder: dúvidas e opções dos homens de cultura na sociedade contemporânea*. São Paulo: Unesp, 1997, p. 490.

saudade num projeto de futuro",[3] destacando que se tratava de um trabalho com canções mais antigas, pois no mesmo ano estava gravando seu segundo disco com um estilo mais definido.[4]

No entanto, apesar de compartilhar a necessidade de transformação social, Caetano visava atuar no campo estético, mostrando-se bastante cético quanto às possibilidades de se resolver os "grandes problemas": "o da verdadeira popularização do samba (...), o da desalienação das massas oprimidas em miséria, *slogans* políticos e esquemas publicitários; esses, não os resolveremos jamais com violões".[5] Melhor seria, segundo Caetano, que "compositores e cineastas brasileiros precisassem cada vez menos tomar o Brasil como tema principal".[6] O que muito se associa à percepção de que a "necessidade" artística de opinar nos assuntos públicos, denunciando situações diversas, revela não só as fissuras da sociedade, como também as fragilidades geradas pelas dificuldades de identidade.

Situação que se acirrava com a intensa efervescência cultural, especialmente a partir dos movimentos ideológicos e de contracultura que caracterizaram o ano de 1968 pelo mundo, o que ofereceu a Caetano elementos para a constituição de uma complexa trajetória artística. Além das óbvias influências da tradição musical brasileira, também seu percurso pessoal exerceu, evidentemente, papel preponderante na elaboração do conjunto de suas canções. Nascido e crescido no Recôncavo Baiano, região conhecida pela produção açucareira e posterior processo de intensa industrialização, mas que também abriga importantes tradições culturais de origem africana,

---

[3] Caetano Veloso e Gal Costa. *Domingo*. Gravadora Phillips, álbum de 1967.

[4] Priscila Gomes Correa. *Nada me consola: cotidiano e cultura nas canções de Caetano Veloso e de Chico Buarque*. Salvador: EDUNEB, 2016, p. 57.

[5] Caetano Veloso. *Alegria, alegria: uma caetanave organizada por Waly Salomão*. Rio de Janeiro: Pedra Q. Ronca, 1977, p. 7.

[6] Caetano Veloso. *Letra só / Sobre as letras*. São Paulo: Companhia das Letras, 2003, p. 42.

a cidade de Santo Amaro da Purificação foi o primeiro referencial urbano que o levou a questionar em diversas canções as consequências da exploração industrial, que naquela cidade provocou deterioração urbana, social e do ambiente, transformando-a no "acrílico santo amargo da putrificação".

Tal reminiscência apareceu na canção "Acrilírico" (1969), verdadeiramente o "nó no tempo",[7] quando o encanto com as projeções cinematográficas de sua "adolescidade" em Santo Amaro surge associado aos ruídos urbanos, uma apropriação da trilha do filme *Vertigo* (*Um corpo que cai*) de Alfred Hitchcock, então diluída na vertigem da "grandicidade". Do primeiro ao segundo disco, ambos de 1967, Caetano expôs uma clara mudança de enfoque, percorrendo das sonoridades da Bossa Nova ao seu incipiente Tropicalismo.

Essa mudança é claramente perceptível pela escuta dos álbuns, como também pelo conjunto da produção, que no segundo disco incluía arranjadores, músicos e artistas gráficos intimamente ligados ao movimento tropicalista ainda em gestação. Sua admiração pelo trabalho de João Gilberto continuava presente, um "mestre supremo" que ouviu pela primeira vez aos dezessete anos. Um culto que lhe pareceu, anos depois, tão subversivo quanto aquele que outros jovens devotavam ao rock, pois a releitura do samba que estava por trás da batida do violão de João indicava novos rumos para a música brasileira. Um passo adiante ao qual Caetano almejava dar sequência, como já projetava em artigo de 1965, intitulado "Primeira feira de balanço", publicado pela *Revista Ângulos*, criada por alunos da Universidade Federal da Bahia.

Foi nesta mesma universidade que Caetano ingressou para estudar filosofia, justamente num período de grande produtividade acadêmica, intelectual e artística dessa instituição: era a chamada *avant--garde* baiana, composta por Lina Bo Bardi, Walter Smetak, Martim

---

[7] Ibid., p. 19.

Gonçalves, entre outros. Um ambiente muito promissor, em que Caetano começou a elaborar seus textos de crítica cultural, mas logo partiu para o Rio de Janeiro e São Paulo, iniciando sua carreira ao participar dos festivais de música transmitidos pela televisão. Mesmo quando ainda passeava pelos bastidores da cena artística, visto que inicialmente acompanhava a carreira de sua irmã Maria Bethânia, convidada para substituir Nara Leão no *Show Opinião* em 1965, Caetano já fazia intervenções no debate aberto sobre a música popular brasileira.

Debate sobre uma arte nacional e popular, então defendida por jovens artistas como Geraldo Vandré, Edu Lobo, Elis Regina, entre outros, que da Bossa Nova passavam ao engajamento nas discussões e projetos de recuperação das características nacionais da música popular, e no debate sobre o "excesso de influência estrangeira", incluindo o uso de instrumentos elétricos — como estaria ocorrendo no *iê-iê-iê* do movimento da Jovem Guarda —, o que poderia representar uma ameaça às "tradições" culturais brasileiras. Sob esse ambiente surgiu o artigo "Primeira feira de balanço", como uma retomada da problemática da influência estrangeira na Bossa Nova, seu apuramento técnico e relação com as raízes musicais do samba, ou seja, uma discussão sobre como as inovações poderiam e estariam mantendo diálogo com a tradição da música popular urbana.

João Gilberto teria conseguido combinar inovação e tradição dando "um passo à frente", sendo necessária a retomada dessa "linha evolutiva". Pois bem, então Caetano começou a gestar seu projeto artístico, buscando explorar a diversidade de interlocuções culturais com as quais o músico popular poderia dialogar para criar/recriar uma cultura própria a partir do trabalho daqueles que aprenderam com João, "porque uma canção só tem razão se se cantar".[8] O que significou uma atenção especial ao fenômeno da

---

8 Caetano Veloso. *Alegria, alegria: uma Caetanave organizada por Waly Salomão*. Rio de Janeiro: Pedra Q. Ronca, 1977, p. 6-11.

publicidade e do mercado, uma feira para se tentar "vender a nossa busca do samba em paz".[9] Ora, foi na cidade, no perímetro urbano, que Caetano vislumbrou um campo de transformações estéticas e políticas possíveis, mas esse começo pouco lhe agradava, sentia que o ambiente ainda estava bastante fechado, não concordava com a animosidade crescente direcionada a cultura pop e seus símbolos (Beatles, Coca-Cola, guitarras, Marilyn etc.), ou melhor, com as restrições que o artista era obrigado a se impor para que fosse considerado compositor de "música brasileira". Por isso, pouco tempo depois, em entrevista publicada na revista *Bondinho* em 1972, explicou a tentativa dos tropicalistas de problematizar o fenômeno da importação cultural, "mostrar às pessoas os muros do nosso confinamento. Pra daí você ter uma atitude saudável [...], pois entendo que, sem dúvida nenhuma, somos uma nação e, queiramos ou não, nos comportamos como tal".[10]

Por conseguinte, naquele período estavam em gestação alguns paradigmas de atuação que deviam nortear a composição de canções no Brasil, a saber, a interpretação do samba "autêntico", o tratamento de material "folclórico", a composição ancorada em "gêneros convencionais de raiz" ou a composição como paródia.[11] Este último campo foi conquistado por Caetano e demais participantes do movimento Tropicalista, foi o nicho criado para levar a Música Popular Brasileira às mais diversas misturas de gêneros e ritmos. Mas essa conquista não foi por acaso ou espontânea; a intenção de "romper com as estruturas" já estava na base da criação do grupo dos baianos, no qual figuravam além de Caetano, Gilberto Gil, Gal Costa, Tom Zé, Rogério Duarte, entre outros.

---

9 Ibid., p. 13.

10 Ibid., p. 141.

11 Marcos Napolitano. *A síncope das ideias*. São Paulo: Editora Fundação Perseu Abramo, 2007, p. 110.

Enfim, Caetano ingressou no mercado musical consciente de seu papel como músico, ou melhor, do papel que gostaria de desempenhar. Daí as canções ousadas tanto na letra quanto na música, sempre permeadas por um desconforto em relação aos sentidos da "capital" (Salvador, São Paulo ou Rio de Janeiro), à presença cotidiana do mercado e do consumo e ao acalorado debate intelectual sobre o Brasil. Elementos de seu cotidiano atrelados a atitudes e canções que pudessem expor as mais diversas contradições, pois, ao chegar a São Paulo, o jovem compositor percebeu que as portas, embora estivessem abertas para seu desempenho profissional, não deixavam passar a intervenção estética que lhe parecia correta: "Eu não apenas estava numa cidade que me parecia feia, inóspita; eu também descobria que minha visão das coisas nem sequer poderia insinuar-se nos ambientes geradores de cultura."[12]

O III Festival de Música Popular Brasileira da TV Record, de 1967, inauguraria novos debates, bem como o início do sucesso de Caetano Veloso na televisão, quando sua canção "Alegria, alegria" garantiu o quarto lugar no festival. Mas não foi somente esta colocação que despertou o interesse pela sua música, pois Caetano já tinha conseguido garantir um quinto lugar no ano anterior com "Boa palavra" (defendida por Maria Odete) no Festival da TV Excelsior, e um prêmio de melhor letra no Festival da Record, com a canção "Um dia". Na verdade, ao lado de "Domingo no parque" de Gilberto Gil, "Alegria, alegria" propunha, expunha e questionava a "fatal e alegre participação na realidade cultural urbana universalizante e internacional",[13] como definiu Caetano, trinta anos depois, sua aventura tropicalista. De fato, sob o contexto dos festivais, tais canções traziam inovações estéticas (não só o uso da guitarra, como também a colagem ou "enumeração caótica" de temas, objetos e sonoridades) e comporta-

---

[12] Caetano Veloso. *Verdade tropical*. São Paulo: Companhia das Letras, 1997, p. 88.
[13] Ibid., p. 16.

mentais, ao mesmo tempo que reafirmavam o modelo que garantia o sucesso das canções de festival.

"Alegria, alegria" apresenta, de fato, uma melodia muito atraente, resultante da justaposição de sons e imagens poéticas, expressando a fugacidade cotidiana que envolveria a vivência de um jovem ao caminhar pela cidade, metrópole da cultura massiva: "Caminhando contra o vento/ Sem lenço sem documento/ No sol de quase dezembro/ Eu vou.../ O sol nas bancas de revista/ Me enche de alegria e preguiça/ Quem lê tanta notícia?/ Eu vou...". Aliás, ao se portar como uma canção despretensiosa, "Alegria, alegria" provoca desconcerto, pois o descomprometimento do personagem é desejado, mas não efetivado. Eis o resultado da narrativa *presentificada*, e ao chamar o ouvinte para dentro de sua narrativa, o cantor demonstra que sua crítica está no campo da individualidade, que embora queira *fazer*, ainda não *faz*, daí o questionamento final: "Por que não?"

Assim, a justaposição de imagens acaba revelando a percepção bastante individual de um sujeito que, diante dos mais diversos acontecimentos (desde a luta armada até os romances de cinema expostos também indiferentemente nas bancas de jornal), expõe seus dilemas "banais" na mesma escala de valoração: "Ela pensa em casamento/ E eu nunca mais fui à escola/ Sem lenço e sem documento/ Eu vou/ Eu tomo uma Coca-Cola/ Ela pensa em casamento/ E uma canção me consola/ Eu vou." Justaposição que provoca estranhamento, mas também curiosidade por parte do público. Um exemplo foi a atitude dos próprios entrevistadores que ficavam nos bastidores do Festival, transmitindo ao vivo as opiniões dos artistas sobre o evento. Reali Jr. perguntou a Caetano: "O que o levou a fazer uma música bem moderna, pegando Coca-Cola, guerrilha, Brigitte Bardot?" Caetano respondeu: "O que me levou a falar de Coca-Cola, Brigitte Bardot e Cardinale foi a Coca-Cola, a Brigitte Bardot e a Cardinale!"[14] Ora,

---

[14] Trecho de entrevista concedida à Cidinha Campos e Reali Jr. nos bastidores

assim Caetano estava reafirmando uma posição ambígua de não denotar os significados e representações em torno destas referências (expectativa que se criava num público já acostumado à linguagem excessivamente metafórica que começava a predominar na música popular), ao mesmo tempo relegando a questão a sua "banalidade" sob a cotidianidade.

Nesse sentido, não se trata simplesmente de um relato de situações do dia a dia, mas também de uma crítica da vida cotidiana, das vivências e consequências da sociedade pós-industrial, perpassando a narrativa da canção. Aliás, anos depois, em 1993, o compositor ressaltou que suas canções, como "Alegria, alegria", apresentavam "uma visão autodepreciativa da nossa vida cotidiana e do seu quase nenhum valor no mundo". Daí citar a Coca-Cola que tanto detestava: "Mas foi considerando o valor simbólico da Coca-Cola, que para nós queria dizer século XX e também hegemonia da cultura de massas americana — o que não deixava de ter seu teor de humilhação para nós —, que incluí, um pouco à maneira dos artistas plásticos pop, na letra da canção."[15] Tal definição crítica, "à maneira dos artistas pop", Caetano já esboçava à época de sua apresentação no Festival, quando indagado por outro entrevistador sobre o que é música pop, respondeu: "nem sei se o que a gente está fazendo é pop, isso é um negócio que eu admito como termo porque de alguma forma a gente está tendendo para um tipo de cultura pop, quer dizer, de assumir todas as formas da cultura massificada".[16]

Dessa maneira, começa a se evidenciar o diálogo de Caetano com a arte contemporânea e de vanguarda e, assim como seus cole-

do III Festival da MPB da Record, em 1967. in: *Palavra (En)cantada*. Documentário de Helena Solberg e David Meyer. Rio de Janeiro, 2009.

15 Caetano Veloso. *O mundo não é chato*. São Paulo: Companhia das Letras, 2005, p. 51-52.

16 III Festival da MPB da TV Record — A grande final (1967). Disponível em: https://youtu.be/kB5XJR6w2C4 Acesso: julho de 2022.

gas do movimento Música Nova (Damiano Cozzella, Rogério Duprat, Júlio Medaglia, entre outros), o compositor buscava um "compromisso total com o mundo contemporâneo", cultivando uma postura artística dialógica, que logo foi associada ao procedimento antropofágico — inspirado na proposta do modernista Oswald de Andrade — de deglutição das diversas influências externas e internas à cultura brasileira. Para "Alegria, alegria", desejava um "som muito atual", "toda a festa do mundo moderno, festa estranha".[17] A *festa* do mundo moderno estaria nesse turbilhão de acontecimentos que envolviam a cotidianidade, um lugar de atuação possível, mesmo lugar de onde se podia ver "A banda", de Chico Buarque, passar. Mas esta atuaria no extraordinário, enquanto a "Alegria, alegria" seria contínua, não saindo do ordinário, mas prometendo uma nova sensibilidade de "alegria e preguiça", "eu vou, por que não?". Aliás, Caetano observa que "o fato de ser uma marchinha fazia de 'Alegria, alegria', no contexto do festival, uma espécie de anti-'Banda' que não deixava de ser outra 'Banda'".[18]

Ademais, Caetano explorava também o diferencial de postura em palco e lembra que sua intempestiva entrada no palco do Festival, trajando um "terno xadrez marrom e uma camisa de gola-rulê laranja-vivo", já o tornava bastante extravagante em relação aos demais participantes, com trajes mais formais. Mesmo seu cabelo encaracolado, ainda que curto, era alvo de comentários curiosos da imprensa que realizava a cobertura do evento. Tudo isso contribuiu para que, em sua apresentação vitoriosa (da quarta colocação) de 21 de outubro de 1967, fosse bastante ovacionado pelo público que já tinha mesmo aquela estranha "definição afetiva a seu respeito". Mas no ano seguinte esse mesmo público o receberia com vaias em uma

---

17 Heber Fonseca. *Caetano, esse cara*. Rio de Janeiro: Revan, 1993, p. 58.
18 Caetano Veloso. *Verdade tropical*. São Paulo: Companhia das Letras, 1997, p. 175.

das eliminatórias do Festival Internacional da Canção, no qual defendeu a canção "É proibido proibir". O gesto de abrir os braços se tornou, então, uma posição de afronta, assim como a própria canção tropicalista.

O artista revelou seu projeto de extroversão da cultura, uma descentralização política voltada para o corpo e o comportamento, também núcleos da opressão, portanto lugar possível de efetiva transformação. Sendo notável sua habilidade para expor dilemas que afligiam o comportamento dos jovens contemporâneos, mas que sob os movimentos políticos eram ignorados: "e sempre tive um pouco de grilo com o desprezo que se votava a coisas como sexo, religião, raça, relação homem/mulher".[19] Se suas performances em palco sempre disseram tanto quanto suas canções, também estas revelavam atitudes possíveis, pois, da releitura da Bossa Nova, Caetano encontrou o par perfeito para sua exposição de braços abertos, as janelas abertas — da música "Janelas abertas n.º 2", de 1972 — de Tom Jobim e Vinicius de Moraes agora estavam abertas para, além do sol, entrarem os insetos.

Eis, como bem definiu o sociólogo Marcelo Ridenti, os tropicalistas que "abriam suas portas e janelas para o mundo, para arejar o ambiente, impregnado pelo caldo de cultura do chamado *nacional-popular*, mas as janelas estavam instaladas no 'coração do Brasil', abertas também para 'que entrem todos os insetos' do exterior".[20] Justamente a questão do *nacional-popular*, já tão impregnada pelos paradigmas de busca das raízes autênticas do Brasil, incomodava Caetano, pois se tratava de um nacionalismo que lhe parecia encenação, como explicou em entrevista de 1979:

---

[19] Caetano Veloso in: Elio Gaspari. et alii. *Cultura em trânsito: da repressão à abertura*. Rio de Janeiro: Aeroplano, 2000, p. 148.

[20] Marcelo Ridenti. *Em busca do povo brasileiro: artistas da revolução, do CPC à era da TV*. Rio de Janeiro: Record, 2000, p. 274.

[...] parece que tem uma família de São Paulo que financia. Vai o melhor intelectual fazer a melhor pesquisa e sai a melhor encenação do melhor do Brasil [...]. Então a questão do nacional e do popular, para mim, não é um projeto, é uma coisa que já está, é como estar no mundo, viver no planeta, já sou eu mesmo.[21]

Diante disso, entre diversas vozes e sonoridades, Caetano foi construindo seu percurso naquela que ele considerava a "linha evolutiva" da música popular, a retomada da "linha perdida".

Por um lado, com uma *atitude gilbertiana*, inspirada no procedimento de decantação do samba realizado por João Gilberto; por outro, sua transformação radical pela apropriação das mais diversas sonoridades e linguagens: a *atitude tropicalista*. Isso porque o movimento tropicalista partia de uma variação estética sintonizada com a modernidade internacional, com os avanços tecnológicos, e, como sugeriu Luiz Tatit, com as dicções esquecidas ou desprezadas da MPB, por exemplo, do cantor Vicente Celestino.[22] Então, Caetano se tornou um dos expoentes mais prestigiados do movimento, sua obra está não só ligada a tais transformações, como também as expressa e representa. A canção "Tropicália" (1967), gravada no segundo álbum, apresenta mais uma das possíveis sínteses de seu "projeto", visto que constrói uma alegorização da realidade, valendo-se não mais da narrativa, mas da colagem poética, de ruídos e guitarras.

Além das "dicções" esquecidas ou desprezadas, o jovem compositor também se voltava para os músicos mais conhecidos, ao se reportar a canções de Noel Rosa, como "Coisas nossas" (1936), na qual também existia uma enumeração de cenas e características típicas da cultura brasileira. Inspiração para a composição de "Tropicália",

---

[21] Caetano Veloso in: Elio Gaspari. et alii. *Cultura em trânsito: da repressão à abertura*. Rio de Janeiro: Aeroplano, 2000. p. 151.

[22] Luiz Tatit. *O Cancionista*. São Paulo: EDUSP, 2002, p. 264.

para a qual Caetano havia imaginado "colocar lado a lado imagens, ideias e entidades reveladoras da tragicomédia Brasil [expressão que se sobrepõe ao sentido épico que, geralmente, é adotado nas definições do caráter nacional], da aventura a um tempo frustra e reluzente de ser brasileiro".[23] Repleta de intertextualidades, a canção foi detalhadamente discutida pelo compositor em seu livro, *Verdade tropical*, como uma canção-ícone que terá diversos desdobramentos ao longo de sua obra. De fato, uma constante referência ao seu "projeto Brasil", quando não casualmente Brasília é eleita como o centro da "canção-monumento aberrante que eu ergueria à nossa dor, à nossa delícia e ao nosso ridículo",[24] pois capital-síntese de toda uma ideologia de desenvolvimentismo e entusiasmo com avanços tecnológicos.

Tecnologia que criou algumas oportunidades ao músico popular, e que Caetano de fato soube aproveitar, pois contando com a experiência de vanguarda do maestro Júlio Medaglia, pôde incorporar à sua composição uma série de timbres e modulações que contribuíram com seu projeto. Além disso, àquela altura dos anos 1960, não se buscava mais camuflar a presença dos diversos recursos técnicos e humanos que estariam por trás de uma gravação fonográfica. Muito pelo contrário, o experimentalismo (promissor entre as artes de vanguarda) ganhava espaço como ação criativa sob as novas determinações técnicas. A orquestração elaborada para "Tropicália" possibilitou então uma apropriação performática que ganhou perenidade fonográfica. A mais famosa é a intervenção inicial do baterista Dirceu, que, ao ouvir a ambientação sonora elaborada por Medaglia, passou a declamar um breve discurso sobre a carta de Pero Vaz de Caminha e ainda fez uma referência ao técnico de som, o Gauss: "E o Gauss da época gravou."

[23] Caetano Veloso. *Verdade tropical*. São Paulo: Companhia das Letras, 1997. p. 184.
[24] Ibid. p. 185.

Aliás, como já observou Celso Favaretto "o arranjo de Júlio Medaglia é extremamente funcional, pois foi criado em continuidade com a letra, não sendo, portanto, concebido como simples reforço enfático".[25] As sonoridades que introduzem a canção criam uma ambientação "tropical", ao mesmo tempo que sugerem um clima de suspense, logo desfeito pela narrativa surreal que se revela ao final da primeira estrofe: "Sobre a cabeça os aviões/ Sob os meus pés os caminhões/ Aponta contra os chapadões/ Meu nariz." Uma mistura aparentemente inusitada de informações em cada verso, sugerindo o amálgama de ideais e idealizações que acompanharam o desenvolvimentismo tecnológico, com a intensa migração interna mobilizando discursos sobre o Nordeste, e nordestinos buscando se situar nos novos espaços urbanos, predominantemente excludentes.

Nesta canção novamente nos defrontamos com o desconforto de Caetano em relação ao *nacionalismo* que vicejava sob o pensamento de esquerda, pois uma arte esteticamente nacionalista aparecia-lhe esteticamente limitada, renegando as conquistas não só da Bossa Nova, como também de outras vozes possíveis que há tempos sofriam o mesmo tipo de pressão — e a figura da Carmen Miranda sintetizava muito esse processo. Essa percepção de que a "caricatura" de Brasil podia revelar-se uma "radiografia" permitiu não só a composição de "Tropicália", mas também da própria *persona* que Caetano então passaria a encarnar publicamente.

Assim, o Tropicalismo ganhou formas, atitude, adeptos e sucesso ao longo de 1968, e Caetano encontrou seu lugar definitivo no palco, na televisão, na indústria do entretenimento, com a qual lidava com desenvoltura. O movimento tropicalista assumia todos os referenciais possíveis, daí a estratégia do choque, do estranhamento

---

[25] Celso Favaretto. *Tropicália, Alegoria, Alegria*. São Paulo, Ateliê Editorial, 1996, p. 59.

para tentar romper com todos os hábitos. Uma postura pessimista, pois, como explica Caetano, "nós queríamos trazer a tudo que disse respeito à música popular a luz da perda da inocência e, para isso, fizemos muitas caretas e usamos muitas máscaras".[26] Foi sob este contexto que Caetano vivenciou um dos momentos mais dramáticos de sua trajetória, quando, ao final do ano de 1968, foi preso junto com Gilberto Gil pelo governo militar que acabava de decretar o Ato Institucional n.º 5 (AI-5), cerceando completamente a liberdade de expressão. Após a prisão, Caetano e Gil realizaram um show em Salvador para arrecadar fundos para o exílio forçado em 1969, resultando em uma temporada em Londres até janeiro de 1972, data do retorno definitivo para o Brasil. Da experiência Caetano escreveu um capítulo no livro *Verdade tropical* que se desdobrou recentemente no filme e livro *Narciso em férias* (2020), no qual Caetano relata com detalhes os traumas que sofreu na prisão.

As experiências traumatizantes do cárcere e do exílio levaram Caetano a reformular muitas de suas posições, a questionar mais profundamente seu próprio trabalho, seu papel naquele contexto de tantas transformações sociais, políticas e culturais. A aversão ao "nacionalismo de esquerda" e a atuação no sentido de refletir sobre essa problemática a partir da identificação das mazelas nacionais, do olhar estrangeiro e da "deglutição antropofágica" do contexto global, acabaram revelando uma obra com profundas afinidades com uma possível "nação", expondo o que há de mais específico nessa "comunidade" chamada Brasil. Aos seus olhos, o sentimento nacional resultaria da combinação inusitada de múltiplos interesses, daí poder-se encontrar um "Brasil" nas próprias contradições, como através das imagens de "Tropicália", de "Podres poderes", enfim, das coexistências inusitadas: "Um olho na Bíblia, outro na

---

26 Caetano Veloso. *O mundo não é chato*. São Paulo: Companhia das Letras, 2005, p. 49.

pistola/ Encher os corações e encher as praças/ Com meu Guevara e minha Coca-Cola."[27]

Sob este aspecto, Guilherme Wisnik oferece uma excelente síntese da trajetória de Caetano, que ao promover essas relações dialógicas entre os temas locais e globais, acabou "consolidando-se como intérprete do Brasil e divulgador internacional privilegiado da experiência de sua música popular, numa atitude que aponta para a reversão artística dos complexos de subdesenvolvimento herdados da colonização".[28] Por essa razão, depois da Bossa Nova, seu trabalho é atualmente um dos mais populares no exterior, com uma música considerada própria dos brasileiros. Fato relevante se nos voltarmos para os debates e conflitos que envolviam o fazer musical nos anos 1960, mas, desde os anos 1970, a pluralidade tropicalista já se revelava como a maior herança do movimento.

A distensão estética, a postura em palco, a ebulição que as *performances* podiam provocar, que causaram maior entusiasmo, enfim, a transmutação da arte em comportamento, uma ciência herdada das seminais experiências tropicalistas. Caetano agregou tudo isso aos seus trabalhos pós-exílio e foi bem recebido. No entanto, sua postura desconcertante voltaria a chocar, quando ele lançou o disco *Araçá azul* (1973), que, esbanjando experimentalismos, não foi bem recebido pelo público, já profundamente habituado às combinações pop de seus discos anteriores, uma vez que, neste novo trabalho, são entoados diversos sons, grunhidos, trechos de canções tradicionais e "sujeiras sonoras", numa combinação de reminiscências, de experiências de infância do compositor.

O samba de roda, que permeou sua infância, reaparece aí na voz de Edith Oliveira, junto com canções de rádio, como aquelas que Caetano cantava quando criança. A memória de sua cidade, do

---

[27] Trecho da música "O herói" gravada no álbum *Cê*, Universal Music, 2006.

[28] Guilherme Wisnik. *Caetano Veloso*. São Paulo: Publifolha, 2005, p. 12.

dia a dia de Santo Amaro, surge como um testemunho involuntário, "no caso daquele *Araçá azul*, que é um disco que terminou ficando assim muito cheio disso [reminiscências], ele ficou muito assim por uma razão quase que inversa, porque foi um disco que eu fiz sem pensar, sem parar pra pensar, entendeu?".[29] O que condiz com sua busca pela expressão livre do corpo, dos sentidos. E, por fim, no mesmo embalo criativo, lançou simultaneamente dois álbuns no ano de 1975, *Joia* e *Qualquer coisa*, acompanhados de manifestos inventados pelo artista, o qual os definiam ironicamente como "pseudomovimentos". Sua música continuava, portanto, entre expressões do corpo e incursões ao "enigma" Brasil.

A partir daí, Caetano tornou-se figura frequente na mídia e passou a exercer alguma influência sobre a opinião pública, na medida em que era consultado sobre os mais diversos assuntos, um papel intelectual que se consolidava. No entanto, percebe-se que buscou permanecer na zona ambígua em que o artista popular pode atuar (pois ao artista não se exigiria a *intervenção séria* nos assuntos públicos), supondo que assim se resguardaria das críticas tão recorrentes de pseudointelectualismo quando artistas opinam em assuntos políticos:

> mas estou aqui dando minhas opiniões de cantor de rádio. Não preciso ter medo do ridículo. Celebridades do mundo do entretenimento opinando sobre temas sérios é algo que já foi justa e suficientemente ridicularizado. Sinto-me livre para propor combinações que pessoas mais responsáveis não poderiam sugerir.[30]

---

[29] "1973 — Araçá Azul" Comentários. Disponível em: http://caetanocompleto.blogspot.com/2012/07/1972-araca-azul.html?m=1 Acesso: julho de 2022.

[30] Caetano Veloso in: Zuenir Ventura. *1968: O que fizemos de nós*. São Paulo: Planeta do Brasil, 2008, p. 141.

Uma precaução desnecessária, quando não uma tática para driblar as pressões da censura ou da indústria, diante de um mero preconceito corporativo, se observarmos que ser intelectual não exige formação ou profissão específica, mas o despontar na cena pública como produtor ou transmissor de ideias, exercendo determinada influência, sendo ouvido, ainda que criticado. E, segundo Norberto Bobbio, como todo "homem de cultura", nessa moralidade sua motivação pode tanto ser universalista quanto particularista e sua expressão variada: são os ensaios, artigos, conferências, petições etc., sempre abordando problemas humanos, morais, filosóficos ou políticos. Nesse caso, o artista se expressa primordialmente por meio da canção, mas não raro, Caetano Veloso e outros se manifestaram por meios diversos como ensaios e artigos.

Em suma, ainda que muitas vezes reticentes, alguns artistas acabam assumindo a responsabilidade pública de seu ofício, engajando-se como "homens de cultura" ou intelectuais, fazendo uso da canção com o intuito de refletir sobre a cultura e a sociedade. Nas canções sempre encontramos algumas pistas, em "Jeito de corpo" (1981), uma homenagem aos humoristas do programa *Os Trapalhões*, aparece em destaque a posição do argumento do compositor: "não pensem que é um papo torto/ é só um jeito de corpo/ não precisa ninguém me acompanhar". Ou seja, está além do discurso, na prática cotidiana, nos meneios de voz, no jeito de corpo. A modéstia, entretanto, às vezes cede lugar a um necessário reconhecimento, como na canção "Festa imodesta" (1974), que Caetano compôs especialmente para Chico Buarque.

Nessa canção, o artista-intelectual se faz mais presente, empresta sua voz a "Tudo aquilo que o malandro pronuncia/ E o otário silencia/ Toda festa que se dá ou não se dá/ Passa pela fresta da cesta e resta a vida". A fresta aparece como expressão de resistência, e sob a ótica contemporânea de Gilberto Vasconcellos, Caetano estaria advertindo: "dizer ou não dizer simplesmente é, nos dias de hoje, uma falsa alternativa. O importante é saber como pronunciar; daí a necessidade do olho na fresta da MPB."[31] Caetano oferece-nos muitos textos, mas também canções como "Língua" (1984): "se você tem uma ideia incrível é melhor fazer uma canção/ está provado que só é possível filosofar em alemão". A projeção social da canção, do músico popular, sua inserção privilegiada na esfera pública, seriam características específicas da cultura brasileira, pois, da mesma maneira que, de acordo com o senso comum, os alemães teriam encontrado sua melhor expressão na filosofia, os brasileiros a teriam encontrado na canção popular.

Precisamente nesse sentido é que Caetano expõe, em "Podres poderes", a já necessária intervenção do artista, recorrendo a imagens fortes, capazes de expor algumas fissuras na ideia de "formação nacional": "Será que nunca faremos/ Senão confirmar/ A incompetência/ Da América católica/ Que sempre precisará/ De ridículos tiranos." E remetendo ao enigma da canção "O que será", de Chico Buarque, completa: "Será, será, que será?/ Que será, que será?/ Será que esta/ Minha estúpida retórica/ Terá que soar/ Terá que se ouvir/ Por mais zil anos." E novamente, seu único refúgio de atuação, ainda que retórico: "Será que apenas/ Os hermetismos pascoais/ E os tons, os mil tons/ Seus sons e seus dons geniais/ Nos salvam, nos salvarão/ Dessas trevas e nada mais..."[32]

Nos anos 1980, seu desencanto tornou-se ainda mais patente diante das profundas transformações pelas quais passava o mundo e, entre muitas canções, "Fora da ordem" revelava muito de sua insatisfação diante da falta de lugar no mundo de um país que sonhava em ser protagonista de sua história, mas ainda permanecia isolado: "Alguma

---

[31] Gilberto Vasconcelos. *Música popular: de olho na fresta*. Rio de Janeiro: Graal, 1977, p. 72.

[32] Trecho da canção "Podres poderes" gravada no disco *Velô*. Phlips, 1984.

coisa está fora da ordem/ Fora da nova ordem mundial/ Meu canto esconde-se/ Como um bando de Ianomâmis/ Na floresta" ("Fora da ordem", 1991). Mas note-se que Caetano, apesar da desenvoltura com que desfila pelo mundo do entretenimento, desde cedo assumindo positivamente a relação com as novas tecnologias, também refletiu sobre o impacto dessas novas realidades sobre a nossa sociedade, que permanecia numa relação com o global ainda tão precária e necessi— tando de autoafirmação.

No entanto, a experiência estrangeira provocou no compositor um pessimismo crônico e crítico, constante até hoje em suas canções sobre problemas sociais, como "O estrangeiro", "Haiti", "Podres poderes", "Fora da ordem" ou "O herói": "minhas canções ainda são predominantemente longos e enfadonhos inventários de imagens jornalísticas intoleráveis do nosso cotidiano usadas como autoflagelação e como que olhadas de fora".[33] Porém, essa ótica crítica surgiu de importantes experiências criativas, em 1972 o LP *Transa* revelou as consequências mais ricas da atitude tropicalista, um amadurecimento da obra do compositor, bem como seu direcionamento definitivo para um predominante "som pop".

O artista assume o risco, quer ser ouvido, expor suas *escutas* ao mundo, esse é seu papel, e Caetano Veloso tem sido um "artista- -intelectual" ativo por mais de cinquenta anos. Em disco lançado em 2006, encontramos mais um acerto de contas com a nossa história, com o "ser" brasileiro, a canção *O Herói* atualiza toda essa história, remete a Sérgio Buarque de Holanda e Gilberto Freyre. A canção foi a oportunidade para Caetano colocar sua prosa em artigo de junho de 2006: "sem nunca ter escrito a expressão 'democracia racial', Freyre é frequentemente xingado por causa dela. Eu, que adoro esse mito, acho que se presta uma homenagem a Freyre ao atribuir-lhe

---

[33] Caetano Veloso. *O mundo não é chato*. São Paulo: Companhia das Letras, 2005, p. 61.

a invenção".[34] Uma aproximação do compositor aos intérpretes do Brasil, com um rap que ultrapassa a mera denúncia ao expor uma suposta vivência do narrador, do brasileiro: "É como em plena glória espiritual/ Que digo:/ Eu sou o homem cordial/ Que vim para instaurar a democracia racial/ eu sou o homem cordial/ que vim para afirmar a democracia racial/ Eu sou o herói/ Só Deus e eu sabemos como dói."[35] Eis uma "dor" que não se diz em palavras, só na melodia, nos sussurros e gemidos da guitarra, no *jeito de corpo* que suplanta o discurso falado e carrega essa paixão do indivíduo, do brasileiro: o herói do seu canto.

Agora, aos quase oitenta anos, Caetano Veloso mais uma vez busca tocar ouvidos atentos com seus desconcertos poéticos e sonoros. Ao lançar o álbum *Meu coco* (2022), mais uma vez o artista presta sua homenagem à memória da música e seu efeito transformador: "João Gilberto falou/ E no meu coco ficou..." Bem como insere seu cotidiano, seus amores, sua família e as agruras de um país atormentado por seus governantes na grande cena mundial, todos liderados por "palhaços macabros" e pela indiferença de seus "Anjos tronchos", já para além de bilionários, a invadir nossas vidas com seus algoritmos. Com melodias termais, videoclipes com performances concisas, o exato oposto da profusão de imagens das mídias, o compositor explora as feridas do cotidiano, ainda na intenção de despertar a identidade perdida nos tempos, nas redes, sob os eficazes *podres poderes*. ∞o

Sempre quis tudo o que desmente esse país.
— Caetano Veloso, "O herói"

---

[34] Id. "Democracia racial rima com homem cordial". São Paulo: *Folha de S.Paulo*, 10 de junho de 2006.

[35] Trecho da música "O herói" gravada no álbum *Cê*. Universal Music, 2006.

Referências bibliográficas

ANDERSON, Benedict. *Comunidades imaginadas*. Lisboa: Edições 70, 2005.
BASUALDO, Carlos. (org). *Tropicália: uma revolução na cultura brasileira*. São Paulo: Cosac Naify, 2007.
BENJAMIM, Walter. *Magia e técnica, arte e política*. São Paulo: Brasiliense, 1985.
BOBBIO, Norberto. *Os intelectuais e o poder: dúvidas e opções dos homens de cultura na sociedade contemporânea*. São Paulo: Unesp, 1997.
CALADO, Carlos. *Tropicália: a história de uma revolução musical*. São Paulo: Editora 34, 1997.
CAMPOS, Augusto de. *Balanço da bossa e outras bossas*. São Paulo: Perspectiva, 1993.
CERTEAU, Michel de. *A invenção do cotidiano*. 2 vols. Petrópolis: Vozes, 1997.
CONTIER, Arnaldo Daraya. "Edu Lobo e Lyra, Carlos: O nacional e o popular na canção de protesto (os anos 60)". In: *Revista Brasileira de História*. v. 18, n. 35, ANPUH, São Paulo, 1998.
CORREA, Priscila Gomes. *Nada me consola: cotidiano e cultura nas canções de Caetano Veloso e de Chico Buarque*. Salvador: EDUNEB, 2016.
FAVARETTO, Celso. *Tropicália, Alegoria, alegria*. São Paulo, Ateliê Editorial, 1996.
FONSECA, Heber. *Caetano, esse cara*. Rio de Janeiro: Revan, 1993.
FUBINI, Enrico. *Estética de la música*. Madri: La balsa de la medusa, 2004.
GALVÃO, Walnice Nogueira. *Saco de gatos: ensaios críticos*. São Paulo: Duas Cidades, 1976.
GASPARI, Elio. et alii. *Cultura em trânsito: da repressão à abertura*. Rio de Janeiro: Aeroplano, 2000.
MARTÍN-BARBERO, Jesús. *Dos meios às mediações: cultura, comunicação e hegemonia*. Rio de Janeiro: Ed. UFRJ, 1997.
MORIN, Edgar. *Os meus demônios*. Rio de Janeiro: Bertrand Brasil, 1995.
NAPOLITANO, Marcos. *"Seguindo a Canção": engajamento político e indústria cultural na MPB (1959-1969)*. São Paulo: Annablume/Fapesp, 2001.
___. *A síncope das ideias*. São Paulo: Editora Fundação Perseu Abramo, 2007.
ORTIZ, Renato. *Cultura brasileira e identidade nacional*. São Paulo: Brasiliense, 2006.
RIDENTI, Marcelo. *Em busca do povo brasileiro: artistas da revolução, do CPC à era da TV*. Rio de Janeiro: Record, 2000.
RISÉRIO, Antonio. *A Avant-Gard na Bahia*. São Paulo: Instituto Lina e Pietro Maria Bardi, 1994.
TATIT, Luiz. *O cancionista: composição de canções no Brasil*. São Paulo: EDUSP, 2002.
___. *O século da canção*. Cotia: Ateliê Editorial, 2004.
TINHORÃO, José Ramos. *Música popular: um tema em debate*. São Paulo: Editora 34, 1997.
VASCONCELOS, Gilberto. *Música popular: de olho na fresta*. Rio de Janeiro: Graal, 1977.
VELOSO, Caetano. *Alegria, alegria: uma caetanave organizada por Waly Salomão*. Rio de Janeiro: Pedra Q. Ronca, 1977.
___. "Democracia racial rima com homem cordial". São Paulo, *Folha de São Paulo*, 10/06/2006.

___. "Carmen Miranda Dada". São Paulo, *Folha de S.Paulo*, 22 de outubro de 1991.
___. *Letra só/ Sobre as letras*. São Paulo: Cia. das Letras, 2003.
___. *O mundo não é chato*. São Paulo: Cia. das Letras, 2005.
___. *Songbook Caetano Veloso*. (Ed. A. Chediak) 2v. São Paulo: Lumiar Editora, 1988.
___. *Verdade tropical*. São Paulo: Cia. das Letras, 1997.
VENTURA, Zuenir. *1968: O que fizemos de nós*. São Paulo: Planeta do Brasil, 2008.
WISNIK, Guilherme. *Caetano Veloso*. São Paulo: Publifolha, 2005.

Maria Rita Kehl

O DESEJO NAS CANÇÕES DE CAETANO VELOSO

Desde sua primeira aparição na televisão, no festival da TV Excelsior em 1966, aquele baiano cabeludo, magrelo e carismático fez do tema do desejo o eixo propulsor de suas canções. Escrevo propositalmente tema do desejo, pois é dispensável lembrar que, no que toca ao próprio compositor, é muito provável que o desejo tenha sido o motor de toda sua produção. Caetano encontrou, na música e na poesia, "o lugar certo onde colocar o desejo" (volto a esta canção, já, já). Isso também vale para as artes de Chico Buarque, Gilberto Gil, Paulinho da Viola, Sérgio Ricardo e toda a turma boa que se revelou naquele período.

O desejo é o que move o sujeito. Advindo de nossa incompletude estrutural, ele não se define como desejo disso ou daquilo. A falta é estruturante da nossa subjetividade; ela nos torna desejantes.

Freud desenvolveu sua teoria das neuroses com base na hipótese de que o sofrimento psíquico advém do recalque; não o recalque do desejo propriamente dito, mas de sua representação. O sujeito anseia, mas não sabe o quê. Culpa-se, mas não sabe por quê. Estrutura sintomas cuja função é obter soluções de compromisso entre a satisfação do desejo e o imperativo do *supereu* — o famoso *superego*, instância psíquica que, grosso modo, vigia e regula a relação dos sujeitos com a Lei, a moral e as exigências de perfeição, herdeiras dos olhares encantados e, também, críticos dos pais. Esse processo, no entanto, também não se dá de forma consciente, por isso o sujeito não entende seus sintomas. Culpa-se por fantasias esquisitas. Deprime-se, sem entender que a depressão é a ausência de desejo, ou de contato com ele.

Não vou me aprofundar mais na teoria psicanalítica, mas vale lembrar que Lacan define a psicose como advinda da "falta da falta". A *falta* estrutura o *sujeito* que é, por definição: *sujeito do desejo*. No duplo sentido do termo, indica aquele que se estrutura a partir do *desejo* e, também, sua sujeição ao *desejo inconsciente*.

Cabe a cada um inventar meios de satisfazer não o desejo de forma definitiva — pois deixar de desejar equivale a deprimir-se —, mas sim os desejos que se manifestam ao longo de nossas vidas. Para a psicanálise, o desejo é, por definição, inconsciente — daí as fantasias e devaneios com que procuramos dar formas e imagens a ele. O desejo nos move. Grosso modo, chamamos a ausência dele de depressão.

E vale acrescentar que a "satisfação" do desejo não equivale à satisfação da pulsão — ter fome: comer; ter desejo sexual: fazer amor etc. A satisfação do desejo se dá no campo simbólico. Este é o campo dos *significantes*, como dizemos em lacanês, ou, em português: das palavras como entidades razoavelmente independentes do seu significado. Os poetas concretos trabalhavam bem com isso, manejando as palavras mais de acordo com seus parentescos sonoros, por assim dizer, do que com sua significação, ou seja, com a fantasia que elas evocam. Nesses poemas, o jogo se dá mais pelo valor das palavras em si, por sua sonoridade, do que por seu significado.

Por exemplo, nesta composição de Haroldo de Campos:

    sem um número
       um número
          número
            zero
              um
                o

>   nu
>   mero
>   número
>   um número
>   um sem número

O que significa esse belo achado sonoro/espacial? Nada. O poema de Haroldo de Campos brinca com as palavras — e as *enumera* — enquanto significantes sonoros, sem propor um significado. O baile da palavra "número" em si, que se desdobra, se divide e se reencontra, tece o poema.

Ao escrever "baile", lembrei-me da bela tradução feita pelo mesmo Haroldo de um dos poucos poemas "concretos" de Maiakovski, chamado "Balalaica":

> [como um balido abala
> a balada do baile
> de gala]
> [como um balido abala]
> abala [combalido]
> [a gala do baile]
> louca a bala
> laica.

Não há um significado proposto nestes versos. O instrumento sonoro serve de título, mas não comparece no poema. Não há elementos imaginários para sustentar a beleza de "Balalaica", mas os sons badalam e balem evocando o tangido do instrumento. Vale apresentar a beleza sonora do original russo:

> Balalaica
> [Budto laiem

    oborvala
    Skrípki bala
    laica]
    [s laiem oborvala
    oborvala
    s laiem]
    [láiki bala]
    láicu bala
    laica.

Entenderam? Eu também não. Mas leiam em voz alta. As palavras badalam sozinhas. Não precisamos saber o que significam, embora elas fiquem mais belas quando traduzidas.

Estamos em um campo em que os signos produzidos por nós, humanos, propõem estruturas que independem de seus significados. E que nos estruturam, por adição. Este é o campo simbólico: o desejo circula nele. Por isso a realização do desejo se dá pelos sonhos, pelas palavras. Os impulsos que pedem satisfação corporal se chamam pulsões, como a expressão da fome, o impulso sexual etc. É claro que, no caso da satisfação sexual, a pulsão se alia à fantasia, e esta pertence a um campo a que chamamos de *imaginário*.

Volto ao desejo, tomando mais um exemplo da literatura. Por razões semelhantes (inconscientes), na grandiosa obra *Em busca do tempo perdido*, Swann apaixona-se — e perde parte de sua vida — por uma mulher que "não era seu tipo...". A monumental *Recherche* de Proust é inaugurada pela obsessão do personagem pela mulher que representa para ele... o quê? Swann não entende bem o que ela *simboliza*.

Não vou avançar muito mais na teoria, mas vale acrescentar que a emancipação do desejo de um analisando diante da demanda alheia (mesmo que seja do analista) é um dos mais importantes sinais de que a prática da psicanálise deu certo. Nesse momento, à custa de certo desamparo (afinal, não há mais ninguém a quem responsabilizar por suas escolhas), o sujeito toma as rédeas da vida. Para acertar, errar, cair, levantar, tentar de novo, no caminho indicado por seu desejo.

Já no caso das crianças, a coisa muda um pouco de figura. Educar uma criança implica, mesmo na melhor das hipóteses, torná-la sensível às demandas e interdições dos pais. A criança que obedece só para não ser castigada é, por estranho que pareça, mais livre do que aquela que obedece para ser amada. A que evita o castigo muitas vezes se mantém fiel a seu desejo, que ela acaba por tentar realizar às escondidas, sob risco de chinelada. Aquela que obedece por amor e continua assim por considerar-se "boazinha" corre o risco de apartar-se de sua via *desejante* em troca do prazer de ser querida, elogiada, às vezes preferida entre outros irmãos. São estas candidatas mais promissoras à neurose do que as primeiras. O percurso de uma análise propõe — e às vezes consegue — que o neurótico deixe de orientar suas ações apenas pela demanda do Outro[1] e, em troca, adquira alguma fidelidade a seu desejo.

Mas cadê o Caetano?

Asseguro que toda a teoria psicanalítica para fundamentar este modesto ensaio já foi apresentada nos parágrafos anteriores. A partir daqui, irei à cata das canções em que, de forma explícita ou velada, o eu lírico do cantor se revela *desejante*.

A canção "Um dia", apresentada por Caetano no primeiro Festival de Música Popular Brasileira na TV Excelsior, em 1966, enuncia o desejo em movimento pendular. O personagem lírico se despede da

---

[1] O "apenas" aqui fica por conta da constatação de que a independência absoluta é quase impossível. Às vezes o Outro se impõe pela força, pela ameaça ou pela chantagem emocional. Mesmo assim, a criança que obedece contrariada, porque não vê saída, guarda a semente de um sujeito mais autônomo do que aquela que adere, por amor e desejo de agradar, àquilo que lhe é imposto.

amada a dizer: "Eu não estou indo-me embora./ Tou só esperando a hora./ De voltar." O enunciado lembra *Viajo porque preciso, volto porque te amo*, título do filme de Marcelo Gomes e Karim Ahnous (2009). Ir embora atende a uma necessidade: uma demanda de trabalho, uma obrigação familiar. Voltar para quem se ama responde ao desejo.

Em 1967, no primeiro de muitos festivais exibidos pela TV Record, Caetano apresentou "Alegria, alegria", com um arranjo que desafiava a tradição da MPB. Começou vaiado, terminou ovacionado. Não há necessidade de reproduzir aqui a letra, conhecidíssima. O desejo desse que se lança "contra o vento, sem lenço e sem documento" é reafirmado a cada "Eu vou!". "Nada no bolso ou nada nas mãos./ Eu quero seguir vivendo, amor/ Eu vou." E aqui o refrão monossilábico explode, enfatizado pela orquestra: "Por que não? Por que não?" Este não deve explicações a ninguém. Não precisa justificar seu desejo: "Eu vou!" porque sim.

A partir daqui, deixo de seguir a ordem cronológica das canções do compositor, já bem estabelecido nas paradas de sucesso, para me conceder o prazer da associação livre.

Alguns anos depois, em 1978, a letra da canção "Muito" anuncia, logo no início, um desejo intransitivo — "Eu sempre quis muito" —, que é, para a psicanálise, a definição mesma de desejo. Para Freud, e depois Lacan, o *desejo* não é necessariamente direcionado a alguém ou a algo. É o motor da atividade psíquica, da fantasia e de nossas ações em busca de prazeres, sublimados (na escrita, na arte, na música...) ou realizados na ação, seja ela criativa, empreendedora ou mesmo violenta — aspecto que lamento incluir. No entanto, a ação não esgota o desejo, apenas descarrega o impulso. Continuamos *desejantes*. É nossa sina, o tal "duro dever de desejar", como diz Lacan.

O "muito" que abre a canção, nesse caso, não continua intransitivo: a seguir, o eu lírico adverte que na presença da amada, seu desejo até parece pequeno: muito é muito pouco. Assim, o "muito" se transfere a ela — "gata, você é muito" —, que continua a atiçar o desejo dele, o apaixonado "muito louco", cujo desejo, entretanto, na presença dela... parece pequeno.

Em 1981, no álbum *Cores, nomes*, Caetano grava uma das minhas canções prediletas do seu repertório: "Trem das cores". Descreve uma viagem de trem (seu ídolo FHC [Fernando Henrique Cardoso] ainda não tinha destruído a malha ferroviária do país) acompanhado de uma namorada, que diziam ser Sônia Braga a dona do: "cabelo preto, explícito objeto, castanhos lábios" e do "O mel desses olhos luz, mel de cor ímpar" (que a métrica da canção transforma, com liberdade poética, em impar). O *desejo* do poeta pela companheira de viagem colore a paisagem: as encostas têm franjas cor de laranja, o capim é rosa-chá, a serra ao longe apresenta um "ouro ainda não bem verde" — que imagem genial. Átomos dançantes inauguram a madrugada e as crianças que entram no vagão têm cor de romã.

É em uma faixa do mesmo disco, "Sete mil vezes", que o *desejo* promete se perenizar: "Sete mil vezes eu tornaria a viver assim/ Sempre contigo transando sob as estrelas." O enunciado é potente.

Vale mencionar ainda a brincalhona "Rapte-me, camaleoa", do disco *Outras palavras*, supostamente dedicada à Regina Casé: "Capte-me uma mensagem à toa/ De um quasar pulsando loas/ Interestelar canoa" e segue agora à margem da estrada sublime, evocando os "Seus peitos direitos me olham assim", levando o *fino menino* a inclinar-se "pro lado do sim". Ótima imagem de rendição, se não amorosa, com certeza sexual.

Voltando à enigmática "Pecado original", que citei logo no início deste texto: "Quando a gente volta/ O rosto para o céu/ E diz olhos nos olhos da imensidão:/ Eu não sou cachorro, não/ A gente não sabe o lugar certo/ De colocar o desejo." Uma canção, como todas as anteriores, na qual o poeta expressa seu *desejo* — a isso a psicanálise chama *sublimação* — afirmando não saber onde colocá-lo. A ironia não deve ser inconsciente: ele já o colocou, na própria canção em que nega isso.

Este curto ensaio não esgota, evidentemente, o tema do desejo nas canções de Caetano Veloso, nem é o propósito. Os leitores que conhecem a obra do compositor hão de se lembrar de muitas outras canções, esquecidas aqui.

Mas não poderia deixar de encerrar esse breve passeio com a música-tema do desejo, diante da qual nenhum lacaniano torceria o nariz, por mais esnobe que fosse: "O quereres". O título já é genial: um improvável plural na palavra "querer" vem precedido de um "O", singular. O querer é um, mas não se detém diante de nenhum objeto; assim, também é múltiplo. O quereres.

A canção é toda uma homenagem triunfante à "bruta flor do querer", que nunca está onde o outro, ou a outra, a supõe. O desejo do poeta, seu *querer*, se volta à mulher, mas não é escravo dela: aliás, como sugere Lacan, se alguém quiser extinguir um desejo, basta torná-lo obrigatório.

Assim, a cada suposição de onde o/a outra deseja que o compositor esteja, ele responde com o seu contrário. Ou de um outro lugar: "Onde queres revólver, sou coqueiro/ E onde queres dinheiro, sou paixão/ Onde queres descanso, sou desejo/ E onde sou só desejo, queres não"...

Teremos aqui um narrador "do contra"? Ou não: a cada quinze ou dezesseis versos dessa canção enorme, o poeta insere o refrão, como se se rendesse: "Ah, bruta flor do querer/ Ah, bruta flor, bruta flor..." Rende-se? Em termos gerais, diante dela segue afirmando que seu desejo não se deixa capturar pela demanda alheia: "Onde queres o ato, eu sou espírito/ E onde queres ternura, eu sou tesão/ Onde queres o livre, decassílabo/ E onde buscas o anjo, sou mulher."

O "quereres" é como o poeta se refere à demanda dela, ou dele, sempre a fim "do que em mim é de mim tão desigual (...) E querendo-te, aprender o total/ Do querer que há, e do que não há em mim".

Esse último verso merece comentário. O *desejo* não se dirige apenas aos atributos que o ser amado — ou desejado — possui. Desejamos também a fantasia que o outro evoca em nós. Só que a fantasia também tem seus mistérios para o sujeito fantasiador. Como escreveu Proust, na voz de um atônito Swann: "Por que fui me apaixonar assim por uma mulher que não era meu tipo?" (ou algo assim, pelo que me vem à memória). A fantasia, também ela, tem "razões que a razão desconhece" (isso não é Caetano, é Noel).

Posso me apaixonar pelos olhos verdes de alguém. Mas se, além da cor que me agrada, aqueles olhos verdes me parecem misteriosos, é possível que essa sensação remeta a alguma fantasia inconsciente, dessas que tornam o desejar ainda mais insistente — não busco apenas o que vejo no ser amado; busco também reflexos do que um dia sonhei em ser, ou talvez daquilo que não admito sonhar. Busco o que perdi em mim. Daí, novamente, a importância do plural, "quereres". É uma dinâmica que pode se desdobrar indefinidamente.

O poeta segue fiel à sua autonomia, até o fim dessa longa elegia ao querer. Mesmo rendido ao seu próprio querer ("querendo-te...") o sujeito *desejante* ainda se empenha em aprender sobre o que quer e o que não quer. Não há rendição do desejo na poesia de Caetano Veloso. ∞o

Paulo Henriques Britto

FORMA E SENTIDO EM DIÁLOGO EM "O QUERERES"[1]

O quereres

Onde queres revólver sou coqueiro
E onde queres dinheiro sou paixão
Onde queres descanso sou desejo
E onde sou só desejo queres não
E onde não queres nada, nada falta
E onde voas bem alto eu sou o chão
E onde pisas o chão minha alma salta
E ganha liberdade na amplidão

Onde queres família sou maluco
E onde queres romântico, burguês
Onde queres Leblon sou Pernambuco
E onde queres eunuco, garanhão
Onde queres o sim e o não, talvez
E onde vês eu não vislumbro razão
Onde queres o lobo eu sou o irmão
E onde queres cowboy eu sou chinês

[1] O presente artigo é uma versão ampliada de um texto incluído em *Velô*, obra de Santuza Cambraia Naves publicada pela Língua Geral em 2009 e há muito esgotada.

Ah! bruta flor do querer
Ah! bruta flor, bruta flor

Onde queres o ato eu sou espírito
E onde queres ternura eu sou tesão
Onde queres o livre, o decassílabo
E onde buscas o anjo sou mulher
Onde queres prazer sou o que dói
E onde queres tortura, mansidão
Onde queres um lar, revolução
E onde queres bandido sou herói

Eu queria querer-te e amar o amor
Construir-nos dulcíssima prisão
Encontrar a mais justa adequação
Tudo métrica e rima e nunca dor
Mas a vida é real e de viés
E vê só que cilada o amor me armou
Eu te quero (e não queres) como sou
Não te quero (e não queres) como és

Ah, bruta flor do querer
Ah, bruta flor, bruta flor

Onde queres comício, flipper-vídeo
E onde queres romance, rock 'n' roll
Onde queres a lua eu sou o sol
E onde a pura natura, o inseticídio
Onde queres mistério eu sou a luz
E onde queres um canto, o mundo inteiro
Onde queres quaresma, fevereiro
E onde queres coqueiro sou obus

O quereres e o estares sempre a fim
Do que em mim é de mim tão desigual
Faz-me querer-te bem, querer-te mal
Bem a ti, mal ao quereres assim
Infinitivamente pessoal
E eu querendo querer-te sem ter fim
E querendo-te aprender o total
Do querer que há e do que não há em mim.

Lançada em 1984, no álbum *Velô*, "O quereres" é geralmente reconhecida como uma das canções mais admiráveis da obra de Caetano Veloso. E o que a torna particularmente digna de nota, a meu ver, é a maneira como se dá a interação entre o significado da letra e os recursos de forma nela empregados — a rima e, acima de tudo, o metro. Para entendermos o que se quer dizer com isso, é necessário fazer uma apresentação sucinta de alguns metros tradicionais da poesia lusófona.

O *decassílabo heroico* é um verso de cadência essencialmente binária-quaternária — ou seja, as sílabas são acentuadas de duas em duas, ou então de quatro em quatro, muitas vezes combinando células de duas sílabas com células de quatro. O *sáfico*, o outro metro decassilábico tradicional do nosso idioma, também tem um ritmo binário-quaternário; ele difere do heroico em um único detalhe. Todo decassílabo por definição tem dez sílabas métricas, contadas até a última tônica do verso; assim, a décima sílaba sempre leva um acento forte (e são ignoradas para fins de classificação quaisquer sílabas átonas finais que houver). No heroico, há também um acento forte obrigatório na sexta sílaba, muitas vezes acompanhado de acentos na segunda, na quarta e/ou na oitava; no sáfico, porém, não pode haver acentuação na sexta sílaba; este acento é antecipado para a quarta, havendo outro na oitava. Vejamos um exemplo de um decassílabo heroico e de um sáfico (o símbolo "-" indica sílaba átona, e "/", sílaba acentuada):

```
 - / - - / - - - / -
```
As armas e os barões assinalados
```
1  2  3    4  5  6   7 8 9 10
```

No decassílabo heroico de Camões transcrito acima, as sílabas acentuadas são as de número 2, 6 e 10. Temos, assim, uma célula rítmica binária, formada pelas duas primeiras sílabas, e duas quaternárias, a primeira formada pelas sílabas de 3 a 6 e a segunda pelas sílabas de 7 a 10. (A sílaba átona final, de número 11, como já observamos, é ignorada.) Vejamos agora um exemplo de decassílabo sáfico:

```
 -  - - /  - - - / - / -
```
Meu coração tem catedrais imensas
```
1   2 3 4   5  6 7  8   9 10
```

No verso acima, de Augusto dos Anjos, as sílabas acentuadas são as de número 4, 8 e 10. A estrutura métrica aqui é o inverso da que vimos no verso de Camões: duas células quaternárias (1 a 3, 4 a 7) seguidas de uma binária (9 a 10). Assim, tanto o heroico quanto o sáfico trabalham essencialmente com células binárias e quaternárias.

O metro em que foi composta a letra de "O quereres" é o decassílabo denominado *martelo-agalopado*. Este verso já existia em Portugal, como uma variante razoavelmente frequente do verso de dez sílabas mais comum, o heroico. Logo na estrofe inicial de *Os lusíadas* de Camões, nada menos do que três dois oito versos são martelos-agalopados. Mas foi só no Brasil que ele se tornou independente, atuando como metro básico de uma composição poética e não como mera variante do heroico. Em sua obra indispensável, *Ritmo e poesia* (1955), Cavalcanti Proença observa que desde Gregório de Matos o martelo-agalopado tem largo emprego na poesia satírica brasileira, além de ser, por excelência, "o decassílabo da poesia popular" (p. 88) nordestina. Vejamos o que singulariza esse metro e por que motivo ele é tão importante para a estrutura de "O quereres".

Dissemos que o martelo-agalopado é um decassílabo com acento na sexta sílaba, e como tal pode ser considerado uma variante do heroico. Mas ele tem uma peculiaridade que o distingue dos outros tipos de decassílabo: ele se divide em duas partes ritmicamente desiguais e fortemente contrastantes. A primeira parte (formada pelas sílabas de 1 a 6) tem ritmo ternário: as sílabas recebem acento em intervalos de três, e não de duas sílabas; a segunda parte, porém (sílabas de número 7 a 10), tem o tradicional ritmo binário ou quaternário dos decassílabos. Isso cria uma quebra de andamento: o verso vai num ritmo até certo ponto, e de repente surge um movimento rítmico diferente. Pois se os ritmos binários e quaternários facilmente se combinam, já que quatro é múltiplo de dois, o ternário contrasta vivamente com eles: três não é múltiplo de dois, nem quatro é múltiplo de três.

Vejamos os dois primeiros versos de "O quereres", assinalando os acentos:

```
- -  /  - -  /  - - -  /
Onde queres revólver sou coqueiro
1  2  3  4  5  6  7  8  9  10
- -  /  - -  /  - - -  /
E onde queres dinheiro sou paixão
1  2  3  4  5  6  7  8  9  10
```

Em ambos os versos, os acentos recaem nas sílabas de número 3, 6 e 10. Temos em cada um, pois, um primeiro movimento ternário, com duas células rítmicas de três sílabas cada uma (1 a 3, 4 a 6), e depois um segundo movimento quaternário, em que o acento só vem na décima sílaba (7 a 10). Se acentuarmos "sou" nos dois versos, o que é possível, teremos acentos também na sílaba 8, e o ritmo da segunda parte do verso se torna binário; mas isso em nada altera o contraste com as células ternárias da primeira parte do verso. Fora os estribilhos e algumas passagens que examinaremos em detalhe adiante, esse padrão rítmico se repete ao longo do poema: a primeira parte do verso afirma um ritmo (um-dois-TRÊS, um-dois-TRÊS), e a segunda afirma outro (um-dois-três-QUATRO, ou um-DOIS, um-DOIS).

Ora, todo poema ou letra de canção em martelo-agalopado tem essa duplicidade rítmica. O que torna excepcional "O quereres" é o fato de que o *sentido* dos versos obedece à mesma regra que o *ritmo*. Pois em cada verso temos uma primeira parte que afirma algo e uma segunda que afirma o seu oposto — "revólver" opõe-se a "coqueiro", "dinheiro" a "paixão", "Leblon" a "Pernambuco"... A oposição se dá entre o querer do eu lírico e o do destinatário, o tu a quem o eu se dirige. Algumas oposições são óbvias; outras, mais sutis. Percebemos de imediato o contraste entre "eunuco" e "garanhão", mas levamos algum tempo para entender que "cowboy", personagem do "faroeste" — isto é, *Far West*, "extremo Ocidente" —, se opõe a "chinês", do extremo Oriente. Assim, as oposições no plano rítmico se somam às oposições no plano do significado, e ambas se potencializam.

Porém continuemos a examinar a letra da canção. As duas primeiras estrofes seguem a lógica do contraste entre o ternário e o binário/quaternário, que se espelha pelos contrastes entre os desejos do eu lírico e os do destinatário. Em seguida, temos a primeira ocorrência do refrão, formado por dois versos de sete sílabas: "Ah, bruta flor do querer / Ah, bruta flor, bruta flor." A terceira estrofe repete o esquema inicial, e nela surge uma primeira referência metalinguística: "Onde queres o livre, o decassílabo." O contraste semântico aqui se dá entre o verso livre e o verso decassílabo — precisamente o tipo de verso que compõe a letra da canção. A quarta estrofe, porém, se afasta do esquema. Numa espécie de parêntese explicativo, o eu lírico identifica o destinatário, o tu, como o ser amado, e o jogo metalinguístico se complexifica. O primeiro verso afirma: "Eu queria querer-te e amar o amor", duas ocorrências de circularidade semântica: o objeto do querer é o querer o outro, e o do amor, o próprio amor. O segundo verso se vale da figura retórica oposta, o oximoro "dulcíssima prisão". O terceiro verso fala em "justa adequação" — tal como a que se dá entre o ritmo e o sentido dos versos da exata canção que estamos ouvindo — e em "métrica e rima" — chamando atenção para o complexo esquema rímico da letra. Pois ao longo de toda a canção, com frequência ocorrem não apenas rimas em posição final, como também entre a palavra final e uma outra palavra interna, muitas vezes a que demarca a fronteira entre as duas partes do verso ritmicamente opostas. Assim, voltando à primeira estrofe, vamos encontrar as rimas "coqueiro"–"dinheiro" e "alto"–"salta"; na segunda, temos "Pernambuco"–"eunuco" e "talvez"–"vês". Por vezes, a rima *aproxima* através da semelhança sonora as duas partes do verso que se *contradizem* no plano do ritmo. É o caso da rima entre "coqueiro" — associado ao querer do eu lírico — e "dinheiro", ligado ao desejo do destinatário. Assim, o jogo de aproximação e contradição se adensa no plano da forma tanto quanto no do sentido. Os dois últimos versos da quarta estrofe complicam ainda mais a estrutura, pois, se no plano do ritmo tudo continua como antes, no da sintaxe os versos se dividem em três partes: a primeira com três sílabas; a segunda, parentética, com quatro (terminando com uma átona); a última, com três:

- - / | - - / - | - - /
Eu te quero | (e não queres) | como sou
Não te quero | (e não queres) | como és

O refrão reaparece, e a quinta estrofe retoma a estrutura das primeiras: a oposição entre o querer do eu lírico e o do destinatário, associados às duas partes ritmicamente contrastantes do martelo-agalopado. Mas a sexta e última estrofe mais uma vez se afasta do padrão básico da letra, e o segundo verso — "Do que em mim é de mim tão desigual" — parece remeter a um dos grandes poemas do nosso idioma: o "Comigo me desavim", de Sá de Miranda, que tematiza a condição de ser desigual em relação a si mesmo. Agora não se trata apenas da oposição entre o eu e o tu, mas a contradição é apresentada como uma condição *interna* do próprio eu. Nessa estrofe da canção, Caetano combina uma dicção clássica com a expressão coloquial "estar a fim". Vale a pena reproduzir o poema de Sá de Miranda a que a letra alude de maneira sutil:

> Comigo me desavim,
> Sou posto em todo perigo;
> Não posso viver comigo
> Nem posso fugir de mim.
>
> Com dor da gente fugia,
> Antes que esta assi crecesse:
> Agora já fugiria
> De mim, se de mim pudesse.
> Que meo espero ou que fim
> Do vão trabalho que sigo,
> Pois que trago a mim comigo
> Tamanho imigo de mim?

Voltando à sexta estrofe da canção, o verso "Infinitivamente pessoal" contém mais um jogo metalinguístico: é uma espécie de homenagem à língua portuguesa, único idioma que possui uma forma verbal ao mesmo tempo infinitiva e pessoal, forma essa que é exemplificada no título da canção e de novo no primeiro verso da sexta estrofe: "o quereres e o estares." O infinitivo — a mais genérica das formas verbais, a que menos contém referências dêiticas às circunstâncias da ação, como tempo, lugar e pessoa — pode no português carregar a marca da pessoa. Isso pode ser visto como uma contradição interna ao sistema linguístico, tal como a contradição interna que há no próprio eu lírico. (Aqui Caetano já aponta para a faixa final do álbum, o rap "Língua", em que a homenagem à língua de Camões — e de Sá de Miranda — é explícita.)

Em suma, "O quereres", uma canção que inicia tematizando o desencontro amoroso entre duas pessoas, termina sublinhando a contradição interna do sujeito e da própria gramática da língua portuguesa. E todas essas contradições e oposições são afirmadas a cada momento da canção pelo contraste entre o ritmo ternário que marca a primeira parte do martelo-agalopado e o binário-quaternário que caracteriza a segunda parte, e de vez em quando contrariadas pela rima de uma palavra interna do verso com a final do verso anterior ou do que vem em seguida. Assim, ritmo, rima e conteúdo semântico se contradizem e se reafirmam; a integração entre música e letra se dá no grau mais elevado que se pode imaginar. ∞ O

Santuza Cambraia Naves

"E ONDE QUERES ROMÂNTICO, BURGUÊS"[1]

Durante o show do álbum *Livro* que Caetano Veloso apresentou no Canecão no dia 16 de maio de 1998, um dos espectadores lhe dirigiu o seguinte apelo: "Tira a gravata, Caetano!" O músico reagiu indignado, proferindo um palavrão entre rimas e declarando-se "rebelde". O episódio deu o que falar, foi bastante divulgado pela imprensa — principalmente nas colunas humorísticas — e reacendeu questões, se não antigas, pelo menos recorrentes na trajetória recente do compositor. A *gravata*, assim, adquiriu uma grande força simbólica, chegando a agravar certa visão negativa do público em relação à nova *persona* que o compositor tem apresentado ao público. De fato, mais ou menos a partir de meados da década de 1990, tornou-se comum tematizar a "caretice" incorporada à imagem de Caetano, o que teria a ver não só com o visual *clean* que o artista passou a adotar, mas também com o novo estilo de vida em família assumido por ele a partir do seu segundo casamento — em que ele, por exemplo, posa ao lado da mulher, Paula Lavigne, para a emergente revista *Caras*. Afinal,

[1] Este texto foi publicado originalmente em: NAVES, Santuza Cambraia. *A canção brasileira: leituras do Brasil através da música*. Org. COELHO, Frederico, *et al*. Rio de Janeiro: Zahar, 2015.

argumenta-se, em vez da identidade construída com fragmentos da contracultura e com a sensibilidade tropicalista — Europa, França e Bahia —, que tanto abalou o país nos anos 1960 e 1970, Caetano cada vez mais incorpora o *caballero de fina estampa*.

Assisti a esse mesmo show no dia 30 de maio. Assim que Caetano entrou no palco, percebi que seu figurino era uma homenagem explícita a João Gilberto, um dos idealizadores da Bossa Nova. Buscando incorporar ali o espírito deste estilo musical, Caetano exibia uma *performance* típica de João Gilberto, do terno escuro ao banquinho e violão. No início do espetáculo, cantou "Saudosismo", uma das canções-manifesto da Tropicália, lançada por ele em 1969. Contendo uma citação de "Chega de saudade", composição de Tom Jobim e Vinicius de Moraes que se tornou famosa com a interpretação de João Gilberto, "Saudosismo" tematiza, entre outras coisas, a retomada da linha "dissonante" inaugurada por João Gilberto:

Chega de saudade
A realidade é que aprendemos com João
pra sempre a ser desafinados

Nessa música, Caetano manifesta nostalgia pelos tempos heroicos da Bossa Nova, apresentada como antecessora da Tropicália, outro movimento contestador que "desafina" as práticas dominantes, embora ao mesmo tempo ele ressalte que o ponto em comum dessas duas expressões da MPB é precisamente a postura de desprendimento em relação ao passado. Assim, ao terminar a canção com o estribilho "Chega de saudade", Caetano simultaneamente saúda a canção-manifesto da Bossa Nova e afirma o repúdio ao saudosismo. Ao fim do show, ele volta a homenagear João Gilberto com uma composição nova, "Pra ninguém" (o título alude a "Para todos", canção recente de Chico Buarque que também presta tributo a outros músicos populares), que inclui estes versos:

Melhor do que isso só mesmo o silêncio
E melhor do que o silêncio só João.

Estas considerações iniciais sobre a *performance* de Caetano já sinalizam que tendo a discordar das interpretações correntes que apontam para uma suposta descontinuidade na trajetória do compositor nos últimos tempos. De acordo com esta linha de argumentação, Caetano tenderia, cada vez mais, a substituir a atitude iconoclasta que exibia nos anos 1960 e 1970 por uma linha de ação mais conformista, ou conservadora. Destoando do coro dos descontentes com a suposta guinada de Caetano rumo à caretice, afirmo que a postura adotada pelo compositor no show *Livro* mostra, ao contrário, continuidade com o trabalho que ele tem desenvolvido ao longo da carreira. Assim, em vez de estimular a reificação da gravata como símbolo da caretice, o espetáculo *Livro* poderia sugerir uma reflexão mais ancorada na perspectiva histórica.

No meu entender, Caetano não está se acomodando na atitude conformista de copiar modelos supostamente conservadores, burgueses ou pequeno-burgueses. Esta linha de argumentação, bastante rígida, aborta desde o início uma análise mais flexível, tão necessária na abordagem de temas culturais. Adoto, portanto, uma perspectiva diferente, observando que há no Brasil uma tradição que se configurou na música popular que, ao desenvolver certo tipo de refinamento, principalmente pelo diálogo constante com áreas "eruditas", demanda interpretação.

Quanto à questão, é importante observar que Caetano costuma fazer referência a textos já existentes, o que diz respeito não só à adoção de uma estética metalinguística, tão cara à poética moderna, mas também ao ato de incorporar diferentes tradições em sua produção artística. Eu poderia argumentar, para ilustrar este último ponto, que o movimento tropicalista se afastou definitivamente da tradição de ruptura instaurada no país nos anos 1940 e 1950. A concepção musical da *bossa nova*, ao introduzir amplas inovações formais — desde o estilo de composição à interpretação, ao arranjo, à harmonização e ao ritmo —, inaugurou no campo da música popular uma postura excludente em relação à grande parte do repertório anterior. Ao recorrer à *linearidade*, fugindo do histrionismo do repertório popular e enveredando por uma linha mais contida e funcional, a Bossa Nova ecoa outras manifestações artísticas dos anos 1950, como a arquitetura de Oscar Niemeyer, consagrada com a construção de Brasília, e mesmo com a experiência da poesia concreta.

Subjaz a todos estes projetos estéticos um compromisso com a *objetividade* formal, construída a partir da recusa radical dos excessos que marcaram manifestações artísticas anteriores. A poesia concreta, por exemplo, rompe com a prolixidade presente em vários momentos da poesia brasileira, como a Geração de 45. A coletânea *Balanço da bossa*, organizada em 1968 por Augusto de Campos, um dos ideólogos da poesia concreta, mostra a afinidade desses poetas com a bossa nova. Nos artigos desta coletânea — vários de autoria de Augusto de Campos —, atribuiu-se um procedimento moderno à bossa nova, pelo rompimento com as formas tradicionais, como o "exibicionismo operístico", valorizando-se o *intimismo* que caracteriza as interpretações de João Gilberto e Nara Leão.[2]

Augusto de Campos percebeu as convergências entre a poesia concreta e a bossa nova, principalmente pelo fato de ambas as estéticas operarem com a *concisão*, a *objetividade* e a *racionalidade*. Tanto uma quanto a outra promovem uma ruptura com tradições anteriores associadas ao excesso. No caso da poesia concreta, como observamos, repudia-se tanto o excesso romântico quanto o que se manifesta em qualquer forma verbalizada. Em se tratando da bossa nova, rejeita-se a diluição do operismo na música popular, o seu sentimentalismo

---

[2] Augusto de Campos (org.). *Balanço da bossa*. São Paulo: Perspectiva, 1968.

piegas; na nova estética, não mais se concebe a criação de arranjos musicais com violinos plangentes ao fundo.

Já no movimento tropicalista, embora os músicos baianos incorporem a bossa nova — e também a poesia concreta — ao seu projeto estético, eles assumem uma atitude diferente com relação à tradição. A consciência tropicalista, voltada para a interação do passado com o presente, opõe-se à postura bossa-novista e concretista de negar grande parte do passado na concepção de seu projeto estético. Fredric Jameson, em "Pós-modernidade e sociedade de consumo", desenvolve uma discussão elucidativa sobre o assunto ao contrapor a *paródia* — que estabelece uma relação negativa com o texto que lhe serve de fonte — ao *pastiche* — que opera, segundo ele, "uma retomada lúdica do texto do passado".[3] Embora os tropicalistas façam uso da paródia e do pastiche, eles inauguram um tipo de prática mais próxima do pastiche, pela maneira como incorporam ritmos e temas da cultura brasileira, em vez de negá-los. Os tropicalistas adotam o ecletismo, configurado pela mistura de elementos expressivos e pelo abandono dos padrões convencionais de bom gosto — inclusive aqueles que marcaram o intimismo bossa-novista.

Caetano radicaliza — e atualiza — esse procedimento incorporativo no CD *Fina Estampa*, lançado em 1994. Aqui ele toma posse de uma tradição que já há muito reverenciava, desde a fase da Tropicália: a latino-americanista. Em 1968, Caetano anunciava, entremeando o português com o espanhol "Soy loco por ti America, soy loco por ti de amores" e gravava, numa versão que reunia a letra original em espanhol e uma tradução-adaptação para o português, a canção cubana "Três caravelas". No contexto daquele ano, em que *Caetano Veloso*, o primeiro disco solo do artista, e o álbum-manifesto *Tropicália ou Panis et circencis* foram lançados, as re-

---

[3] Fredric Jameson. "Pós-modernidade e sociedade de consumo". In: *Novos estudos* CEBRAP, nº 12, junho, pp. 16-26, 1985.

ferências ao mundo hispano-americano inevitavelmente evocam as ideias de revolução, solidariedade terceiro-mundista e afirmação ibérica diante do poder norte-americano, todo um complexo de ideias que se resume na figura emblemática de "Che" Guevara. Vinte e seis anos depois, quando Caetano se debruça sobre a música hispano-americana nos dois álbuns *Fina Estampa*, o que está em questão é coisa muito diferente: a programação do rádio dos anos 1950, que divulgava todo um repertório de boleros, tangos, rumbas e guarânias. Assim, Caetano percorre em seus discos uma ampla gama da música popular hispano-americana — da simplicidade da canção paraguaia "Recuerdos de Ypacarai", de Zulema de Mirkin e Demetrio Ortiz, à sofisticação da argentina "Vuelvo al Sur", de Astor Piazzola e Fernando Solanas. Recorrendo ao arranjo sofisticado de Jacques Morelenbaum, Caetano recria muitas daquelas músicas que ouvia ao pé do rádio, junto com a mãe, em Santo Amaro da Purificação. Ao interpretar as canções bregas da tradição ibero-americana, ele também homenageia dona Canô. Não se trata, portanto, de parodiar ou de assumir qualquer tipo de atitude irreverente para com esse repertório constituído de canções líricas, dramáticas e mesmo plangentes, mas de consagrá-las como parte do nosso passado e do nosso diversificado leque cultural.

Os componentes críticos e sarcásticos da paródia não teriam muito a ver, na verdade, com o dengo baiano cada vez mais incorporado à imagem de Caetano a partir de 1972 (ano que marca a sua volta do exílio em Londres).[4] Com o regresso ao Brasil, os baianos vinculados ao Tropicalismo redefinem as suas posições no meio artístico e separam as suas trajetórias em projetos distintos. Embora Caetano Veloso e Gilberto Gil deem continuidade à prática devorativa do

---

[4] Santuza Cambraia Naves. "Objeto não-identificado: a trajetória de Caetano Veloso". Rio de Janeiro, Programa de Pós-Graduação em Antropologia Social/Museu Nacional/ Universidade Federal do Rio de Janeiro (Dissertação de mestrado), 1988.

movimento, absorvendo as novas tendências do rock dos anos 1970 e 1980 ou as novas linhas derivadas do reggae, há diferenças entre um e outro na forma de realizar a antropofagia. Gil sai à procura tanto de suas raízes negras quanto das fontes da música pop internacional, partindo para um desenvolvimento mais linear de composição, voltado para o funk. Já Caetano não envereda por um caminho específico. Esse leque variado de influências na sua obra é um aceno à postura cada vez mais ambígua que desenvolve a partir de 1972, juntamente com a incorporação crescente do elemento lúdico. Assim que retorna do exílio, o compositor se contrapõe ao discurso vanguardista da época da Tropicália, assumindo uma diretriz totalmente destituída de teor programático, adotando um tom *blasé* e descomprometido com relação aos acontecimentos de que havia participado.

Também a *atitude* do compositor revela um descompromisso com relação a projetos coletivos. Embora houvesse um componente anárquico no projeto dos baianos desde a fase da Tropicália, causou impacto a maneira jocosa como Caetano representou a sua volta em 1972. Para uma plateia que aguardava com avidez a versão pós-exílio do mito, Caetano apareceu em vários shows pelo Brasil imitando os trejeitos de Carmen Miranda. A transfiguração em Carmen Miranda reverte também as expectativas por um outro lado. Se nos anos 1960 a face hippie predominava, no início da década seguinte, instaura-se de vez a ambiguidade. Carmen Miranda, no caso, sugere a transcendência dos papéis masculino/feminino, não a sua inversão. A partir daí, a *indiferenciação* da identidade sexual se faz notar tanto na postura do artista quanto na obra. Meses depois, por exemplo, no LP *Araçá azul* (1973), Caetano cantou o bolero "Tu me acostumbraste" (F. Dominguez) em falsete, parodiando a maneira feminina de interpretar. "Júlia, Moreno", do mesmo LP, retoma a estrutura de "Batmacumba", em que se subtraem e acrescentam sílabas na construção do texto. Tematizando o nome da futura filha — ou filho —, remete à questão da *indefinição* sexual:

uma talvez júlia
[...]
um quiçá moreno

Entre as várias figuras inspiradoras de Caetano, delineadas através de tipos sociais em voga ou mesmo de personalidades conhecidas no meio artístico e na Zona Sul do Rio de Janeiro, um surfista ipanemenho recebe uma sensual homenagem do compositor em "Menino do Rio", canção do LP *Cinema transcendental* (1979), grande sucesso do verão de 1980. No mesmo disco, na faixa "Beleza pura" Caetano se dirige tanto à "moça preta do Curuzu" quanto ao "moço lindo do Badauê". "O vampiro", de Jorge Mautner, incorporado a *Cinema transcendental*, é também bastante ambíguo neste sentido:

[...] Por isso é que eu sou um vampiro
E com meu cavalo negro eu apronto
E vou sugando o sangue dos meninos
E das meninas que eu encontro [...]

Este aspecto andrógino/sensual aparece na obra de Caetano por vezes com um tom de manifesto, como no LP *Velô*, sugerindo uma identificação com as chamadas "minorias". Na composição "Língua", a palavra *frátria* é introduzida, designando o sentido de *similaridade* ou de *fraternidade*:

A língua é minha pátria
E eu não tenho pátria: tenho mátria
Eu quero frátria

Em "Podres poderes", a identidade se estabelece com os "índios e padres e bichas, negros mulheres e adolescentes" que "fazem o carnaval" e "velam pela alegria do mundo".

O recurso metalinguístico da *citação* é recorrente na estética de Caetano. "Muito romântico", faixa do LP *Muito*, de 1978, é um exemplo de puro pastiche, ao mesmo tempo que mostra um humor especial ao fazer uma imitação carinhosa do estilo de Roberto Carlos. Os recursos ingênuos e melódicos das canções de Roberto Carlos são inseridos na letra e no arranjo, convivendo com o estilo mais cerebral de Caetano. O vocabulário preciosista do primeiro, com construções como "nenhuma força virá me fazer calar" ou "com todo mundo podendo brilhar no cântico", mistura-se, no texto, com as expressões coloquiais de Caetano, como "eu não douro pílula". A letra comenta também a música. Um momento de suspensão harmônica, por exemplo, coincide com a frase "tudo o que eu quero é um acorde perfeito maior", indicando um equilíbrio que se expressa tanto no plano linguístico (letra) quanto no formal (música). A citação de Roberto Carlos pode ser vista, por um outro ângulo, como um procedimento em que Caetano se identifica com a música popular, com as canções, como se, a despeito de uma maior sofisticação, o compositor se dissesse no fundo "muito romântico".

Caso semelhante se dá em "Sampa", do mesmo LP, em que no próprio título, como observa Romildo Sant'Anna, vê-se uma "redução etimológica do vocábulo São Paulo, por composição afetiva" e a cidade recebe um tratamento sentimental.[5] Caetano apropria-se de "Ronda", canção do compositor paulista Paulo Vanzolini, e toma-a como base, trabalhando-a a partir da estrutura musical. Desde este ponto, "Sampa" se traduz numa sucessão de citações e alusões à cidade de São Paulo, a Vanzolini, aos irmãos Campos — "da dura poesia concreta de tuas esquinas" ou "eu vejo surgir teus poetas de campos e espaços" —, ao Grupo Oficina — "tuas oficinas e florestas" —, ao Teatro de Arena — "novo quilombo de zumbi", a Rita Lee, entre

---

[5] Romildo Sant'Anna. "Caetano: viagens e trilhos urbanos". In: Carlos Daghlian (org.). *Poesia e música*. São Paulo: Perspectiva, 1985.

outros. "Sampa" é também puro pastiche pela incorporação lúdica da composição de Paulo Vanzolini e pela maneira como joga com os seus componentes líricos e jocosos, não permitindo, ao longo do texto, que um se sobreponha ao outro.

Um bom exemplo de pastiche, representado num conjunto de criações e atitudes, pode ser visto no show de Caetano *Totalmente demais*, apresentado no Teatro João Caetano em 1986. O espetáculo, como o disco homônimo, é entremeado de homenagens e citações — já na primeira parte, o elogio rasgado a João Gilberto. O repertório é bastante variado, mostrando, entre outras coisas, rock brasileiro, músicas regionais, sambas antigos, bossa nova, fados e boleros tradicionais. A certa altura do show, Caetano entra em cena fazendo o *duck walk*, marca registrada do roqueiro Chuck Berry. Faz também *pot-pourri* com as canções "Billie Jean", de Michael Jackson, e "Nega Maluca", composição de Evaldo Rui e Fernando Lobo de 1950, chamando atenção para o fato de as duas músicas compartilharem o mesma tema: um rapaz que nega ser o pai de uma criança. Após cantar "Pra que mentir", de Noel Rosa e Vadico, Caetano logo parte para uma nova canção sua, "Dom de iludir", que retoma expressões contidas na letra de "Pra que mentir", como se prolongasse o colóquio irônico e amoroso da canção clássica, atualizando a linguagem com expressões contemporâneas e apresentando o outro lado da argumentação — presumivelmente, o ponto de vista feminino, o qual propõe que, num mundo dominado pela visão masculina, a mulher é obrigada a recorrer à mentira:

> Você diz a verdade e a verdade é seu dom de iludir
> Como pode querer que a mulher vá viver sem mentir

O recurso à citação não prejudica, no entanto, a fruição da obra de Caetano como música popular. Dito de outro modo, a despeito da sofisticação de sua linguagem musical, Caetano promove uma comunicação imediata com o público, não exigindo um exercício de exegese para ouvir suas composições. Perde-se muito, sem dúvida, sem tal exegese, mas não se perde o prazer de ouvir suas composições. Uma única exceção foi talvez a aventura altamente experimental vivida pelo compositor em 1973, quando lançou o LP *Araçá azul* e enveredou pelo domínio das experiências vanguardistas menos acessíveis às massas. Afastando-se dos padrões habituais de consumo, o disco foi rejeitado pelo público e chegou a ser devolvido em lojas de discos. Mas *Araçá azul*, apesar de constituir, por sua ousadia, um caso à parte no conjunto da obra de Caetano, evoca outro procedimento recorrente do compositor: a mistura dos registros erudito e popular. Ao produzir este disco, Caetano dialogou intensamente com tradições experimentalistas, como a poesia concreta, a música de Rogério Duprat e mesmo ao *readymade* comum às artes plásticas.[6]

Mas, para além dessa realização radicalmente vanguardista, Caetano tende a promover uma descontinuidade conceitual entre um disco e outro, o que o faz confundir os domínios do *popular* e do *erudito*. O procedimento lhe permite desenvolver grande flexibilidade, distinguindo-o de perfis de artistas que aqui se configuraram. O músico erudito, por exemplo, mesmo que assuma uma atitude experimental e dialogue com várias tradições, interage com uma plateia restrita. E, no caso do músico popular extremamente apegado a determinadas raízes culturais, como o sambista ortodoxo, embora consiga se comunicar com um público mais amplo, desenvolve uma recepção fechada, recorrendo a um repertório limitado.

Não é então por acaso que o rock, nessa linha de raciocínio, apresenta-se como a música popular por excelência, realizando a função moderna da arte nos níveis da recepção e da comunica-

---

[6] Gilberto Vasconcellos. *Música popular: de olho na fresta*. Rio de Janeiro: Graal, 1977.

ção direta, intensa e imediata. Na medida em que interage com um público diversificado e que recorre, no processo criativo, a um repertório também diverso, o rock também promove um trabalho jornalístico com o *aqui e agora*. Caetano problematiza esta questão porque vai além, estendendo infinitamente o tipo de recepção que o rock realiza. Embora o seu trabalho não tenha uma difusão tão ampla quanto a do *rock* mais comercial, a sua maneira de captar realidades é muito mais eclética, incluindo ritmos, temáticas e atitudes diversos.

Procedimento semelhante Mikhail Bakhtin observou no campo literário através dos gêneros polifônico e carnavalesco, intrínsecos à linguagem inaugurada pelo romance de Dostoiévski. Ambos os gêneros se contrapõem, segundo ele, a uma visão monológica do mundo. Bakhtin afirma que a visão de Dostoiévski de sua época corresponde às transformações operadas na vida social com o advento do capitalismo. A leitura da realidade realizada pelo escritor russo, adequando-se a uma complexificação do social, coloca os diferentes planos em "coexistência" e "interação", lançando os elementos básicos da polifonia. Bakhtin aproxima esse fenômeno das sátiras menipeias, remanescentes das tradições mais antigas da literatura ocidental e do folclore carnavalesco. Dentre as particularidades fundamentais desse gênero alinhavadas pelo autor, vale destacar a presença do elemento cômico, a "excepcional liberdade de invenção temática e filosófica", a pluralidade de contrastes, a incorporação de utopias, o emprego indiscriminado de gêneros intercalados que reforçam, por sua vez, a "multiplicidade de estilos e a pluritonalidade", e a *publicística* atualizada — uma forma de literatura que tematiza questões da atualidade e que constitui um "gênero 'jornalístico' da Antiguidade".[7]

---

[7] Mikhail Bakhtin. *Problemas da poética de Dostoiévski*. Rio de Janeiro: Forense Universitária, 1981, p. 98-102.

Todos esses elementos do romance de Dostoiévski são identificados na "estética de fragmentos" da Tropicália e mantêm-se no trabalho que Caetano desenvolve posteriormente. A multiplicidade de estilos incorporada por Dostoiévski à sua obra literária corresponde, na estética de Caetano, a um tipo de atitude que o singulariza entre os músicos brasileiros. Sua postura sincrética, na medida em que não se limita ao repertório, lhe permite tensionar os limites do erudito e do popular, muitas vezes ultrapassando a área originalmente demarcada. Pode-se dizer que, tal como o rock, em seu contexto específico, Caetano realiza uma "publicística" com a realidade que capta à sua volta.

Quanto a isso, observa-se que o compositor não se limita a atualizar temas, convertendo para uma linguagem nova a própria maneira de discutir assuntos emergentes do debate cultural e político. Em "Podres poderes" (composição de 1984, do LP *Velô*), a atitude é clara, trazendo à tona a questão do oprimido com a roupagem do momento, ou seja, da maneira como os movimentos políticos mais "avançados" tratavam o problema à época. Os marginalizados pelo poder, em vez de serem classificados indiferenciadamente na categoria "povo", são identificados em grupos sociais diversos, como "índios", "bichas", "negros", "adolescentes" etc.

O valor que Caetano atribui à capacidade de experimentar aparece com muita força em *Velô*, um disco em que homenageia os modernismos. O poeta Augusto de Campos, legítimo representante de uma poética "de invenção", portanto modernista, atua no disco em parceria com Caetano através do poema "Pulsar". A composição "Língua" se converte, em determinado momento, num tipo de manifesto que vai recolhendo e homenageando trajetórias "modernas":

[...] Gosto do Pessoa na pessoa
Da rosa no Rosa [...]
Poesia concreta e prosa caótica [...]

Caetano cita o "vídeo clip futurista" em "Graffiti", e em "O homem velho", dedicado ao pai, a Mick Jagger e a Chico Buarque, tematiza a trajetória das vanguardas. A tematização da modernidade em *Velô* inclui a capa e o encarte do disco, em que tanto as palavras quanto as ilustrações se colocam em formas geométricas. Na disposição gráfica de "Pulsar", por exemplo, desenhos de formas que sugerem estrelas e luas completam as palavras, substituindo as vogais.

Se a leitura caetânica da realidade brasileira se harmoniza com as concepções políticas e estéticas mais "progressistas", também não é menos verdade que se alinha com as questões antropológicas atuais referentes ao conceito de *cultura*. O tratamento dispensado à *diferença*, pelo menos, é convergente nas duas interpretações. É bastante sugestiva, a propósito, a relação que James Clifford[8] estabelece entre o humanismo antropológico e o que ele denomina de "surrealismo etnográfico" — antinomias inseridas, segundo o teórico, no "dilema histórico e cultural transitório" da Paris dos anos 1920. O humanismo antropológico toma a *diferença* como ponto de partida, tentando torná-la *compreensível*. Ele busca *familiarizar*. Já a prática etnográfica surrealista procura provocar um *estranhamento* no familiar. As duas atitudes, assim, "se pressupõem mutuamente; ambas são elementos de um processo complexo que gera significados culturais, definições do eu e do outro". Clifford afirma que esse processo — "um permanente jogo irônico de semelhança e diferença, do familiar e do estranho, do aqui e do em toda a parte" — é característico da modernidade global.

Analisando à parte o caso da etnografia dos anos 1920, desenvolvida pelos franceses — notadamente Paul Rivet, Lucien Lévi-Bruhl e Marcel Mauss —, Clifford sugere que os procedimentos surrealistas estão sempre presentes nos trabalhos etnográficos, tomando o

---

8 James Clifford. *The predicament of culture: twentieth-century ethnography, literature, and art*. Cambridge, Massachusetts/Londres, 1988.

mecanismo da *colagem* como um "paradigma útil". Isso se verifica na maioria das etnografias, em que diferentes realidades culturais são deslocadas de seus contextos originais e justapostas para provocar uma estranheza no plano da representação. O recorte dos elementos — um recorte de jornal ou uma pena de ave — e a maneira de montá-los constituem por si mesmos a própria mensagem semiótica. E mais relevante ainda, para o tema que desenvolvo, é a observação de Clifford de que:

> os cortes e as suturas do processo de pesquisa são deixados visíveis; não há um alisamento ou uma combinação dos dados crus da obra de modo a formar uma representação homogênea. Escrever etnografias sobre o modelo da colagem seria evitar a representação de culturas como todos orgânicos ou unificados, mundos realísticos submetidos a um discurso explanatório contínuo. [...] A etnografia como colagem deixaria manifestos os procedimentos construtivistas do conhecimento etnográfico; seria uma montagem que contivesse vozes que não as do etnógrafo, como também exemplos de dados "encontrados", informações não plenamente integradas à interpretação dominante da obra. Finalmente, ela não tentaria minimizar aqueles elementos da cultura estrangeira que fazem com que a cultura do investigador torne-se ela própria incompreensível.[9]

Caetano, ao lidar com categorias tradicionalmente vistas como antagônicas, cria constantemente a sensação de estranheza descrita por Clifford com relação aos "etnógrafos surrealistas". Retomando o tema da gravata para ilustrar este procedimento, não se pode dizer que ela apareça no espetáculo *Livro* como mero acessório do figurino do artista. Mais do que isso, ela se converte numa peça, entre

[9] Ibid. [Tradução minha.]

outras, que o compositor/intérprete recolhe para montar sua colagem de linguagens. Nesse processo, assim como o violoncelo "erudito" de Jacques Morelenbaum dialoga com os instrumentos "populares" da percussão baiana, a gravata de Caetano convive com os bonés e tênis de seus músicos. Cria-se, assim, não uma síntese homogeneizante, mas um mosaico de fragmentos que têm preservadas as suas singularidades culturais.

Em uma entrevista concedida a mim em 1986, Caetano observa que esse tipo de prática tem a ver com a sensibilidade "pós-utópica" que marcou um certo segmento de artistas nos anos 1960:

> O que eu posso dizer é que esses procedimentos, do modo como eles foram feitos, quando se realizaram, o contexto temporal e cultural em que eles apareceram, eles são mais pós-utópicos do que utópicos. Eles não são nem normativos, nem moralizantes, nem fundantes. Eles são instigantes [...]. Procuram mexer com essa questão de erudito, popular, comercial, resguardado etc. [...]
>
> Teve uma relação amorosa com a produção artística ingênua e violenta da indústria: latas de Campbell's, garrafas de Coca-Cola, fotografias de Marilyn Monroe, e o cinema e coisas assim mais vulgares, como o posto da Esso. Primeiro como matéria de assunto dos quadros, depois como coisa em si que tirada do contexto venha a significar outra coisa. [...] E, de todo modo, naquele período, como a questão era sobretudo comentar o repertório existente, eu realmente me senti muito bem armado para fazê-lo, porque eu tinha talento para dar uma sacada e, deslocando objetos do lugar, botando em determinado disco uma canção, em determinada canção um tipo de frase, em determinado tipo de poesia uma orquestração, uma instrumentação, eu fazia com que estas coisas aparecessem imediatamente comentadas e com um comentário mais ou menos provocativo, e não normativo ou moralizante.

Na medida em que incorpora a técnica e ingressa sem reservas no universo da "indústria cultural", Caetano mostra-se próximo do modernismo antropofágico. Esse movimento o afasta, por outro lado, de um tipo de pudor vanguardístico. Há certa tradição moderna, por exemplo, tanto literária (como a poesia derivada de Ezra Pound) quanto musical (como a música dodecafônica), que apresenta uma estética de negação do fácil, do prazer imediato. Nessa concepção, o prazer estético só pode ser atingido após um demorado processo de análise e decodificação — é preciso identificar uma série de citações para compreender o poema; é preciso reeducar o ouvido para fruir a música. Essa visão estética nega os valores fáceis e imediatamente fruíveis — a sintaxe e os recursos tradicionais de versificação; a tonalidade e a melodia — em função de uma fruição postergada de elementos previamente codificados.

Enveredando pelo domínio da comunicação de massa, Caetano opta por uma estética de *afirmação*, incorporando de tudo — "fácil" ou "difícil", "bom" ou "ruim", "legítimo" ou "não legítimo" — e trabalhando, dentro do espírito do rock, com o imediato. Pode-se dizer que Caetano é o *músico popular* por excelência, realizando, também à maneira do rock, a assimilação do *aqui e agora* e optando pelo ofício de vulgarizar, decodificar e sincretizar linguagens diversas. Parafraseando Bakhtin em sua alusão a Dostoiévski,[10] creio que posso afirmar que Caetano é, por excelência, o bardo das transformações realizadas na sociedade brasileira e nas concepções sobre a sua natureza. Mas trata-se de um bardo atualizado, que não se contenta em recolher e comentar repertórios diversos; ele atua como *significante* desta pluralidade cultural, expressando e dramatizando, em sua figura pública, as contradições inerentes ao seu meio.

Como *persona* e como criador, Caetano estabelece uma aproximação entre polaridades cujo efeito é equipará-las e questionar a

---

[10] Op.cit, p. 14.

própria distinção responsável por sua existência. Assim, como artista criador, Caetano reúne a condição "elevada" de músico de vanguarda e poeta erudito com a "baixa" de compositor e cantor popular; como figura pública, questiona as polaridades "engajado/desbundado", "autêntico/enlatado", "homem/mulher", "popular/erudito", e assim por diante. Ao mesmo tempo, a mesma aliança de contrários se encontra no interior das obras por ele realizadas, no contraste entre diferentes faixas de um álbum. Através de uma trajetória descontínua, Caetano estabelece continuidades em campos culturais originalmente estanques. Invertendo um pouco a interação das vanguardas com o mundo, para o qual as primeiras emitem "sinais", Caetano mais parece atuar como *espelho* do que acontece ao redor. Capta diferentes tipos de sensibilidades ao longo de sua trajetória, recriando-as, decodificando-as e atualizando-as. Através desse procedimento básico, os diversos Caetanos traduzem diversas imagens. ∞ O

Referências bibliográficas

BAKHTIN, Mikhail. *Problemas da poética de Dostoiévski*. Rio de Janeiro: Forense Universitária, 1981.
CAMPOS, Augusto de. *Balanço da bossa*. São Paulo: Perspectiva, 1968.
CLIFFORD, James. *The predicament of culture: twentieth-century ethnography, literature, and art*. Cambridge, Massachusetts/Londres, 1988.
JAMESON, Fredric. "Pós-modernidade e sociedade de consumo". In: *Novos Estudos CEBRAP*, no 12, junho, 1988, p. 16-26.
RIBEIRO, Santuza Cambraia Naves. "Objeto não-identificado: a trajetória de Caetano Veloso". Rio de Janeiro, Programa de Pós-Graduação em Antropologia Social/Museu Nacional/ Universidade Federal do Rio de Janeiro (Dissertação de mestrado), 1988.
SANT'ANNA, Romildo. (1985) "Caetano: viagens e trilhos urbanos". In DAGHLIAN, Carlos (org.). *Poesia e música*. São Paulo: Perspectiva, 1988.

Pedro Duarte

O PENSAMENTO EM CANÇÃO DE CAETANO VELOSO

> *Existirmos, a que será que se destina?*
> — Caetano Veloso, "Cajuína"

Caetano Veloso faz a canção pensar e o pensamento cantar. Não é surpresa, por isso, a dimensão filosófica de sua música. Biograficamente, Caetano cursou a Faculdade de Filosofia na Universidade Federal da Bahia em 1963, após a família se mudar de Santo Amaro para Salvador. Depois, teve amizades com filósofos do Brasil, como Antonio Cicero, e figuras de temperamento filosófico, como Rogério Duarte ou Jorge Mautner. São fartas as citações de filósofos em sua obra, como a famosa, de Jean-Paul Sartre, feita em "Alegria, alegria", de 1967: o verso "nada no bolso ou nas mãos" veio de *As palavras* e faz jus ao espírito de liberdade do existencialismo francês. Leitor de Heidegger, Deleuze e outros, Caetano conta no livro *Verdade tropical*, de 1997, que, em São Paulo ou no Rio de Janeiro, talvez concluísse o curso de filosofia: poderia ter sido esse seu caminho.

"Mora na filosofia", Caetano cantou no disco *Transa*, de 1972, composição original do samba de Monsueto Menezes e Arnaldo Passos, de 1955. Ele desistiu do curso de filosofia na faculdade, mas mora na filosofia. Gilberto Gil, o maior amigo e parceiro, diz que encontrou em sua poesia "fragmentos de filosofia". Na época em que gravou "Mora na filosofia", Caetano estava fora do lugar de sua morada (o que explica falar desta morada que não tem lugar: a filosofia). Em 1968, foi preso no Brasil, sob o autoritarismo da ditadura, pelo governo militar instaurado no golpe de 1964. Depois, com Gil, foi para o exílio em Londres. Fora do Brasil, morada a partir da qual seu pensamento se faz, cantou este "mora" que, como gíria, designa também entender, sacar alguma coisa. E pergunta: pra que rimar amor e dor? O Brasil, ambivalente, causa amor e dor, alegria e tristeza.

Desde o movimento que o fez famoso, o Tropicalismo, essa capacidade de equilibrar opostos estava presente em Caetano. Na canção "Tropicália", de 1967 e que surge em disco em 1968, há bossa e palhoça, piscina e coqueiro, Ipanema e Iracema, a mulata de olhos verdes, mão direita e pulso esquerdo, eterna primavera e urubus no jardim. O moderno e o arcaico ou o pop e a tradição vão se combinando. Cada elemento é cantado velozmente, sem permitir que a escuta se detenha e abandone a tensão poética que jaz em sua oposição mútua ao outro. Os primeiros comentadores logo perceberam a estratégia alegórica dessa poética, seja para criticá-la, como Roberto Schwarz, seja para elogiá-la, como depois fez Celso Favaretto. No caso de "Tropicália", que começa mencionando Pero Vaz de Caminha, primeiro escrivão português no Brasil, o país é lido na chave da tensão entre diferenças que não se resolvem. "Cada um sabe a dor e a delícia de ser o que é", compôs depois Caetano em "Dom de iludir", de 1977. Isso vale não apenas para cada um, individualmente, mas também para cada país, como o Brasil.

Havia nisso um método filosófico menos sintético do que sincrético. Não se procura a síntese que supera contradições em uma figura conclusiva, com a qual, por exemplo, se definiria a identidade nacional. São expostas imagens em sequência, em um procedimento de adição e acúmulo que frisa a irresolução aberta na qual elementos originais não dão lugar a algo que os resume, mas se mantêm em movimento — como ocorria visualmente na obra ambiental *Tropicália*, de Hélio Oiticica, que dá nome à canção e foi exibida em abril de 1967 no Museu de

Arte Moderna do Rio de Janeiro, o MAM. Caetano afirmou que a canção expunha "imagens, ideias e entidades reveladoras da tragicomédia Brasil, da aventura a um tempo frustra e reluzente de ser brasileiro".

Nesse aspecto, se, desde a juventude até hoje ainda, para Caetano, "a Bossa Nova é foda", como diz a canção homônima de 2012, o Tropicalismo e ele mesmo não se confundem com ela. No lugar da fluência natural dos acordes de Tom Jobim e João Gilberto, que lembram o que o filósofo alemão Theodor Adorno chamou de obras de arte "redondas", Caetano, Gil e seus amigos tropicalistas justapunham elementos em relações surpreendentes e às vezes violentas. Há justaposição e não solução, assim como há poesia sincrética e não sintética. É exemplar a execução da canção "Panis et circenses", de Caetano e Gil, pelos Mutantes, com arranjos de Rogério Duprat, no disco coletivo *Tropicália ou Panis et circencis*, ainda em 1968: há estranheza na força da sonoridade, que corresponde à oposição da letra entre o eu lírico — fundado no desejo e na arte pois quer cantar — e as pessoas da sala de jantar — ocupadas apenas em nascer e morrer. "Eu quis cantar, minha canção iluminada de sol", escutamos pela voz de Rita Lee, "soltei os tigres e os leões nos quintais, mas as pessoas na sala de jantar são ocupadas em nascer e morrer".

Em 1989, Caetano terminou a canção "O estrangeiro" afirmando: "Some may like a soft Brazilian singer, but I've given up all attempts at perfection", ou seja, "alguns podem gostar de um suave cantor brasileiro, mas eu desisti de todas as tentativas de perfeição". O belo disco estreante de Caetano — *Domingo*, em dupla com Gal Costa, de 1967 — não dava ainda sinal disso. Era fiel ao estilo da Bossa Nova e do canto de João Gilberto, que o encantara. Caetano, que sempre acompanha reflexivamente o que faz, anotou na contracapa do disco que ali já o separava da gravação certa distância: "a minha inspiração não quer mais viver das nostalgias de tempos e lugares, ao contrário, quer incorporar essa saudade num projeto de futuro". De novo, opostos são combinados: saudade e futuro. O sincretismo não elimina o passado, ele o atualiza. "Eu, você, João, girando na vitrola sem parar", cantou Gal em 1969, na composição "Saudosismo", de Caetano, porque "já temos um passado, meu amor", e daí se conclui que "chega de saudade, a realidade é que aprendemos com João, pra sempre a ser desafinados". Em entrevista de 1966, Caetano falara da "linha evolutiva" da canção popular brasileira. Ele queria retomá-la, a partir de João e mantendo a base do samba, mas misturando-a não só com o jazz, e sim com o rock; agora em uma poética com imperfeição humana, demasiada humana.

Nesse contexto, e escutando toda a obra de Caetano, o que pareceria uma forma de interpretar o Brasil por meio do paradoxo revela-se, na verdade, a sua maneira de pensar o que quer que seja — ou de pensar o próprio ser. "Tudo é um, tudo é mil, tudo acaba e nada tem fim, tudo bem, tudo mal, tudo azul, nada é assim, tudo discorda em harmonia universal, tudo é assim musical, e no centro de tudo eu e você", ouvimos na composição "Musical", de Péricles Cavalcanti, no disco *Uns*, de 1983. Este "tudo discorda em harmonia" ecoa um fragmento do filósofo antigo Heráclito que diz: "da divergência dos contrários, a mais bela harmonia". Os versos da canção nomeiam o que a filosofia tenta sempre compreender em sua oposição e pertencimento: unidade e multiplicidade, finitude e imortalidade, bom e ruim.

É parecido com o que escutávamos em 1977 na canção "Gente", de Caetano, já que "gente olha pro céu, gente quer saber o um, gente é o lugar de se perguntar o um, das estrelas se perguntarem se tantas são". Ser humano é ser este lugar, a partir do qual é possível olhar para o céu e se interrogar pela unidade de tudo o que é. Mas, ao mesmo tempo, essa unidade logo se vê conjugada a uma pluralidade incapaz de ser resumida, embora possa ser reunida, como na própria expressão "gente". É por isso que a canção precisa prosseguir na sequência de nomes próprios. É essa pluralidade que não se pode apagar, como o brilho das estrelas: "Rodrigo, Roberto, Caetano, Moreno, Francisco, Gilberto, João, gente é pra brilhar, não pra morrer de fome." Mistério: cada um é no todo, o todo é em cada um.

Não escapa a Caetano que aí está a "vida, doce mistério". Cabe, entretanto, ainda acrescentar algo decisivo que aparece tanto na canção "Musical", indiretamente, como em "Gente", diretamente. Em "Musical", é a referência, que não deixa de ser vitalmente narcísica, a "no centro do mundo eu e você". Em "Gente", é a referência a, "se as estrelas são tantas, só mesmo o amor". No canto de Caetano, o amor e tudo aquilo que orbita em torno dele — como o sexo, o erotismo, o desejo, a beleza e o apaixonamento — estão por toda parte em contato com esse mistério doce da vida: "alguém que o amor te elegeu pra amar". E as estrelas que brilham no céu, por isso, podem até ir parar, ao lado da Lua, no anel de uma menina, como na canção "Lua e estrela", de 1981, de Vinícius Cantuária. O mistério da vida atualiza-se todo dia, como nas perguntas da canção. Quem é você? Qual o seu nome? Diz como eu te encontro? "Penso em você, fico com saudade". Resiste o mistério, assim. "Deixo ao destino, deixo ao acaso, quem sabe eu te encontro, de noite no Baixo." Este Baixo não é somente baixo, pois Lua e estrela estão em um anel de uma menina na Terra, e não no céu; é um lugar concreto do Rio de Janeiro, onde esse encontro desejado, porém fortuito, poderia muito bem ocorrer: o Baixo Gávea.

Na canção "Terra" também é apresentada a relação entre o que está no alto e embaixo, entre Lua e Terra. O que emociona na narrativa de Caetano — no disco *Muito*, de 1978, gravado com A Outra Banda da Terra, com o subtítulo "(dentro da estrela azulada)" — é que as fotos da nossa morada Terra são tiradas de fora, do Espaço, e vistas cá dentro, na prisão. "Quando eu me encontrava preso, na cela de uma cadeia", dizia Caetano, "foi que eu vi pela primeira vez, as tais fotografias, em que apareces inteira, porém lá não estavas nua, e sim coberta de nuvens". Na véspera do Natal de 1968, astronautas norte-americanos circum-navegaram a Lua na Apollo 8, primeira missão espacial tripulada que fez um voo orbitando em torno dela. No dia 27 de dezembro, Caetano foi preso em São Paulo e carregado para a prisão no Rio por agentes do governo militar. Enquanto astronautas voltavam do espaço, ele estava encarcerado no Brasil.

Na quarta das dez voltas ao redor da Lua, os astronautas surpreenderam-se com o "nascer da Terra". Viram surgir o planeta em que moravam a partir da Lua. Nas gravações de áudio registradas da missão, pode-se ouvi-los exclamando: "é a Terra chegando aqui", "isso é lindo"! E aí tiraram as "tais" fotografias. Na principal, vê-se três quartos da Terra: azul, com manchas marrons e esverdeadas, coberta pelo branco das nuvens, sob o fundo negro do espaço. Semanas depois, as fotos — inclusive a batizada de "Earthrise" — foram divulgadas pela Nasa e, em 10 de janeiro de 1969, apareceram na revista *Time*, dos Estados Unidos. Dia 18, saíram na revista *Manchete*, no Brasil. Foi assim que Caetano as viu, já que ficou preso até 19 de fevereiro de 1969. Foi a partir do aperto enclausurado da cela que ele pôde olhar a imensidão aberta do espaço na qual está a Terra.

O próximo e o distante combinam-se na canção, que não deixaria de mencionar: "eu estou apaixonado, por uma menina terra, signo de elemento terra". Mais uma vez, o amor. Portanto, se "gente olha pro céu", por outro lado, porém "de nada valeria, acontecer de eu ser gente, e gente é outra alegria, diferente das estrelas". Gente é alegria na Terra. Daí a relevância de mencionar lugares precisos, seja a Bahia em "Terra" ou o Baixo Gávea em "Lua e estrela". Isso talvez explique por que Caetano — e logo na canção intitulada "Lua, Lua, Lua, Lua", na qual diz que "por um momento, meu canto contigo compactua" — avise que "meu canto não tem nada a ver com a Lua". É que a tal Lua de Caetano é vista da Terra. O astronauta Anders já havia dito: "viemos de tão longe para explorar a Lua e a coisa mais importante é que nós descobrimos a Terra". De resto, há, aqui, um aspecto fundamental da poética de Caetano: se quase nada lhe é indiferente, é também porque quase tudo, mesmo uma viagem espacial, aparece referido a si e a seu canto.

São diversas as menções, por vezes autorreferidas, ao canto, ao cantar e à canção nas canções de Caetano. "Incrível, é melhor fazer uma canção, está provado que só é possível filosofar em alemão", escutamos em "Língua", de 1984. Parafraseando uma famosa observação feita por Martin Heidegger, de que as línguas grega e alemã seriam particularmente vocacionadas para a expressão do pensamento filosófico, Caetano sugere então que, em português e mais ainda no português do Brasil, é melhor fazer uma canção. É a canção, não a filosofia, que surge como expressão da aventura espiritual do Brasil. Ou há uma filosofia em canção. O ponto de partida, afinal, seria o mesmo da filosofia: o que Platão e Aristóteles chamaram de *thauma*, espanto, perplexidade, maravilhamento diante do ser, do que é incrível que leva a pensar. Diante do incrível, Caetano gosta de sentir a sua "língua roçar a língua de Luís de Camões", pois tal filosofia em canção se faz na intimidade com o português abrasileirado. Nisso, ecoa a ideia de seu amigo Gilberto Gil de que o Brasil seria a "civilização da emoção, da paixão, da canção".

Na música "Não identificado", do mitológico disco branco, de 1969, Caetano dizia: "eu vou fazer uma canção pra ela, uma canção singela, brasileira". Essa canção é do Brasil, mas não porque, como tantas vezes na obra de Caetano, o Brasil é o tema, e sim porque é onde e como ela se constitui, já que também é explicitado que, neste caso, o assunto é outro: "eu vou fazer uma canção de amor" — e se avisa que é "para gravar um disco voador". Se as "tais" fotografias da Terra tiradas do espaço sideral foram vistas no espaço exíguo de uma cela, a canção brasileira singela de amor, por sua vez, poderia voar, como parece ser mesmo seu destino, afinal: "uma canção dizendo tudo a ela, que ainda estou sozinho, apaixonado, para lançar no espaço sideral".

Vale acrescentar, ainda voltando a Heidegger, que ele, mais tarde, escreveria um ensaio chamado "O fim da filosofia e a tarefa do pensamento", no qual tematiza o esgotamento histórico do que tradicionalmente se identificou como filosofia e acena para a necessidade de, a partir daí, aproximá-la da poesia. O que interessa aí não é a fidelidade nominal a uma tradição exclusiva, que viria dos gregos e teria força entre os alemães; o que interessa é o pensamento, que é mais amplo do que a filosofia, uma vez que esta é apenas uma maneira de pensar, não a única ou a absoluta. Pode ser que, nesse contexto, a frase de Heidegger soe diferente para nós: não o privilégio alemão da filosofia ocidental, e sim a tarefa de levá-la até um contato com a poesia — ou com a canção. Lendo as ideias de Antonio Cicero, Caetano escreveu que se trata de colocar "o Brasil na responsabilidade extrema de ser, não o grande exotismo ilegível que se opõe à razão europeia, mas o espaço aberto para a transição para (parafraseando Fernando Pessoa sobre Mário de Sá-Carneiro) um Ocidente ao ocidente do Ocidente". Isso não se faria sem a canção.

O apelo de Caetano à música, aliás, foi a forma pela qual ele respondeu às críticas de Roberto Schwarz sobre "a conjunção esdrúxula de arcaico e moderno" que havia no Tropicalismo. Na canção "Love, love, love", do disco *Muito*, ele admitiu que "absurdo, o Brasil pode ser um absurdo, até aí, tudo bem, nada mal, pode ser um absurdo, mas ele não é surdo, o Brasil tem ouvido musical que não é normal". Isso torna ainda mais estranho que Schwarz, já em 2012, tenha dedicado um longo ensaio à análise de Caetano, mas que só leva em conta seu livro *Verdade tropical*. Nada de música. O pensamento de Caetano, contudo e a despeito do interesse no que ele escreve, é em canção. "Eu canto no ritmo, não tenho outro vício", afirma na abertura de "Love, love, love" (cujo título faz referência às palavras ditas pelo craque Pelé na sua despedida do futebol, em 1977). Ou, em "Comeu", confessa: "eu só quero ser um campeão da canção, um ídolo, um pateta, um mito da multidão". E "Tigresa" termina com "como é bom poder tocar um instrumento".

"Cantando eu mando a tristeza embora", escutamos em "Desde que o samba é samba". Embora Caetano tenha conhecido a fama com "Alegria, alegria", sua poética percebe que "a tristeza é senhora". No álbum *Abraçaço*, de 2012, a canção "Estou triste" repete diversas vezes: "estou triste, tão triste, estou muito triste". Pergunta metafisicamente, tal como Leibniz ou Heidegger: por que será que existe o que quer que seja? No entanto, é ainda o canto que pode mandar a tristeza embora. O modernista Oswald de Andrade escrevera em 1928, no *Manifesto antropófago* tão admirado por Caetano, que "a alegria é a prova dos nove" (um verso citado na canção tropicalista "Geleia geral", de Gilberto Gil e Torquato Neto). Com Caetano, a canção é a prova dos nove. Nada no Brasil devorou tão eficazmente, aliás, a cultura mundial quanto a canção, inclusive a dele.

"Esta canção é só pra dizer e diz", ouvimos em "Você é linda", de *Uns*. Beleza e amor se juntam aqui: "você é linda, mais que demais, você é linda, sim, onda do mar do amor, que bateu em mim". Esta "mulher das estrelas" a quem se dirige — Caetano usa a estratégia de composição em que a música fala direto com seu assunto, seja Lua ou uma pessoa — permite que ele enuncie: "gosto de ver você no seu ritmo", "gosto de ter, sentir seu estilo, ir no seu íntimo", "você me faz feliz". E a canção é cheia desse "você" que um amante diz a quem ama, como se precisasse confirmar tal realidade — "você" — na linguagem. O sentimento aparece também na canção "Lindeza", de *Circuladô*, de 1991: "coisa linda, é mais que uma ideia louca, ver-te ao alcance da boca, eu nem posso acreditar". Cantar é forma de acreditar, de tornar "a vida mais real", diz Caetano, sobretudo quando se trata de "ter-te agora e o dia é sempre, uma alegria pra sempre", nessa "promessa de felicidade, festa da vontade". Já em "Você é linda", essa promessa erótica junta-se à música, uma vez que, se "você é forte, dentes e músculos, peitos e lábios", há também: "você é forte, letras e músicas, todas as músicas, que ainda hei de ouvir".

Recuando ao Tropicalismo, "Baby" tinha já algo disso. Esta canção de Caetano — que se abre com um dos mais belos arranjos de cordas da história da música popular e ganhou a voz de Gal Costa no álbum coletivo *Tropicália ou Panis et circencis*, de 1968 — foi comentada pela atitude destemida de abraçar o mundo do consumo urbano pop. Ela se estruturava também como recado direto a quem se dirige, na fórmula: "você precisa". Tudo se refere ao mundo jovem: você precisa saber da piscina, da margarina, da Carolina, da gasolina; tomar sorvete na lanchonete; e aprender inglês. Mas, a "Carolina", aí, é a canção de Chico Buarque. Depois, "você" precisa "ouvir aquela canção do Roberto" — em referência a Roberto Carlos. "Baby" fala do mundo moderno, e dele faz parte ainda a canção — bem como o amor, afinal "baby" não tem que aprender inglês pois é a língua do mundo globalizado, e sim para poder ler: "baby, baby, I love you" na minha camisa.

"Noutras palavras, sou muito romântico", cantaria Caetano anos depois. Romantismo, aqui, porém, não se deve somente ao amor, mas também à arte. "Canto somente o que pede pra se cantar", ele diz em "Muito romântico", de 1978, e completa: "tudo que eu quero é um acorde perfeito maior". E, se "gente é pra brilhar, não pra morrer de fome", o acorde perfeito maior é justamente "com todo mundo podendo brilhar num cântico". Por isso, a canção, em Caetano, não é só o que ele faz, é o que encanta o Brasil e até o mundo. Nisso, há compromisso ético. "Nenhuma força virá me fazer calar", diz. Nem a ditadura dos anos 1960, o exílio na década de 1970 ou a brutalidade de governos mais recentes o calarão. Talvez porque, de outro lado, haja uma força maior, uma "força estranha", para usar os versos da composição feita para o "rei" Roberto Carlos: "por isso uma força me leva a cantar, por isso essa força estranha", ele escreveu, "por isso é que eu canto, não posso parar, por isso, essa voz tamanha".

Não se pode parar de cantar porque "o tempo não para e, no entanto, ele nunca envelhece", como segue a "Força estranha". "Eu vi um menino correndo, eu vi o tempo, brincando ao redor", canta Caetano, de novo deixando ecoar um fragmento de Heráclito que diz: "tempo é criança jogando e brincando". Também em "Oração ao tempo", uma das mais filosóficas canções de Caetano, o tempo é comparado à criança, mas, no caso, a seu filho: "és um senhor tão bonito quanto a cara do meu filho" — o que faz sentido, já que o tempo é "tão inventivo". Novamente, há o contato com a música: "que sejas ainda mais vivo no som do meu estribilho". O elogio ao tempo é "nas rimas do meu estilo". O pensamento em canção de Caetano não quer, como na metafísica desde Platão, superar o tempo em nome de uma eternidade do espírito abstrato, mas fazê-lo história viva no som, junto aos corpos eróticos. "Deixa eu cantar, que é pro mundo ficar odara", pede a música de *Bicho*, de 1977, e segue: "deixa eu dançar, pro meu corpo ficar odara". Odara: palavra iorubá, usada em rituais religiosos afro e gíria para soltura do corpo.

Esse corpo espalha também o sexo pelas canções de Caetano. Em "Tigresa", uma "mulher, uma beleza que me aconteceu" aparecia "esfregando a pele de ouro marrom, do seu corpo contra o meu". Isso estava também no disco *Bicho*. Em *Outras palavras*, já de 1981, Caetano fala do "céu do meu sexo" e canta que "tem que ser você" pois "gosto do prazer", mas adverte também que "tudo tem seu momento" (pois isso é o tempo: o momento). Em "Nosso estranho amor", Caetano afirmou: "teu corpo combina com meu jeito". Em "O quereres", já em 1984, diz: "e onde queres eunuco, garanhão", assim como "onde queres ternura, eu sou tesão". No disco *Cê*, de 2006, há a maior presença de corpo e sexo: Caetano fala que está de "pau duro"; a "Deusa urbana" tem "mucosa roxa, peito cor de rola, seu beijo, seu texto, seu cheiro, seu pelo", com "sexo heterodoxo, lapsos do desejo"; além de que "veio a maior cornucópia de mulheres, todas mucosas pra mim".

Depois, no disco *Abraçaço*, a bela canção "Quando o galo cantou" enlaça o corpo, o sexo e o tempo. Caetano conta que, "quando o galo cantou, eu ainda estava agarrado ao seu pé e à sua mão, uma unha na nuca, você já maluca, de tanta alegria do corpo, da alma e do espírito são". Por um momento, comenta que "o relógio parou". Logo, porém, a explicação: "eu queria parar, nesse instante de nunca parar". O extraordinário do prazer suscita a pergunta: o que fiz para merecer essa paz, que o sexo traz? E "você se consterna e diz: 'não, não se pode, ninguém pode ser tão feliz'". Por fim, entretanto, o tempo volta. "Deixa o tempo seguir, mas quedemos aqui, deixa o galo cantar", diz Caetano, em referência ao amanhecer quando o galo canta — no que ecoa que, desde *Qualquer coisa*, de 1975, as composições de Chico Buarque e José Messias diziam: "de madrugada a gente ainda se ama", "eu faço samba e amor até mais tarde, e tenho muito sono de manhã"; e "eu só queria, que não amanhecesse o dia".

    O tempo não é um obstáculo que possa ser vencido, pois ele é o "compositor de destinos, tambor de todos os ritmos". Trata-se não de transcendê-lo, mas de entrar em um acordo com ele ou de lhe oferecer elogios. É uma "oração ao tempo" — que está em *Cinema transcendental*, de 1979. Diga-se de passagem, até quando o assunto é o tempo, Caetano fala com ele, como se estivesse em um diálogo. Endereça-se a ele. "Vou te fazer um pedido". Qual seria o pedido? O prazer legítimo e o movimento preciso, "quando o tempo for propício". O tempo, aqui, não é a sequência contínua, linear e previsível com a qual aprendemos, tradicionalmente, a medir a vida. Tempo é um instante em que algo se abre, oportunidade única à qual podemos corresponder com um movimento naquele agora. Os gregos já sabiam que tempo não é só "cronos", cronologia ordenadora; é também "kairós": um momento que propicia o inesperado e nos pede para aproveitá-lo. Por isso, "alguma coisa acontece no quando agora em mim", como diz "Desde que o samba é samba". Por isso, "é preciso estar atento e forte": olhos firmes para o momento.

    Em "Muito romântico", Caetano, firme, cantava: "faço no tempo soar minha sílaba". De fato, no tempo soa sua sílaba. Ela soa em contato com seu tempo mesmo, com seu tempo histórico. Pois as canções de Caetano alternam, sem problemas, os voos especulativos e a realidade material. São canções sujas de seu tempo, capazes de falar da base de Guantanamo (pois "o fato de os americanos, desrespeitarem, os direitos humanos, em solo cubano, é por demais forte, simbolicamente, para eu não me abalar"), em *Zii & Zie*, e do assassinato da missionária Dorothy Stang, em 2005, para denunciar que "o império da lei" não chegou no coração do Pará, em *Abraçaço*. Caetano fala que a "Lapa" é "Lula e FH", o bairro que simbolicamente juntaria os dois ex-presidentes principais da redemocratização do Brasil depois da ditadura que o prendera. Mais uma vez, ele aproximava, na tensão combinada, o que seria, para muitos, só distância e oposição.

Caetano é "coraçãozinho de galinha" e é "coraçãozão de leão", como diz em "Comeu". Para ele, "o samba é pai do prazer, o samba é filho da dor". Recentemente, já em "Estou triste", confessou: "eu me sinto vazio e ainda assim farto" — o que revela também o estado de espírito contemporâneo de sujeitos que se sentem vazios, mas não pela falta, e sim por excesso (como no consumismo relatado em "Neguinho", do disco *Recanto*, de Gal Costa). E a "Tigresa" fala a Caetano — "espalhando muito prazer e muita dor" — "que o mal é bom e o bem cruel". Em "Sampa", aparece a "força da grana que ergue e destrói coisas belas". Nenhuma canção, porém, é tão prodigiosa em tal arte das oposições como "O quereres", que junta no título o artigo singular a um substantivo plural. Há os desencontros encontrados da canção: "onde queres prazer, sou o que dói, e onde queres tortura, mansidão, onde queres um lar, revolução". E ainda: "onde queres Leblon, sou Pernambuco". Ecoando o verso de Camões "amar é querer estar preso por vontade", Caetano fala: "queria querer-te amar o amor, construir-nos dulcíssima prisão, encontrar a mais justa adequação, tudo métrica e rima e nunca dor, mas a vida é real e de viés".

Se, de um lado, havia nos anos 1960 "Alegria, alegria" na emergência juvenil com Coca-Cola e liberdade no mundo pop, de outro lado havia o conservadorismo moral das pessoas da sala de jantar, as mesmas que, em "Eles", do primeiro disco solo de Caetano, estão "em volta da mesa", "têm "certeza do bem e do mal", com "medo da maçã". Onde havia promessa de amor, como no passeio anunciado de "Enquanto seu lobo não vem", em *Tropicália ou Panis et circencis*, restava, porém, com a violência ditatorial, apenas se esconder e andar debaixo de bombas, botas e lama. No exílio, entretanto, onde "a group approaches a policeman, he seems so pleased to please them", onde "it's so good to live in peace" e onde "I cross the streets without fear", a conclusão acabava sendo que "I'm lonely in London". Policiais são respeitosos, há paz e se anda na rua sem medo, mas, em vez de amor, o que há é a solidão. Caetano sem Brasil não seria Caetano. Mas ele é.

Em "Podres poderes", de 1984, Caetano cantava a salvação poética do país: "Será que apenas os hermetismos pascoais, os tons, os mil tons, seus sons e seus dons geniais", pergunta, "Nos salvam, nos salvarão dessas trevas. E nada mais?" Mas a assonância de tons em Tom (Jobim), mil tons em Milton (Nascimento) e Hermeto Pascoal contrasta com a vida nacional na qual, "enquanto os homens exercem seus podres poderes, morrer e matar de fome, de raiva e de sede, são tantas vezes, gestos naturais". É como se a canção prometesse ao Brasil um país democratizante que o Brasil não é. Já se disse que a música de Tom Jobim é promessa de felicidade não cumprida. Caetano é a dobra que pensa, na canção, sua relação com um Brasil que, por vezes, parece "o cu do mundo", "a mais triste nação, na época mais podre", com linchadores, como diz o disco *Circuladô*. Infelizmente, o século XXI ainda permite fazer as perguntas de *Velô*, dos anos 1980.

> Será que nunca faremos senão confirmar
> A incompetência da América católica
> Que sempre precisará de ridículos tiranos?
>
> Será, será que será que será que será
> Será que esta minha estúpida retórica
> Terá que soar, terá que se ouvir
> Por mais zil anos?

Essa perspectiva preocupada com o futuro do Brasil amparava-se na compreensão do passado. No disco *Noites do norte*, de 2000, Caetano musicou um trecho de Joaquim Nabuco que afirmava: "a escravidão permanecerá, por muito tempo, como a característica nacional do Brasil". Por muito tempo: até hoje. Daí a questão racial como o nó, que não se desfaz, da formação do país. No mesmo disco, na composição de

Jorge Ben sobre "Zumbi", escutamos: "aqui onde estão os homens, há um grande leilão". Por isso, no Brasil "ninguém é cidadão", segundo a canção "Haiti", que é aqui e não é aqui. Logo o Haiti: o país onde houve uma revolução negra para a independência. Em "Milagres do povo", Caetano pergunta: quem descobriu o Brasil? Na contracorrente da história dos vencedores, responde: "foi o negro que viu a crueldade bem de frente — e ainda produziu milagres de fé no extremo ocidente"; e "o povo negro entendeu que o grande vencedor, se ergue além da dor".

O Brasil de Caetano tem o português Pero Vaz de Caminha, em "Tropicália", mas também Zumbi e iorubá, índio e tupi. Graças a isso, e apesar disso, é o país da mulata, ao contrário dos Estados Unidos, onde "branco é branco, preto é preto (e a mulata não é a tal)", enuncia a canção "Americanos". Lá, há multidiversidade: diferenças separadas. No Brasil, há miscigenação sincrética, sobretudo no exemplo da Bahia. Daí a ambiguidade que é um impasse do país: a mistura é trunfo, mas acoberta violência. Isso é visível na própria abordagem de Caetano sobre a Bahia. Escute-se como os versos do poeta barroco Gregório de Matos, do século XVII, foram apropriados pelo disco *Transa* e soam assim: "triste Bahia, oh quão dessemelhante, estás e estou do nosso antigo estado, pobre te vejo a ti, tu a mi empenhado, rico te vejo eu já, tu a mi abundante". Tal Brasil que se vê na Bahia está entre a pobreza e a riqueza, a tristeza e a alegria. Por isso, "atenção, tudo é perigoso, tudo é divino maravilhoso", Caetano já avisava nos anos 1960.

No disco *Meu coco*, que fez pouco antes de completar 80 anos, quando chama a si mesmo de "vovô", Caetano afirma mais uma vez essa tensão entre o Brasil dos podres poderes e o Brasil da canção, que é por ele mesmo encarnado. Diante da brutalidade do governo de Jair Bolsonaro, o primeiro desde o fim da ditadura a fazer seu elogio no país, Caetano é firme e emprega seu conhecido narcisismo como efeito estético para condensar a força de si, sabedor de seu próprio papel decisivo na cultura. "Não vou deixar, não vou deixar você esculachar, com a nossa história, é muito amor, é muita luta, é muito gozo, é muita dor e muita glória, não vou deixar, não vou deixar", decreta Caetano, e explica: "não vou deixar porque eu sei cantar, e sei de alguns que sabem mais, muito mais". Dirigindo-se, mais uma vez, diretamente ao assunto da sua música, o "você" agora não é, porém, Lua, mulher, tempo, baby. É negativo. Caetano diz na primeira pessoa: "não vou deixar você". Investe-se da força de impedir que se esculache a história do Brasil cheia de amor e dor, gozo e luta, mas o narcisismo não é mera vaidade que superestima a si, pois envolve o país e a canção, tanto que conclui: não vai deixar pois sabe cantar e sabe de outros que sabem muito mais. "Sem samba não dá", diz outra canção do disco. "E que o Chico Buarque de Holanda nos resgate, e (xeque-mate)", como pedia a canção "Língua".

Caetano pode às vezes oscilar quanto à confiança na força da canção para salvar o Brasil, mas não desiste dela. Em 1981, no disco *Outras palavras*, anunciava sua "vertigem visionária", declarando: "vejo uma trilha clara pro meu Brasil, apesar da dor". Retrospectivamente, em 2012, explicava em que consistia a operação da canção, sob esta ótica: "dei um laço no espaço, pra pegar um pedaço, do Universo que podemos ver" e "esse laço era um verso". O Tropicalismo não deixava, nisso, de seguir o Modernismo: o espaço Brasil é enlaçado no espaço do Ocidente e o Ocidente é enlaçado no espaço do Brasil: o nacional entra no universal e vice-versa, pela antropofagia preconizada por Oswald de Andrade nos anos 1920; e endossada no Tropicalismo dos anos 1960 para comer os Beatles e Jimi Hendrix na música nacional. Mas, em 2012, Caetano concluiu que "esse laço era um verso, mas foi tudo perverso". "Hoje eu mando um abraçaço", despedia-se. Logo ele, que anunciava antes "eu organizo o movimento, eu oriento o carnaval", agora confessa: "meu destino eu não traço, não desenho, desfaço, o acaso é o grão, Senhor".

Já em 2021, entretanto, no recente e incisivo álbum *Meu coco*, em que mais uma vez aparece a constatação de que "João Gilberto falou e no meu coco ficou", Caetano é novamente animado pela força estranha da canção: "com Naras, Bethânias e Elis, faremos o mundo feliz". Se algo do projeto modernista de Brasil acabou no século XX, então "era o fim, é o fim, mas o fim é demais também", como Caetano canta no disco *Cê*, seu primeiro trabalho solo com canções próprias completamente feito no século XXI. Em *Meu coco*, ele volta a citar os nomes da diversidade da música nacional, celebrando a canção mesmo se o projeto moderno em que ela se encaixava não é mais o mesmo. Retoma até seus versos anteriores. "Virá que eu vi, virá, virá, virá que eu vi, Irene ri, rirá, Noel, Caymmi, Ary".

É como se a "força estranha" da canção se opusesse à truculência; e, "apesar de você dizer que acabou, que o sonho não tem mais cor", Caetano grita e repete que não vai deixar que se esculache assim nossa vida. Essa força, em primeira pessoa e torcendo a sequência cronológica do tempo, permitiu a Caetano afirmar, em "Um índio", taxativamente: "virá que eu vi". É como se, com espírito sebastianista, ele já tivesse visto (passado) o que ainda virá (futuro). Entretanto, esse índio — "mais avançado que a mais avançada das mais avançadas das tecnologias" — falará coisas que Caetano não sabe dizer de modo explícito. Esse índio — que virá impávido como Muhammad Ali, apaixonadamente como Peri, tranquilo e infalível como Bruce Lee, axé do Afoxé Filhos de Gandhi — não é só um "objeto não identificado", mero óvni. Ele descerá de "um objeto-sim resplandecente" e "pousará no coração do hemisfério sul na América num claro instante", isto é, "num ponto equidistante entre o Atlântico e o Pacífico". Ocidente ao ocidente do Ocidente?

Em "Alexandre" — música do disco *Livro*, de 1997 — sobre o grande rei da Macedônia, Caetano observa que Aristóteles, seu preceptor contratado pelo pai, é a "cabeça" que "sustenta ainda hoje o Ocidente, o nome Aristóteles, o nome Aristóteles, se repetiria, desde esses tempos até nossos tempos e além". Reconhece-se, aqui, a determinação filosófica como mais do que simples erudição, é a forma predominante de compreensão da realidade que nos forja. Aristóteles é a cabeça que sustenta o Ocidente. Porém, Caetano sutilmente nos diz algo que também está em jogo na transição para o Ocidente ao ocidente do Ocidente: Aristóteles "ensinou o jovem Alexandre a sentir filosofia". Não é só a "cabeça" que conta nessa filosofia, então, mas o corpo e o coração. Isso é o pensamento em canção — que faria justiça ao que o escritor João Guimarães Rosa dizia ser a brasilidade: um "sentir-pensar". No Brasil de Caetano, a canção é este sentir-pensar que consegue "lançar mundos no mundo", conforme ele diz no mesmo disco. E quem, a esta altura, duvidará que a música de Caetano lance tantos mundos no mundo?

Caetano, em 1967, cantou: "caminhando contra o vento, sem lenço e sem documento, no sol de quase dezembro, eu vou", "nada no bolso ou nas mãos, eu quero seguir vivendo, amor, eu vou". E perguntava: "por que não?" Reafirmando: "eu vou".

Em 1989, admitiu: "e eu, menos estrangeiro no lugar que no momento, sigo mais sozinho caminhando contra o vento". Não se tratava, como no Tropicalismo, do espaço: dentro e fora, nacional e universal; e sim do tempo: a estranheza do momento atual.

Em 2022, Caetano afirma que "nem espaço há, nem tempo". No mundo em que faz 80 anos, "anjos tronchos" não cessam de "dizer vai ser virtuoso no vício"; "a história é um denso algoritmo"; "palhações líderes brotaram macabros". Mais uma vez, porém, há o contraponto: "nós, quando não somos otários, ouvimos Schönberg, Webern, Cage, canções". Caetano não é otário. Tampouco nós. Há ainda canções a cantar. Poderia estar tudo perdido, e "logo o horror, querer que o mundo acabe-se"...

    Mas há poemas como jamais
    Ou como algum poeta sonhou
    Nos tempos em que havia tempos atrás
    E eu vou, por que não?
    Eu vou, por que não? Eu vou ∞ o

João Camillo Penna
OS POVOS DO TROPICALISMO
Música popular e populismo

É quem sabe possível ler a história política brasileira recente a partir do contraponto entre populismo e movimentos antissistema. Nos últimos anos, o "populismo" deixou de ser um tema particular — e particularmente caro — à América Latina, quando passou a nomear movimentos de caráter global, com a ascensão da extrema direita, a partir das vitórias do referendo do Brexit e de Donald Trump nas eleições presidenciais dos Estados Unidos, ambas em 2016, e a de Jair Messias Bolsonaro em 2018.

Por populismo, entende-se a "emergência do povo como sujeito político", através de um pacto frágil entre classes, partindo de demandas contraditórias e somente conciliáveis precariamente na figura vazia do líder populista.[1] O filósofo argentino radicado no Reino Unido, Ernesto Laclau (1935-2014), trouxe o tema para o centro do debate político contemporâneo, valendo-se quem sabe do privilégio latino-americano da questão. Para ele o populismo é um modo de construir a fronteira antagonística entre nós e eles, constitutiva da política — na célebre definição de Carl Schmitt — como apelo à mobilização do "povo" (os *underdogs*, escreve Laclau), os "de baixo", os oprimidos, contra aqueles que estão no

---

[1] Vladimir Safatle. *Só mais um esforço*. São Paulo: Três Estrelas, 2018, p. 48s.

poder.[2] O povo é um sujeito coletivo não unitário, antiessencialista e sem conteúdo específico, no limite irrepresentável; ele é, em suma, um "significante vazio", diz ele, apropriando-se do vocabulário estruturalista lacaniano.

Na historiografia política latino-americana, a experiência populista se consagrara como grade analítica na leitura do varguismo, do peronismo e do cardenismo, para mencionar três dos exemplos mais célebres, como sistema de alianças de classes sob a liderança de um líder carismático.[3] Na história dos anos 1960, essa experiência designava a herança trabalhista encarnada em João Goulart, desfeita pelo golpe civil-militar de 1964. O golpe fora lido de maneira insistente como uma crise do populismo, colocando para o campo da esquerda a exigência de fazer a (auto)crítica ao populismo, no rol da longa meditação sobre o fracasso da esquerda na América Latina. Pois eis que, quase exatos cinquenta anos depois — se tomarmos dezembro de 1968 (o AI-5) como ponto da curva —, nova derrota ocorria no campo da esquerda, sugerindo a necessidade de nova elaboração do mesmo tema, com uma novidade: o surgimento no Brasil da extrema direita, a *alt right*, a direita alternativa, como era designada no debate internacional, que se reclamava do passado da ditadura civil-militar brasileira, recolocando a precaríssima elaboração de sua memória em risco.

Por outro lado, a globalização da extrema-direita tem como contraponto movimentos antissistema também globais: os surgidos em 1968, que no caso do Brasil, ocorrera em plena ditadura civil-militar, a que o AI-5 precisamente visou a reprimir, e o ciclo de revoltas conflagradas mundialmente entre 2011-2013, que desaguaram no Brasil nas manifestações de junho 2013. O populismo latino-americano de esquerda e a ascensão da extrema-direita, no Brasil e fora dele, devem ser lidos

---

[2] Ernesto Laclau. "What's in a Name?". In: Francisco Panizza (Org.), *Populism and the Mirror of Democracy*. Londres/Nova York: Verso, 2005, p. 38.

[3] Francisco Panizza. *Populism and the Mirror of Democracy*, p. 3.

a partir do pano de fundo comum de movimentos antissistema, que lançam na sociedade lógicas de representação direta, contrárias ao sistema de representação, configurado pelo modelo da política parlamentar e partidária. É uma unanimidade na reflexão política brasileira recente a hipótese de que deslindar o enigma de 2013 é essencial para se entender 2018. Essa verdadeira cesura da política brasileira (conforme a fórmula de Marcos Nobre), representada por junho de 2013, pode ser relacionada a uma outra cesura de 1968 no Brasil e no mundo.[4]

É no contexto dessas questões que gostaria de inserir a discussão sobre o Tropicalismo e Caetano Veloso. A hipótese que defendo aqui é que o Tropicalismo é essencialmente um movimento antissistema, que traz em si o descentramento do "povo", com a ampliação de lutas sociais, que não podiam mais ser subsumidas a uma figura popular única. Em 1968, surgem basicamente em perspectiva global outros povos, distintos da figura da representação populista unificada e conciliatória. Retornar ao Tropicalismo e à compreensão desses diversos povos, pode quem sabe nos ajudar a entender o que ocorreu após o ciclo de movimentos globais de 2011-2013. Em ambos os casos, assistimos à dificuldade do campo sistêmico tanto da direita quanto da esquerda de entender o que se passava fora deles com os movimentos antissistema, e a pergunta que traziam em seu bojo.

Em *Verdade tropical*, Caetano Veloso resumira o profundo impacto que tivera nele a visão de *Terra em transe* de Glauber Rocha, em 1967, como a "morte do populismo". E completa: "[...] era a própria fé nas forças populares — e o próprio respeito que os melhores sentiam pelos homens do povo — o que aqui era descartado como arma política ou valor ético em si [...]. Nada do que veio a se chamar de 'tropicalismo' teria tido lugar sem esse momento traumático".[5]

---

4 Marcos Nobre. *Limites da democracia. De junho de 2013 ao governo Bolsonaro*. São Paulo: Todavia, 2022, p. 21.

5 Caetano Veloso, *Verdade tropical*. São Paulo: Companhia das Letras, 2017, p. 128.

Parece se confirmar, em uma conjuntura bastante diferente, a polêmica e reveladora constatação mencionada por Caetano Veloso em *Verdade tropical* do poeta Paulo Martins, de *Terra em transe* de Glauber Rocha, sobre "a falência da crença nas energias libertadoras do 'povo'". Afinal que povo é esse, de que se reivindica a extrema direita populista, que parece desejar todo o contrário de uma libertação, cujas energias de fato notáveis estão a serviço do ódio e da repressão?

Teríamos então dois povos diferentes? Um povo generoso, oprimido, mas emancipador, exigindo ser libertado, e um povo repressivo, reprimido e repressor, que quer submeter e dominar? John B. Judis sugere uma tipologia dos dois populismos, sinalizando uma diferença não apenas de ideias, mas também de estrutura. Adapto em seguida o conteúdo do trecho de Judis à realidade brasileira. "O populismo de esquerda defende o povo contra uma elite ou o *establishment*. É uma política vertical em que o baixo e o meio se ligam contra o alto. Os populistas de direita defendem o povo contra uma elite acusada por eles de proteger um terceiro grupo constituído de comunistas, mulheres, negros, LGBTs, professores. O populismo de esquerda é binário. O populismo de direita é ternário. Ele olha para o alto, mas também para baixo, para um grupo excluído."[6]

Todos esses fios, de ontem e de hoje, de 1968, de 2018 e de 2022, conduzem a uma pergunta (ou perguntas) sobre a relação problemática que entretêm entre si música, política e povo (ou povos, no plural), tendo em vista que tanto a música, enquanto "música *popular*", quanto a política, enquanto *demo-cracia* (poder ou soberania do povo), parecem ter o seu ponto de encontro e inflexão numa discussão sobre o sentido do que se entende por povo(s), com a condição de sabermos o que seja(m) ele(s).

---

[6] John B. Judis, *The Populist Explosion. How the Great Recession Transformed American and European Politics*. Nova York: Columbia Global Reports, 2016. Cf. Éric Fassin, *Populisme: le grand ressentiment*. Paris: Éditions Textuel, 2017, p. 74-75.

Uma das grandes linhas de força do Tropicalismo torna-se legível a partir do "descarte" da "fé nas forças populares", enunciada por Caetano, que obedece a uma lógica sinuosa. Em que medida e de que forma se dá essa relação com o *popular* e com o povo, ou povos, no Tropicalismo? É uma pergunta que continua a nos intrigar. A que povo ou povos faz referência a música *popular* brasileira e, dentro dela, o Tropicalismo?

O popular e o pop

Um testemunho de época que nos interessa particularmente é o célebre debate de 1966, publicado na *Revista Civilização Brasileira*, "Que caminhos seguir na Música Popular Brasileira?", em que Caetano Veloso formulou a tese-manifesto sobre a "retomada da linha evolutiva".[7] O que está em debate no debate é precisamente o sentido de povo e de popular, conforme explicita claramente José Carlos Capinam: "todos nós discutimos o povo", posto em crise pelo golpe de 1964.[8] Há duas concepções opostas de povo em contenda ali: de um lado, o "povo brasileiro", como conteúdo cultural-social nacional autêntico; de outro, o povo entendido como massa, produto, mercado e consumo, essencialmente o público do iê-iê-iê, isto é, a Jovem Guarda, ou seja, a tradução e adaptação nacional do pop internacional, que transcreve o aporte musical dos Beatles no Brasil.

A *crise* enunciada como pretexto para o debate (a "crise atual da Música Popular Brasileira"...) consiste precisamente nessa cisão entre os dois *populares*. Os debatedores acusam o golpe da entrada do

---

[7] Frederico Coelho e Sergio Cohn (Orgs.), *Tropicália*, Rio de Janeiro: Beco do Azougue, 2008, p. 21. Disponível também em: http://www.tropicalia.com.br/v1/site/internas/report_caminhos.php Acesso em julho de 2022.

[8] Ibid., p. 24.

iê-iê-iê na cultura popular brasileira, de uma linguagem musical global, o rock 'n' roll, introduzindo uma ameaça irresistível ao paradigma nacional-popular, com uma cultura nacional assediada e virtualmente indefesa diante de uma "máquina industrial" capitalista, o mercado (analisado por Capinam), dotado de poderes extraordinários e associado aos interesses internacionais que respaldaram o golpe militar. Esse vínculo, embora nunca explicitado no debate, o assombra de ponta a ponta. O pop global é "alienado" e "alienante", esse o termo do jargão marxista onipresente no debate, no sentido de que ele nos alheia de nossa realidade, identificada ao povo brasileiro. O que fazer quando percebemos que essa alienação é de fato irresistível e desejada, tanto mais irresistível porque desejada? Como enfrentá-la? As respostas variam, mas caminham todas no sentido da admissão da inevitabilidade do processo de alienação e da entrada forte do mercado. Em linhas gerais, as posições expostas ali coincidem com a posição do Partido Comunista Brasileiro (PCB) para o campo da cultura, que teve no Centro Popular de Cultura (CPC), um de seus pontos emblemáticos.[9] A música popular deveria saber apropriar-se de recursos semelhantes aos do pop, não se recolher a um lugar limitado e modesto onde parece ter se confinado, da mesma forma que, na síntese "etapista" do marxismo brasileiro, o processo histórico da revolução social deveria ser encabeçado pela burguesia nacional.

    A conjuntura do debate é perfeitamente enunciada pelo crítico Flávio Macedo Soares. A "crise" da "Música Popular Brasileira" é deflagrada, em primeiro lugar, pelo golpe civil-militar de 1964, indiretamente mencionado por Soares, ao situar o intervalo da discussão nos "últimos dois anos".[10] O golpe produz a fragmentação do campo

---

[9] Manoel Dourado Bastos. "Um marxismo sincopado. Método e crítica em José Ramos Tinhorão". *Tempos históricos*, volume 15, primeiro semestre de 2011.

[10] "Que caminhos seguir na Música Popular Brasileira?". In: Frederico Coelho e Sergio Cohn (Orgs.), op. cit., p. 18.

cultural compreendido como processo de totalização, que determinava um entrosamento das diversas artes: poesia, literatura, cinema, teatro, do qual participava a música popular, e vinculado a instituições: Instituto Superior de Estudos Brasileiros (Iseb), CPC, a universidade brasileira. O campo cultural integrado era ele próprio assimilado à universidade. É essa cooperação entre artes e instituições públicas que se rompe com o golpe, visto como golpe do mercado, e é aqui precisamente que o pop invade a cena. A partir dessa dupla crise, o golpe militar e o golpe pop, que aparecem irresistivelmente associados nas falas dos debatedores — embora a ligação nunca seja explicitada, e em nenhum momento o golpe militar seja mencionado —, as ações dos grupos e em especial dos músicos tornam-se iniciativas "individuais", e não mais "parte de um todo uno". O diagnóstico é translúcido: a fragmentação, individualização, ou seja, a "privatização" do campo da cultura, com a alienação do patrimônio cultural nacional, infringida pelo golpe militar como causa oculta e pela invasão pop como causa explícita, corolário e contraparte do outro golpe, põe em grave risco o nacional-popular e a cultura brasileira como um todo.[11]

Os dois únicos músicos presentes, Caetano Veloso e Nara Leão, destoam curiosamente dos diagnósticos dos outros participantes do debate. Nara, numa intervenção incisiva para demonstrar que a Bossa Nova não compete com a Jovem Guarda nas vendas de disco, aponta para a existência de nichos de mercado distintos e coexistentes. E sobretudo Caetano, que começa de forma enfática enunciando um programa estético-musical, contrário ao nacional-popular, isto é, não ideológico, para a música popular. "A questão da música popular brasileira vem sendo posta ultimamente em termos de fidelidade e comunicação ao povo brasileiro."[12] Fidelidade esta posta por dois programas distintos: a conversão do povo em *tema*, a partir exclusivamente de

---

[11] Ibid., p. 20s.
[12] Ibid., p. 21.

uma perspectiva discursiva-ideológica, na "canção engajada", tendo como único critério "a visão ideológica dos problemas brasileiros"; o programa historiográfico musical marxista de José Ramos Tinhorão, que defende uma preservação das formas autênticas da música folclórica e urbana, de "pobres autênticos",[13] não contaminadas pela tecnologia, pela mídia e pela classe média. O tema Tinhorão é tratado mais longamente e exatamente nos mesmos termos no texto mais ou menos contemporâneo ao debate, a primeira intervenção escrita de Caetano, a diatribe "Primeira feira de balanço". Há um terceiro caminho, aqui esboçado, que corresponderia a um imperativo "qualitativo" de modernização pela modernização imposta e exterior: o caminho da MPB, com o samba-jazz ou samba-canção, diluição da Bossa Nova, que atende a uma interpelação dependente e colonizada, "uma alienação da classe média subdesenvolvida cuja meta é assemelhar-se à sua correspondente no país desenvolvido dominante".[14]

A proposição de Caetano se opõe a essas três, ao mesmo tempo fundindo as três e as negando, ao construir literalmente outro paradigma para a questão. O grande achado de Caetano é fazer coincidir a modernidade com a autenticidade (o moderno e o arcaico, o contemporâneo e o primitivo etc.), numa fórmula absolutamente equívoca, ao mesmo tempo moderna e autêntica, ambas filtradas pelo filtro experiencial musical. Senão vejamos: é preciso, diz ele, abraçar ao mesmo tempo a modernidade e a tradição; dar "um passo à frente" e retornar ao passado do que "foi a música popular". Um hipoícone, na terminologia peirciana, compacto e simultâneo, ao mesmo tempo figural e temporal, que condensasse numa mesma figura o arcaico e o moderno, o passo atrás e o passo à frente. O modelo para isso

---

[13] Caetano Veloso, "Primeira feira de balanço". In: *Alegria, alegria*. Rio de Janeiro, Pedra Q. Ronca, s/d, p. 1; Eucanaã Ferraz (Org.), *O mundo não é chato*. São Paulo: Companhia das Letras, 2005, p. 143.

[14] Ibid., p. 3.

é a Bossa Nova, e em especial João Gilberto, que interfere na música popular por meio de uma dupla apropriação *seletiva* — Caetano fala de "julgamento", o que de imediato introduz a dimensão estética — da "informação da modernidade musical" *e* do "conhecimento" da tradição, filtrando as "suas melhores conquistas".[15] Trocada em miúdos, a fórmula linear, teleológica e vanguardista da "retomada da linha evolutiva" da Bossa Nova, cujo sentido só se explicitará para Caetano aos poucos, consiste em *repetir* o gesto bossa-novista de filtragem seletiva da linguagem internacional mais atual, precisamente aquilo que fora o jazz para a Bossa Nova, como ângulo de visão estilizante lançado sobre a tradição musical popular brasileira: o samba. Repetir, portanto, a Bossa Nova, atualizando-a. Ora, a linguagem musical mais atual, em 1966, aquilo que foi o jazz para a Bossa Nova, é precisamente o rock 'n' roll, ou seja, o pop globalizado, coisa que só se explicitará para Caetano um ano depois.

A proposição de Caetano que o Tropicalismo encarnará consiste na junção dos dois "povos" que se contrapunham nas falas dos debatedores, a partir de uma síntese estética própria, estritamente musical. O "povo brasileiro" seria ali infielmente decantado, não pela "comunicação" discursiva e temática, não pela via ideológica (a canção engajada) nem pela via sociológica (a reconstituição historiográfica de Tinhorão), mas pela sua tradução, estilização ou repetição em vernáculo pop.

Essa proposta é um manifesto explícito do direito da classe média universitária de fazer música popular — o alvo é sempre Tinhorão — por meio da afirmação de um Brasil que não deixa de ser Brasil ao se modernizar, porque a modernidade faz parte "da realidade cultural brasileira", explica ele. Contra essa proposta, a posição de Tinhorão permanece interessante, como interessa a Caetano na época, porque antipopulista, destoando da transposição etapista

---

15 "Que caminhos seguir na Música Popular Brasileira?". In: Frederico Coelho e Sergio Cohn (Org.), op.cit., p. 21, 22, 23.

contida na versão marxista do PCB da época, ao opor-se radicalmente ao modelo das alianças entre classes e propor uma purificação da música popular, filtrada, por assim dizer, de toda a inflexão de classe média. De certa maneira, o que propõe Tinhorão é uma transposição da luta de classes para a música popular, onde se oporiam a classe média e as classes populares, manifestas (as classes populares) em sua música. As limitações trágicas do modelo essencialista e classista de Tinhorão são conhecidas, a começar pelo fato de excluir-se a si mesmo, um musicólogo de classe média, da equação dialética, que mantém, no entanto, todo o seu interesse como testemunho de época, e versão alternativa ao nacional-popular.

A repetição musical da bossa nova é explicitada no sentido de uma expansão do vocabulário instrumental e técnico do samba. O samba de raiz com frigideira e tamborim, o samba "analfabeto" musical, por oposição ao samba "letrado" com acordes de sétima e de nona, com contrabaixo e bateria, como quer Paulinho da Viola (em 1966), e como quis João Gilberto, ao incorporar a orquestra de música erudita e a harmonia do jazz (em 1958). Todas essas analogias, em que não está ausente certo classismo, organizam, em torno de um mesmo motivo, diversas cronologias que vão se cristalizar no projeto tropicalista, quando se fixa a releitura irônica da tradição musical brasileira, suas melhores e mais profundas conquistas, por intermédio de um dispositivo de colagem citacional pop de motivos fragmentários, paródicos, serializados e justapostos, em tudo oposto ao encadeamento redondo das harmonias da bossa nova, mas que atualiza a operação bossa-novista nos termos de agora (1967-1968). O Tropicalismo musical formata algo do que adiante o Pós-Modernismo codificará, a partir da arquitetura, com a ênfase no pastiche, na colagem diacrônica de temporalidades distintas.[16] Considere-se a esse

---

[16] Fredric Jameson, *Postmodernism, or the Cultural Logic of Late Capitalism*. Londres: Verso, 1992.

respeito o testemunho de Sean Lennon, filho de John, fã confesso de Os Mutantes. Segundo a sua observação arguta, o aporte musical sensível que o grupo brasileiro faz à forma cancional decantada pelos Beatles é que eles submetem a exposição de motivos dos Beatles a uma aceleração vertiginosa, transformando cada célula de compasso em sequência variada de motivos.[17] A adesão à tradução do pop globalizado, e a negociação permanente e estrutural com o mercado, trazem em si a caixa de ressonância de uma revolução global antissistema, a veiculação de outros povos e de outras causas, de outras formas de amar, e de ser, que não se resolvem mais em um modelo único do povo e sua doutrina comportamental.

A operação descrita por Caetano não foi entendida pelos debatedores, que a consideraram "saudosista", fornecendo o mote para a canção de 1968, sua homenagem a João Gilberto. "Saudosismo" transcreve cancionalmente a intervenção de Caetano no debate da *Revista Civilização Brasileira*, ao explorar todos os harmônicos contidos no veredito emitido contra ele, afirmando-o e invertendo-lhe o sentido, de modo metodicamente característico. Ali, a gama semântica de *saudade*, a palavra-emblema cultural luso-brasileira, nossa falsa "jabuticaba", seu vínculo contextual à canção-emblema da Bossa Nova, "Chega de saudade", é transformada em uma espécie de epidemia, ou escola seleta, mas ampla, em que se converteu o "ensino" de João. A canção consiste numa colagem de versos, temas ou termos de canções características da Bossa Nova seccionados em motivos insistentes e repetitivos, como que num disco arranhado, interrompendo a fluidez bossanovística e introduzindo uma dimensão reflexiva e segunda.

São notáveis os deslocamentos com relação aos modelos bossanovistas. A "saudade" dos versos de Vinicius de Moraes em "Chega de saudade" decretava o fim da distância (espacial) do amor, en-

---

17 *Loki, Arnaldo Baptista*, documentário de Paulo Henrique Fontenelle, 2008.

quanto a de Caetano se situa no tempo — "o tempo e o som". Aqui, portanto, o som é o tempo, e a canção se dedica a reformulá-lo como motivo rítmico, repetitivo, de um passado que é terra exclusiva ("já temos um passado"), na comoção de lembrar ("eu fico comovido de lembrar"). O hino à união sempre diferida, mas presente enquanto virtualidade sempre posta, que a canção de Tom Jobim e Vinicius de Moraes propunha, multiplicando os "beijinhos", "peixinhos" e "abraços" em multidão marítima, é revertido em balé de apenas dois ("eu, você, nós dois"), multiplicados em si mesmos, e contraposto ao "som dos imbecis". Estes (os imbecis) indiciam a generalização diluída e amolecida da dissonância, contra a qual se ergue a proposta da "retomada da linha evolutiva", ao assumir e afirmar ironicamente a pecha de "quadradão". A experiência da bossa nova é ouvida em disco "girando na vitrola sem parar", portanto, numa mídia industrial, veículo por excelência da cultura de massas, ao lado do rádio, frequentemente mencionado por Caetano como grande matriz da audição do repertório popular de sua formação musical caseira na juventude. Não há aqui idealização de uma escuta pré-industrial autêntica, anterior ao modo de reprodução fonográfica, ela só verdadeira, mas atualização sobre o inventário das fontes e consciência de que toda a música ouvida agora tende a ser cultura de massas, tende a ser pop, porque transmitida industrialmente. O que não descura da experiência da audição, ao contrário, mas coloca-a no patamar atual dos meios de reprodução de massas. O popular será a partir de então filtrado pela repetição massificada, é a partir dele que a música se presentifica: chega de saudade![18]

Entendida com o recuo do tempo, a proposição tropicalista parte da generalização do dado musical popular, convertido em pop,

---

[18] Caetano resume esse ponto em *Verdade tropical* (op. cit., p. 69): "Em suma: o samba tem sido um gênero pop para consumo de populações urbanas desde sua consolidação estilística no Rio de Janeiro, para a qual o teatro, o rádio e o disco contribuíram decisivamente."

estilhaçando, tanto a interioridade do povo tematizado pelo nacional-popular quanto do povo "autêntico" de Tinhorão, doravante abertos em sua tradução pop. A fórmula modula a hipótese de um povo construído, não essencialista, contra o postulado de que apenas a música autenticamente "popular" seria legítima, e que toda e qualquer elaboração dessas mesmas formas musicais provinda da classe média seria uma apropriação espúria, manchada pela inessencialidade produtiva de sua origem de classe média. A fórmula se presta a mal-entendidos: ela não nega a divisão de classes e as abissais diferenças internas à sociedade brasileira, apenas se recusa a aceitar a hipótese purista de um corte interno ao Brasil que separaria, de um lado, o Brasil autêntico (o "povo brasileiro") e, de outro, a classe média homogênea, internacional. Não, ambas fazem parte do Brasil, e mais ainda: o "povo" será sempre uma construção que partirá da classe média, quanto mais ele se quiser puro, mais de classe média ele será!

A resposta enfática sobre o ser brasileiro se comunica com essa outra proposição ontológica, que diz respeito à extensão ou não do apoio ao golpe civil-militar, em polêmica com a esquerda.[19] Em ambos os casos, o que está em debate é uma posição programática, diríamos ontológica, sobre o "ser" do Brasil. Trata-se, em suma, de decidir se a direita civil-militar ou a "nova informação musical" internacional, importada de fora do Brasil, a tecnologia etc., isto é, as formas ditadas pelo gosto de classe média, fazem ou não parte do Brasil. A resposta tropicalista, em ambos os casos, será afirmativa, resultando em uma proposição aberta, imanente e estilhaçada sobre o ser do Brasil,

---

[19] Cf. o depoimento de Caetano no show *Circuladô* (1992): "Nós, tropicalistas, acreditávamos que a ditadura militar — que afinal durou vinte anos — não tinha sido um acidente que se abatera sobre o Brasil, oriundo de outro planeta. Não, nós acreditávamos, e eu ainda acredito, que a ditadura militar tinha sido um gesto saído de regiões profundas do ser do Brasil, alguma coisa que dizia muito sobre o nosso ser íntimo de brasileiros (...)." Citado por Guilherme Wisnik. *Folha explica Caetano*. São Paulo: Publifolha, 2005, p. 14.

onde coexistem todas as diferenças, que devem ser dramatizadas em um sujeito plural e único, na primeira pessoa do plural, um novo mito sem síntese, que não se furta a expressar em si mesmo o "reconhecimento do horrível" e do terror-Brasil.

O povo que falta

Gilles Deleuze fala do Tropicalismo brasileiro no segundo volume de sua obra sobre o cinema (*Cinema 2. A imagem-tempo*), em referência ao cinema político de Glauber Rocha.[20] Ele colhe o termo e a análise no artigo de Roberto Schwarz, "Cultura e política, 1964-1969", lido em sua tradução francesa de *Les Temps modernes* (de julho 1970).[21] Deleuze, no entanto, filtra todas as ressalvas de Schwarz sobre o Tropicalismo e guarda exclusivamente o achado estrutural da imagem tropicalista, na análise do crítico brasileiro, como substrato para a sua proposição sobre o cinema político. No cinema político moderno, exemplificado pelo Tropicalismo de Glauber, por oposição ao cinema político clássico, desaparece a reversão, evolução ou revolução que faz a passagem entre espaço privado e político, por intermédio de uma tomada de consciência. Essa politização do privado, que no cinema político clássico se dá em uma linha evolutiva — Deleuze cita filmes de Eisenstein, *A linha geral*, *O velho e o novo* —, se transforma, no cinema moderno, em coexistência, justaposição, compenetração do antigo e do moderno, i.e. de "etapas sociais diferentes", em uma composição *absurda*, na forma de uma *aberração*.[22]

[20] Agradeço a Fernando Tôrres Pacheco me haver chamado a atenção para essa passagem. Cf. dele "Glauber Rocha e a invenção de um povo" (manuscrito).

[21] Roberto Schwarz, "Cultura e política, 1964-1969. Alguns esquemas". In: *O pai de família e outros estudos*. Rio de Janeiro: Paz e Terra, 1978.

[22] Gilles Deleuze. *Cinema 2. A imagem-tempo*. Trad. Eloisa de Araújo Ribeiro. São Paulo: Brasiliense, 2005, p. 260.

A "linha evolutiva" formulada por Caetano Veloso corresponderia, ao ver de Deleuze, a um modelo linear estritamente moderno de política, que oculta de fato a fusão e compenetração das etapas diferentes em uma composição que resiste à unicidade da forma.

Reconhecemos os termos célebres da análise de Roberto Schwarz recuperados por Deleuze para pensar o cinema político moderno, sem o torniquete lukacsiano do artigo original. Mais: o problema identificado no diagnóstico geral de Schwarz do período que separa o golpe de 1964 do AI-5, de ensimesmamento do movimento cultural de esquerda, uma vez cortado o contato com as massas,[23] parece ter exposto o Brasil, lido por Glauber, segundo Deleuze, à condição moderna da política e do cinema político, em que as massas se mostram como ausência e precisando ser construídas. Basicamente, no cinema político clássico há um povo dado que precisa chegar à consciência. Já no moderno, desaparece a consciência, convertida em transe, "fazer tudo entrar em transe", escreve ele, citando *Terra em transe*.[24] Não há, portanto, evolução, mas justaposição; não há tomada de consciência, mas transe, agitação. O tempo vira espaço, a evolução vira coexistência e simultaneidade. Está claro que a ressalva de Schwarz ao Tropicalismo, na perspectiva de Deleuze, está ligada a uma visão clássica da política (e do cinema político) ao opor a "conjunção esdrúxula de arcaico e moderno" fixada como aberração e destino nacionais, oposta ao esquema revolucionário, exemplificado no texto de Schwarz, pelo método Paulo Freire de alfabetização, que aposta na passagem ou evolução de um para o outro.[25] Para Deleuze, mesmo um filme como *Deus e o diabo na terra do sol*, que Schwarz considera ainda revolucionário, porque pré-tropicalista, demonstraria a sua tese. Nele, os mitos populares do cangaço e do messianismo são

---

[23] Roberto Schwarz, op. cit., p. 62.
[24] Gilles Deleuze, op. cit., p. 261.
[25] Roberto Schwarz, op. cit., p. 76.

entendidos como o "inverso arcaico da violência capitalista", onde o povo deixa de ser uma vítima exterior da violência capitalista, repetindo contra si mesmo a violência sofrida nas mãos do capitalismo. O mito popular não contém mais em si a salvação, mas consiste numa repetição do capitalismo. A tomada de consciência não pode mais ocorrer, porque não há saída, mas continuidade ou repetição entre as duas violências justapostas ou repetidas. O mito deve ser então atualizado e transformado em pulsão, em um "atual vivido", a partir do qual se depreende a "impossibilidade de viver", e, inversamente, a possibilidade da arte.[26]

Junto com a consciência e a reversão revolucionária, é o próprio *povo que falta*, que precisa ser inventado ou construído. A expressão, inúmeras vezes citada por Deleuze, ao ponto de conter o cerne de sua proposição política,[27] aparece em Franz Kafka e em Paul Klee.[28] Cabe à literatura, por exemplo, "inventar um povo que falta".[29] Deleuze sublinha que essa falta de um povo suposto, já presente, não consiste em uma renúncia, mas, ao contrário, em uma nova base para uma refundação da política, da arte e do cinema político, que vem sobretudo do Terceiro Mundo. A falta do povo passa a ser o critério de uma refundação da esquerda, após 1968, e sobretudo após a queda do muro de Berlim, com o declínio do chamado socialismo real. Esse é o novo mote de uma proposição política antissistema, que

---

26 Gilles Deleuze, op. cit., p. 261.

27 Yves Couture, "Différence et démocratie". In: Yves Coture, Lawrence Olivier (Orgs.) *Vers Deleuze. Nature, Pensée, politique*. Québec: Hermann/ PUL, 2018.

28 Paul Klee: "Encontramos as partes, mas ainda não o conjunto. Falta-nos essa última força. Na falta de um povo que nos arrebate. Procuramos esse apoio popular; começamos, na Bauhaus, com uma comunidade à qual damos tudo o que temos. Não podemos fazer mais." *Théorie de l'art moderne*, Méditations, p. 33. Apud, Deleuze, op. cit., p. 259.

29 Gilles Deleuze. *Crítica e clínica*. Trad. Peter Pál Pelbart. São Paulo: Editora 34, 1997, p. 14.

toma como ponto de partida a crítica à anexação sistêmica das soluções encontradas até então pela política, tanto pelas democracias parlamentares quanto pelo capitalismo de estado do socialismo real. A esquerda, a partir de então, passa a ser entendida como recusa de toda espécie de apresentação ou figuração do povo, classe, partido, nação, doravante prerrogativas do pensamento de direita.[30] E essa falta do povo é mais perceptível no Terceiro Mundo, onde não há um povo, mas muitos, uma infinidade de povos, que nenhum sistema representativo consegue unificar. Por isso, essa é a hipótese de Deleuze, o cinema do Terceiro Mundo é um cinema de minorias, e o povo a inventar, processo ao qual a arte deve participar, um povo minoritário, uma minoria.

Sem entrar no mérito da leitura de Deleuze, que extrapola os limites desse ensaio, mas circunscrevendo na fábula de *Terra em transe* um elemento forte que estrutura o argumento deleuziano, vale lembrar toda a crítica iconoclástica contida no filme ao receituário da esquerda da época: a discussão cerrada sobre a *representação do povo*. O momento crucial se situa durante um comício de Vieira, candidato à presidência, que contém elementos da caracterização de João Goulart (o indefectível e aristocrático terno branco, um elemento icônico que associa os dois). A cena antológica, filmada com a câmera na mão, em estilo documentário, das mais brilhantes alegorias políticas montadas por Glauber, que é pródigo delas, é ambientada no teto do solar do Parque Lage, no Rio de Janeiro, santuário do Cinema Novo,

---

30 Jean-Luc Nancy. *La communauté désoeuvrée*. Paris: Christian Bourgeois, 1986. Vale citar a fórmula precisa de Nancy, que não sei se funciona para o Brasil: "Definir a 'esquerda' ou a democracia no mínimo por uma recusa em legitimar, de qualquer maneira que seja, uma identificação e uma figuração (uma obra) do comum, do povo (portanto do soberano) e, portanto, por uma recusa de toda espécie de apresentação (símbolo, imagem, instância) de um lugar que deve permanecer vazio ou ausente, passa a pertencer a um pensamento de direita a partir do momento em que se propõe recorrer a uma figura, a um símbolo, ou a um mito." (*La communauté désavouée*. Paris: Galilée, 2014, p. 127.)

tendo como pano de fundo a floresta do Jardim Botânico. A sequência, prefaciada pelo letreiro "Encontro de um líder com o povo", sob o fundo da frente interna do solar do Parque Lage, em uma composição frontal, fixa e monumentaliza a arquitetura da alegoria, com Vieira ao centro, sob o vão do arco do solar, e os representantes singularizados do núcleo alegórico do poder a sua volta, contraposto à figuração da massa coletiva, em dois níveis: em cima, os instrumentistas de escola de samba, embaixo, os manifestantes políticos com seus estandartes vazios, onde nada se lê.

A derisão brechtiana que pauta toda a sequência já está estampada nessa configuração estática, construída em andares, como o diagrama do signo saussuriano, mas invertido: o significado da mensagem política ausente, embaixo; e o significante da festa sambística, que suplementa a ausência discursiva, em cima. Por si só, a figura é uma análise semiótica da relação entre arte e política, que contém cifrada uma leitura do populismo na música popular por meio da representação paternalista do Carnaval. A trilha sonora do sambão, de fato, dá o tom do encontro, sonorizando todas as cenas coletivas, alternando com instantes suspensivos de silêncio perplexo em meio à festa e com o motivo dos violoncelos da embolada da *Primeira Bachiana* de Villa-Lobos, no diálogo particular entre Paulo Martins, o poeta e político de esquerda, e sua amante, Sara. Há, quem sabe, algo da montagem dialética eisensteiniana nessa justaposição acústico-visual da agonia particular do diálogo entre amantes com as cenas coletivas e sua ciclotimia entre samba e suspensão. A sequência é introduzida por Paulo Martins que, euforicamente, anuncia Vieira como um "candidato popular". No auge do "encontro", Vieira parece encurralado pelas figurações ao seu entorno: os sambistas, o político... Confuso, não consegue falar, quem fala é o samba, sobrepondo-se à fala da representação articulada como discurso.

O quadro alegórico é preciso, beirando a caricatura, senão francamente caricatural, composto dos *tipos* fundamentais do jogo político. Ali estão figurados: o velho político fisiológico de fraque e *pince-nez*, que ensaia desenvoltamente seus passos de samba e lê seu discurso escrito num papel dobrado; o padre vestido de batina colonial que fala de seu onipresente púlpito improvisado; o guerrilheiro que dá tiros para o alto de sua metralhadora; o aparato de segurança, de terno, à paisana (Maurício do Valle, o Antônio das Mortes); o jornalista com seu gravador etc. Diante da impossibilidade de Vieira falar, Sara convoca a fala do povo, representado por Jerônimo, o líder sindical. "O povo é Jerônimo, fala Jerônimo", insta Sara. "Você é o povo", legifera o velho político que ordena que fale. A fala anunciada traz expectativa, respondida pelo silêncio total e a espera. Os personagens em volta, de um lado, o padre, de outro, o político, quebra da quarta parede, Jerônimo fala finalmente olhando para a câmera.

Inseguro, titubeia, apresentando por fim as suas credenciais de pobre e líder sindical. Diz estar na "luta de classes", o que em sua boca parece uma receita aprendida. Diz que está tudo errado, que não sabe o que fazer, e remete a sua representação ao poder: "é melhor esperar a ordem do presidente". Paulo Martins vem por detrás e escarnece dele, tapando-lhe a boca, também olhando para a câmera, em nova quebra da quarta parede: "Estão vendo o que é o povo? Um imbecil, um analfabeto, um despolitizado. Já pensaram um Jerônimo no poder?" Em seguida, nova personificação do povo. Um homem comum (Flávio Migliaccio), com grande dificuldade, vindo de baixo, do chão, se esgueirando por entre a multidão, afinal consegue chegar ao centro da cena, ao lado de Paulo e Jerônimo. Toma a palavra, ao lado de sua mulher, pedindo licença: "eu vou falar agora". "Com licença dos doutores, seu Jerônimo faz a política da gente, mas seu Jerônimo não é o povo, o povo sou eu, que tenho sete filhos e não tenho onde morar." A fala é interrompida violentamente pela gritaria geral de "extremista!", tendo ao fundo a representação coletiva dos negros da escola de samba, que esboça um sorriso que mescla o desconforto a distância, enquanto o segurança desfere socos violentos em sua barriga e finalmente enrola uma corda em seu pescoço para enforcá-lo. O político anuncia que "a fome e o analfabetismo são propagandas extremistas" e que ali não há fome nem analfabetismo. O segurança muda então de técnica de tortura, em um *tableau vivant*, coloca o cano de um revólver na boca do homem comum, de olhos fechados, enquanto o padre o abençoa segurando a sua cabeça. Ouvem-se os tiros de metralhadora, que representam de maneira não realista o assassinato. O seu corpo é visto em *plongée*, chorado pela mulher, ao lado de uma madeira que sinaliza uma cruz, enquanto o velho político examina o corpo com o seu *pince-nez*.[31]

O esquema clássico da legitimação da representação populista por meio de uma figuração secundária do povo é desmontado pela cena. O discurso cinematográfico é desmistificador: ao contrário da praxe e do esperado, o líder popular não é carismático, ele não fala demais, os excessos verbais de sua fala não estão em relação direta com uma representação afetiva do povo, que legitima o seu mandato. Ao contrário, o líder mostra o vazio de discurso que subjaz a ele e que se comunica com os vazios populares que se seguem. Cada um em sua vez, em sequência, vindo ao proscênio para revelar isso. A alegoria é clara: é no vazio da fala do representante político, no momento de sua ausência, indiciada pelo vazio de conteúdo dos cartazes, que se mostra a desarticulação da representação popular, ungida pelo poder ("pelega"), e a que ela remete em um circuito paternalista fechado e redundante, um silêncio remetendo ao outro. O povo "verdadeiro" que sobe à superfície da cena, reclamando o seu lugar e o direito de fala, estruturalmente silenciada pela fala da representação "ordenada" pelo poder, é sumariamente executado ao revelar o que a representação não pode dizer. O sacrifício em tons crísticos reve-

---

[31] Cf. a análise de Ismail Xavier. "Terra em transe: alegoria e agonia". *Alegorias do subdesenvolvimento: cinema novo, tropicalismo, cinema marginal*. São Paulo: Cosac Naify, 2012, p. 96-97; e o artigo de Fernando Tôrres Pacheco, "Glauber Rocha e a invenção de um povo" (manuscrito).

la a truculência do aparato de segurança e político, em sua eficácia encobridora, assassina. A evocação das políticas de extermínio de lideranças populares indicia aqui uma prática policial e parapolicial sistêmica no Brasil e indissociável do nosso modelo político, seja em tempos de ditadura, seja em tempos de democracia. As duas figuras de povo, a versão oficial, aparelhada, representativa e a versão lumpemproletária, desorganizada, emergente, funcionam como duas máscaras, uma em silêncio (remetendo ao silêncio do líder), outra silenciada. O silêncio e o silenciamento são mutuamente excludentes: onde há povo não há poder, onde há poder não há povo. As diversas camadas encobridoras, em que vão se substituindo as várias figuras da representação popular, por fim fazem surgir o vazio do povo no poder, que, no entanto, não pode existir legitimamente sem apelar a ele. A cena denota em termos rigorosos a inconciliabilidade entre povo e representação política, indiciando uma verdade básica: que o povo é irrepresentável, ou que sua representação falseia essencialmente os termos do que seja de fato o povo.

A participação crítico-musical de Caetano Veloso que se cristalizou no Tropicalismo contém, de maneira semelhante, uma dupla proposição sobre "a falta do povo" e sobre os muitos povos a serem construídos. Paradoxalmente, sobretudo em se tratando de um "músico *popular*". O argumento se desenvolve nas primeiras intervenções conceituais de Caetano, nas já referidas mesas-redondas da *Revista de Civilização Brasileira*, de 1966, e "Primeira feira de balanço" de 1965.[32] Nesses dois textos mais ou menos contemporâneos, como vimos, Caetano monta a máquina de guerra do que viria a se tornar o Tropicalismo contra três "inimigos": a historiografia sociológica de

---

32 Caetano Veloso."Primeira feira de balanço". *Alegria, alegria*. Rio de Janeiro: Pedra Q. Ronca, s/d. Ou em: *O mundo não é chato*.

José Ramos Tinhorão, a canção nacional-popular de protesto e a diluição pós-Bossa Nova do samba-canção (ou samba-jazz), que veio a formar o bojo da MPB. O que comunica os três "inimigos" é precisamente o fato de em todos eles o *povo* ter se tornado tema, slogan, ideologia, em suma, *representação*. Contra eles, Caetano vai propor a construção musical do povo, no caso, do samba, um povo que a canção deve *apresentar* e não representar, construir e não tematizar. A passagem não se dá sem trauma. Caetano manifesta melancolicamente essa falta: "Sei que a arte que eu faço agora não pode pertencer verdadeiramente ao povo."[33] Ao mesmo tempo que manifesta ceticismo quanto ao poder salvífico da arte para resolver os problemas da clamorosa injustiça social brasileira: "quanto aos grandes problemas [...] o da desalienação das massas oprimidas em miséria [...] esses, não os resolveremos jamais com violões".[34]

A crítica da representação popular na música popular é o grande tema de "Primeira feira de balanço", a partir da polêmica contra a sociologia de Tinhorão e a canção engajada. Cito um trecho desse texto, que gira em torno dos que "não admitem samba a não ser primitivo". Para estes, a "volta" de Zé Kéti, Nelson Cavaquinho e Cartola, nos anos 1960, seria a "prova definitiva de que a Bossa Nova" teria terminado.[35] A revelação das verdadeiras e autênticas fontes da Bossa Nova no samba de morro tornaria subitamente ociosa a "estilização" bossa-novística, demonstrando assim o seu caráter de apropriação espúria e superficial, podendo então ser substituída com vantagem pelos modelos originais. A defesa da Bossa Nova exposta por Caetano em seguida passa por três momentos: em primeiro lugar, a "volta" do samba de morro corresponde a uma necessidade *interna*

---

[33] "Que caminhos seguir na música popular brasileira?", p. 29.

[34] Caetano Veloso, "Primeira feira de balanço". *Alegria, alegria*, p. 7; *O mundo não é chato*, p. 148.

[35] Caetano Veloso, *Alegria, alegria*, p. 6; *O mundo não é chato*, p. 148.

à Bossa Nova, "um elemento exigido pela sua própria discussão interna". Em seguida, ligeira correção de Caetano, que deixa de opor a interioridade da Bossa Nova à exterioridade dos próprios sambistas do morro: de todo o modo, "não há nenhuma volta, eles [os sambistas, Zé Kéti etc.] sempre estiveram lá". Isso porque os diversos estratos arqueológicos do samba permanecem em todas as suas cristalizações: "o samba de roda da Bahia permanece a despeito de Pixinguinha", i.e., a despeito de sua modernização camerística carioca. Novo paradoxo provocador: as iniciativas de resgate da tradição musical do morro provêm da classe média, enquanto o verdadeiro povo — definido aqui por Caetano em seu "sentido mais irrestrito", como "união das gentes" — "desmaia aos pés do jovem industrial [i.e. também de classe média] Roberto Carlos".[36] A *crise* enunciada como pretexto para a mesa-redonda da *Revista Civilização Brasileira* (a "crise atual da Música Popular Brasileira") consiste precisamente nessa cisão entre os dois *povos*, como vimos. É essa crise que será dramatizada na cena sacrificial no *happening* de "É proibido proibir", no III Festival Internacional da Canção (FIC) da TV Globo, em 1968.[37]

Em *Verdade tropical*, o argumento sobre a relação de "sobrevivência" — esse o termo consagrado pela antropologia — do samba na Bossa Nova é desdobrado, mas permanece essencialmente o mesmo. O samba-canção operara uma dissolução dos fundamentos rítmicos do samba, ao ponto de torná-los irreconhecíveis. É João Gilberto quem traz de volta a sua definição rítmica, a partir da invenção da batida de violão em acordes compactados e do jogo característico, tantas vezes descrito pela crítica, de cruzamento entre atraso da voz, onde transparece a nitidez da articulação e o ligeiro adiantamento do violão, sublinhando e decantando o descompasso contramétrico estrutural do samba.

---

36 Caetano Veloso, *Alegria, alegria*, p. 6-7; *O mundo não é chato*, p. 148.

37 Cf. João Camillo Penna. *O tropo tropicalista*. Rio de Janeiro: Circuito, 2017.

A experiência prática descrita por Caetano de comparação entre as execuções de Maysa e de João Gilberto de "Caminhos cruzados" de Tom Jobim é elucidativa. Na interpretação de Maysa, o fraseado alongado e o arranjo ocultam a base rítmica, na de João Gilberto, todos esses componentes estão intactos:

> [...] mas, se na gravação dela [de Maysa] os elementos essenciais do ritmo original do samba foram lançados ao esquecimento quase total pela concepção do arranjo e, sobretudo, pelas inflexões do fraseado, na dele [de João Gilberto] chega-se a ouvir — com o ouvido interior — o surdão de um bloco de rua batendo com descansada regularidade de ponta a ponta da canção. É uma aula de como o samba pode estar inteiro mesmo nas suas formas mais aparentemente descaracterizadas; um modo de, radicalizando o refinamento, reencontrar a mão do primeiro preto batendo no couro do primeiro atabaque no nascedouro do samba.[38]

Reconhecemos aqui a matriz equívoca da tese da "linha evolutiva" de Caetano, ao mesmo tempo permitindo identificar o que não cabe na tese: o refinamento musical se funde com a simplicidade do bloco de rua; o "produto mais acabado" se funde com o nascimento do samba; o último com o primeiro. Os contrários superpostos num contínuo circular pela via da radicalização, o mais moderno contém, expressa, o mais antigo. A mediação do músico de gênio ultramoderno traz intacto o fio d'água do "nascedouro" do samba negro. O "ouvido interior" liga indissoluvelmente a pele da "mão do primeiro preto", o "couro do primeiro atabaque", ao tímpano de quem ouve, fazendo comunicar as diversas peles, em uma audição arqueológica que torna audível todas as camadas histórico-temporais copresentes que

---

[38] Caetano Veloso. *Verdade tropical*, p. 71-72.

compõem o samba, todas elas presentificadas no aqui e agora da gravação em vinil de João Gilberto. O corpo sonoro ativa o corpo físico.

Poderíamos resumir o enigma da execução de João Gilberto pela seguinte fórmula: *a música é afeto direto e não representação*. É o que se evidencia na maneira com que o tímpano, que registra internamente as vibrações rítmicas gravadas no disco, se faz imediatamente corpo. Caetano explica em seguida que a gravação lhe desperta imediatamente o desejo de sambar ("eu de fato gosto de sambar ao som dessa gravação"). Contra as diversas formas de nacional-popular, com as quais debate Caetano nos anos 1960, a saída apresentada aqui passa pelo corpo: a experiência popular não é mais tema ou ideologia, mas experiência corporal. O paradoxo vem expresso com certo prazer irônico antinacionalista por Caetano, que lembra que o arranjo de cordas da versão de João Gilberto é feito por um alemão, Klaus Ogerman, desvinculando definitivamente o samba de qualquer determinismo/essencialismo nacional-popular.[39] É o corpo participativo que convoca a dança, e música popular é antes de mais nada e sempre dança. Por outro lado, o popular, quando transformado em programa pedagógico, como na proposição cepecista e na canção engajada, representa a comunidade comunista como dado presente. Todo o contrário da transformação do tema em ritmo dançável, que solicita a experiência do mergulho do corpo, penetrando — para recuperar a proposição do "penetrável" de Hélio Oiticica — no espaço e sendo por ele penetrado.

Não seria falso, portanto, afirmar que o povo falta na história gravada do samba, como falta na Bossa Nova e no Tropicalismo, que se mantém enquanto virtualidade popular, atualizada enquanto presença/corpo não temático. E que quando ele aparece é como se o povo já tivesse migrado para outro lugar. O povo vira minoria. Ele não estava evidentemente ausente no morro. Mas já aí ele não

---

39 Ibidem, p. 72.

era o povo único da construção nacional-popular, que fez do samba a forma musical do Brasil, por excelência, desde os anos 1930, mas "povo", no sentido que a antropologia confere ao termo: o povo da Mangueira, do Salgueiro ou do Borel, o povo desse ou daquele terreiro da Bahia ou do Rio de Janeiro, os povos negros, os povos de mulheres, LGBTQIA+ etc. Mas a agência desses "povos" é algo que se construiu e se constrói com o tempo e no tempo, é algo que passa pelo nacional-popular, pela Bossa Nova, pela ditadura militar, pela destruição institucional de Bolsonaro e vem se construindo ao longo dos anos.

O arquissamba clássico "Desde que o samba é samba", de Gilberto Gil e Caetano Veloso, diz algo parecido. Mais uma das formas do paradoxo temporal: o samba nesse disco que comemora a efeméride dos 25 anos da Tropicália (*Tropicália 2*, 1993), portanto sob o signo da repetição, fala numa linguagem do passado para dizer de uma gestação infinita do samba sempre, por definição, por vir:

O samba ainda vai nascer
O samba ainda não chegou
O samba não vai morrer
Veja o dia ainda não raiou
O samba é o pai do prazer
O samba é o filho da dor
O grande poder transformador

O samba se situa por definição no espaço-temporal do "antes", do "ainda não": antes do nascimento, antes da morte que nunca chega, antes do raiar do dia, entre a dor que o provoca e o prazer de que resulta, numa linhagem paterna direta: pai do prazer e filho da dor. "Desde que o samba é samba", que comparece no título, é assim. Desde sempre e nunca deixará de ser. O "poder transformador" que ele encarna, aqui enunciado sob a forma de um mito musical, não pode ser figurado em nenhuma das representações postas, dadas, é sempre samba "que vem", samba "por vir". No entanto, ele é a todo instante e sempre atualizável: presença-corpo-dança-som, no agora da canção que se ouve, se canta e se dança desde sempre. Promessa de nascimento e de morte sempre diferidos, o samba vive "enquanto", no intervalo entre o "ainda não" e o que ele é. Aqui se ouve o tempo da madrugada das noitadas alongadas de samba; o poder do samba é poder metamórfico, que resiste à figuração, mas que insiste no corpo sempre, ainda, hoje, agora. Desde que o samba.

O samba reinventado pelo Tropicalismo é um desses milagres do povo, em um mundo ateu, mas povoado por deuses que "não cessam de brotar". Pois "Foi o negro que viu a crueldade bem de frente/ E ainda produziu milagres de fé no extremo ocidente". Antídoto popular antissistema, pai do prazer e filho da dor, para toda e qualquer sistema populista, que venha a falar em seu nome. Uma revisão hoje do Tropicalismo talvez traga em si algo que "não cabe em si de tanto sim", o indício de uma solução para o momento político que estamos vivendo. ∞ O

Acauam Oliveira

O BRASIL NO COCO DE CAETANO
Afinal, de que seria o Brasil (e a MPB), oportunidade?

I

No dia 21 de outubro de 2021, Caetano Veloso apresentava ao mundo o tão aguardado *Meu coco*, seu primeiro álbum de inéditas após nove longos anos de espera. O disco deixava de lado a sonoridade típica daquela que ficou conhecida como sua bem-sucedida "trilogia rock"[1] (ou "transamba"), marcada pela crueza minuciosa da sonoridade proposta pelos jovens músicos Pedro Sá (guitarra), Marcelo Callado (bateria) e Ricardo Dias Gomes (baixo), e na qual a linguagem musical de Caetano havia se atualizado, aproximando-se de uma comunidade mais jovem e, digamos, *alternativa*. O movimento, até certo ponto arriscado, como é próprio do artista, revelou-se certeiro ao conectar a proposta estética de Caetano com o estado de espírito e as inquietações da chamada geração Z, fazendo dele um dos músicos da "velha" MPB mais diretamente conectado com a "novíssima" geração — agora desprovida de rótulos. Ao menos até o furacão Elza Soares encontrar-se com o futuro e se converter na entidade conhecida como *A mulher do fim do mundo*.

Meu coco, ao contrário, propõe algo como uma espécie de "retorno" ao padrão MPB em seu sentido mais clássico. Diferentemen-

[1] Composta pelos álbuns *Cê* (2006), *Zii e Zie* (2009) e *Abraçaço* (2012).

te dos fenomenais *Besta fera* (Jards Macalé, 2019), *Encarnado* (Juçara Marçal, 2014), ou mesmo a já citada trilogia *Cê*, discos que em diversos aspectos rompem com a entidade fantasmagórica que até os anos 1990 respondia pela sigla MPB, *Meu coco* recupera muitos elementos desse imaginário clássico, retornando a padrões temáticos e musicais que nos acostumamos a ouvir em bares, restaurantes e novelas, tudo em chave nova, porém similar, sem soar (na maioria das vezes, ao menos) como caricatura de si, embora seja autorreferente até o limite.

Ouvindo com atenção, percebe-se que boa parte das fases do artista estão presentes no disco, com exceção talvez de sua face mais radicalmente *experimental*: a sonoridade crua da fase *Cê*, as calculadas e elegantes incursões percussivas de *Livro*, o barroquismo transcendental das cordas de Jaques Morelenbaum, o pop grandioso de *A outra banda da Terra*. Além disso, temas bem conhecidos são revisitados, tais como a Bahia, a bossa nova, o Rio de Janeiro, a novela, a cultura pop, as novas tecnologias, o samba, o axé, as brasilidades, a negritude e, sobretudo, a mestiçagem. O resultado é um trabalho orgânico e bem estruturado, que apresenta um olhar singularmente reflexivo para a realidade brasileira (mas não só) que não emerge como resultado de postulados intelectuais abstratos, mas como um espaço sentimental no qual é possível habitar por meio das canções. Um disco que transborda de afeto e esperança pelo país, deixando-se guiar pela beleza de suas canções, das quais emergem um Brasil profundamente íntimo e pessoal, e que, por isso mesmo, diz respeito a todos nós.

Olhar para dentro de si em busca de um país por inteiro, nele encontrando fissuras que apontam para o futuro que se revela presente naquilo que permanece passado: um movimento radicalmente complexo e de grande voltagem, a um só tempo artística e reflexiva, e que só poderia sair do coco de alguém cuja vida pessoal se confunde publicamente com os percalços do Brasil em suas tentativas

— entre inúteis e sedutoras — de concretizar alguma imagem difusa de democracia por vir.

Definitivamente, não é para qualquer um.

II

No coco de Caetano, o Brasil é menos lugar que método — no mais, a grande lição de João Gilberto, o mestre de Juazeiro. Uma certa maneira de olhar, um *jeito de corpo*. Diz respeito, portanto, ao campo dos desejos. O índio por vir, inscrito nos *quereres* do sujeito, mas que só virá a partir daqui e que, por isso, já é, nesse instante, enquanto *não ainda*. *Virá que eu vi*. A rigor, a qualidade da obra de Caetano nunca dependeu de um horizonte de realização dessa potência, embora a mantenha sempre à vista, menos ato que matéria para o pensamento. Um lugar abstrato *transutópico* a partir de onde observa e corrige a realidade, lançando mundos no mundo e enxergando o porvir nos destroços do presente.

O Brasil vai dar certo porque eu quero. O Brasil como desejo dos brasileiros em seu desejo de ser. O Brasil como Vontade.

Reconhecer em si o mundo enquanto faz dele expressão do próprio ego. Salta aos olhos a percepção de certo *narcisismo* inerente a essa postura, tão decantada entre os detratores do artista. Entretanto, tal conceito pode se revelar uma categoria analítica produtiva, desde que a afastemos do reducionismo de juízos puramente morais. Longe de expressar mera veleidade, o narcisismo de Caetano é, sobretudo, *método*. De fato, seu ego "organiza o movimento" e o Carnaval em torno do seu próprio umbigo, mas, ao contrário do que se poderia imaginar, tal processo não faz desaparecer a realidade exterior, submersa em um subjetivismo redutor (embora frequentemente obscureça os limites entre visão crítica, autopromoção e veleidade). Pois não existe uma só canção ou regravação de Caetano, por mais particularizada e subjetiva que seja, que não comporte algum juízo reflexivo a respeito do mundo. Este, por sua vez, reduzido às dimensões do próprio corpo, se torna a um só tempo objeto de performance artística e reflexividade. Em vez de um paradigma de fuga do real, o narcisismo é o modo com que o sujeito enfrenta o mundo, encaminhando o ego diretamente para o olho do furacão, que se dissolve reflexivamente no todo.

    Caetano (quase) sempre fala de si, de fato. Essa fala, no entanto, (quase) nunca é apenas autoelogio vazio: a reflexão sobre sua condição de estar no mundo é o ponto do qual emergem múltiplos e contraditórios aspectos da realidade. Um olhar que observa a si a observar o mundo, a um só tempo de dentro e de fora.

    Quando eu cheguei por aqui eu nada entendi. O eu é já um outro.

    Em seus melhores momentos, as canções de Caetano apresentam um brilhante e ousado equilíbrio entre a exposição agônica da própria subjetividade; uma reflexão profunda sobre a música popular enquanto forma radical de pensamento; e uma sensibilidade profética a respeito do devir brasileiro no mundo — de modo que cada nova possibilidade estética inventada corresponda a uma nova possibilidade de inscrição do ser brasileiro no mundo. Repouso do universal no particular, a pergunta fundamental sobre o existir (*existirmos, a que será que se destina*) inscrita por completo no mais prosaico dos gestos (*a cajuína cristalina em Teresina*). A transfiguração em projeto daquilo que João Gilberto e Jorge Ben realizaram musicalmente ao interpretar o passado sob a luz das técnicas mais avançadas do presente, para daí abrir possibilidades outras de futuro. Transcendência intransitiva de um ateu crente de Brasil.

    Ao falar de si, Caetano é o Brasil inteiro. Ou quase. Afinal, em sua obra, o Brasil nada mais é do que uma *estrutura de pensamento* cuja materialidade formal recebe o nome de MPB. Dentre seus fundamentos, a maneira como o Tropicalismo ressignificou o sentido político e estético mais geral do próprio gênero. Passemos a ele.

III

Em linhas gerais, a fase inicial da MPB pode ser descrita como um movimento cultural encabeçado por uma classe média intelectualizada, mais ou menos progressista, que se colocava em oposição à ditadura civil-militar.[2] Uma oposição, entretanto, que fora desarticulada na base pelos militares em seus vínculos estruturais mais concretos com as chamadas classes populares, o que acabava por gerar uma espécie de convite à mobilização sem a participação do povo, com resultado estético variável. Em seus momentos mais problemáticos, as canções replicavam essa espécie de *protesto no vazio*,[3] resultando em um populismo revolucionário de caráter abstrato, repleto de fórmulas didáticas e redundantes (*o dia que virá*), ainda que avançadas na forma, influenciada, no geral, pela bossa nova. Em suma, um modelo desengajado de engajamento cujo horizonte final é o conformismo de classe.

Esse padrão populista de engajamento será profundamente criticado pelos tropicalistas, que surgem no cenário cultural com o objetivo, entre outros, de desvelar o vazio dessa fórmula, propondo um novo significado para o conceito de MPB, que desloca seu sentido político *do plano do conteúdo para a forma*. Os tropicalistas irão liberar os conteúdos da MPB de um imaginário previamente definido desde fora, em nome de um porvir abstrato e de uma identidade nacional bem assentada em termos imaginários. A partir de então,

---

[2] Inicialmente conhecido como MMPB — Movimento pela Música Popular Brasileira. Ver Marcos Napolitano. *Seguindo a canção: engajamento político e industrial na MPB, 1959-1969*. São Paulo: AnnaBlume/Fapesp, 2001.

[3] "O contato com os explorados, para o qual se orientavam, foram usadas em situação e para um público a que não se destinavam, mudando de sentido. De revolucionárias passaram a símbolo vendável da revolução". Roberto Schwarz, "Cultura e política, 1964-69". In: *O pai de família e outros estudos*. Rio de Janeiro: Paz e Terra, [1978] 1992. p. 63-92, p. 79.

a ênfase na identidade nacional (que permanece) irá recair mais sobre o *método* do que sobre os temas, que podem abordar desde uma moda de viola até o rock 'n' roll mais barulhento. O Brasil como porvir, resultado do processo artístico.

Após a passagem do furacão tropicalista, a força política da MPB não será mais julgada exclusivamente em relação a seus conteúdos mais ou menos engajados. A canção deixa de ser compreendida como um objeto nacional-popular com códigos perfeitamente delimitados, para ser assumida como método de investigação e disputa em torno de sua própria sigla (Música, Popular e Brasileira). O significante MPB deixa de se referir a objetos em particular, ligados a uma visão política determinada, e passa a representar uma disputa em torno dos próprios termos, cujos sentidos serão completamente variáveis, quando não contraditórios.

Nesse sentido, o verdadeiro significado político da MPB pós-Tropicalismo (i.e., a MPB por excelência) está *menos em seu conteúdo do que em sua forma*, na maneira como essa incorpora e sintetiza uma série de contradições do projeto de modernização nacional no período da ditadura. E isso tanto por parte de artistas mais politizados, como por aqueles que apostam em formas mais subjetivas de expressão. Ou seja, a MPB se assume em definitivo como um *sistema de pensamento*, menos diretamente ligada à ideologia política de um grupo particular (seja à direita ou à esquerda) do que a certo imaginário mais amplo de Brasil, que materializa as contradições dos múltiplos projetos de modernização do país.

Voltando a Caetano — não por acaso, um dos grandes mestres do Tropicalismo —, a força de sua obra passa justamente por essa capacidade de incorporar radicalmente toda a potência da MPB enquanto estrutura de pensamento, para a partir dela apostar nas possibilidades do país em apresentar um projeto civilizatório de alcance global, como se sua obra fosse uma espécie de *máquina de inscrever a originalidade brasileira nas coisas*. O Brasil, que está em primeiro lugar em seu próprio olhar, é ao mesmo tempo algo que não se localiza em nenhuma particularidade, e o movimento que permite corrigir e deslocar tudo o que vem de fora em nome dessa coisa que é puro movimento, embora exista no espaço. E cuja missão é, nada mais, nada menos, que a salvação da humanidade.

IV

Tal *originalidade* brasileira está inteira no coco e no disco de Caetano Veloso, que aposta todas as suas fichas no que enfim há de nos redimir contra todas as formas de fascismo: Os Tincoãs, João Gilberto, Ary Barroso, Noel Rosa, Tom Jobim, Pixinguinha, Jorge Ben, Jorge Veiga, Djavan, Milton Nascimento. Além de novas possibilidades em forma de Enzos, Ferrugem, Glória Groove, Maiara e Maraísa, Marília Mendonça, Duda Beat, Djonga e Baco Exu do Blues. Todos guiados pelo Santo Espírito Samba, que sem ele não dá. Note-se que não vai nisso conformismo, embora vá, sim, mitificação. Mas um mito ativo, que almeja tomar de volta o Brasil, ou a brasilidade, de falsos Mitos e "messias de arma na mão",[4] como nos diz Luiz Antonio Simas.[5] Recuperar o Brasil que nos foi sequestrado, inventando um novo país se preciso for.

Problema nenhum com isso, muito pelo contrário. Livrar o Brasil de seus falsos messias parece ser, no momento, a única missão civilizatória possível. O problema, no caso, é outro: a partir de onde e em nome de que Caetano propõe que façamos isso? Nesse ponto, as coisas parecem ser bem mais apocalípticas e, ao

---

[4] Trecho de letra do samba enredo da Estação Primeira de Mangueira de 2020, "A verdade vos fará livre", de autoria de Luiz Carlos Máximo e Manu da Cuíca.

[5] Luiz Antonio Simas; Luiz Rufino; Rafael Haddock-Lobo. *Arruaças: uma filosofia popular brasileira*. Rio de Janeiro: Bazar do Tempo, 2020.

que tudo indica, Enzos não nos salvarão. Tampouco os paradigmas que outrora embalaram os sonhos da MPB e que aqui retornam sob nova roupagem.

No momento em que escrevo esse ensaio, Genivaldo de Jesus Santos, um homem negro de 38 anos, acaba de ser morto por policiais rodoviários federais em Umbaúba, no litoral sul de Sergipe. Nada de novo sob o sol, a não ser pelo caráter excessivo do caso: os assassinos montaram uma câmera de gás no porta-malas da viatura, remetendo a um misto de campo de concentração e navio negreiro, e em pleno dia asfixiaram Genivaldo até a morte, enquanto dezenas de aparelhos celulares registravam tranquilamente o extermínio. Mais do que morte, recado: "Não se trata apenas de produzir a morte física, mas também a morte das possibilidades existenciais. Tirar a vida biológica é insuficiente; é preciso eliminar a memória que se tem sobre os mortos."[6]

O Brasil é uma oportunidade. Claro que sim, e disso não duvidamos. O ponto é: oportunidade de quê? A propósito, quem entendeu isso melhor do que ninguém foi nosso fascismo miliciano de matriz escravocrata, que soube aproveitar muito bem o clima de liquidação total para acelerar o fim do mundo e "passar a boiada". A polícia, miliciana, genocida e racista em sua essência, tornando-se enfim forma de governo.

É sempre possível seguir afirmando que esse não é o verdadeiro Brasil, que o Brasil real é o que se inscreve no porvir enquanto *promessa de felicidade*. "Se o Brasil achar solução para si, vai salvar o resto do mundo", como aposta um Bruno Latour em franca (e algo desesperada) esperança.[7] Entretanto, passados mais de 500 anos de massacres sistêmicos e mais de 130 anos da Abolição, já não estaria

---

[6] Silvio Almeida. "Ódio e nojo". *Folha de S.Paulo*, São Paulo, 26 mai. 2022.

[7] Ana Carolina Amaral. "Se o Brasil achar solução para si, vai salvar o resto do mundo, diz Bruno Latour". *Folha de S.Paulo*. São Paulo, 12 set. 2020.

mais do que na hora dessa esperança difusa e desesperada mostrar efetivamente a que veio? Dito de outro modo: se tudo o que essa utopia consegue oferecer como arma para enfrentar o apocalipse são Ferrugem, Maiara e Maraísa e, pairando sob tudo o mais, certa percepção hipostasiada da mestiçagem enquanto *locus* utópico por excelência, podemos entregar as nossas almas à condenação eterna sem esperança de redenção.

Sigamos, então, nos rastros dessa pergunta: afinal, *de que seria o Brasil (e a MPB), oportunidade?* O disco, obviamente, faz suas apostas. Algumas das novidades nele presentes soam como simpáticas peças de museu. Outras estavam no começo do ciclo que nos trouxe até o abismo presente, para começo de conversa. Daí que alguns de seus pontos de partida sejam bastante difíceis de aceitar, como o que se expressa no verso "Tudo embuarcará na arca de Zumbi e Zabé". Afinal, a tal arca parece ter afundado já há algum tempo; Zumbi não está em Buarque, como o próprio já declarou em "Sinhá" (em parceria com João Bosco); e "embuarcar" não parece ser caminho futuro, mas passado, e que, para todos os efeitos, deu no que deu.

Pairando acima de todas essas sugestivas e sintéticas provocações, a imagem-mito de uma *Isabé* a emergir como síntese enunciativa silenciosa entre Zumbi e Zabé da loca, apontando para uma espécie particular de *conciliação* que representaria o gesto da princesa Isabel (i.e., a abolição) como complemento amoroso/conflituoso à figura de Zumbi. Não mais como a redentora branca do imaginário liberal-conservador, mas como uma figura mítica de tipo novo, redimida pela luta do movimento negro, capaz de reconhecer nela uma aliada. Dialética entre dois mitos e, no limite, duas raças, enfim unidas em torno de um ideal comum? Talvez, mas com um alvo bastante preciso: menos a historiografia oficial (que já consagra a princesa) do que o movimento negro, evocado aqui de forma provocativa.

Caetano já indicou mais de uma vez preferir o simbolismo do 13 de maio ao do 20 de novembro, apontando para fatos históricos importantes, tais como a ligação real de Isabel com o movimento abolicionista (como no caso do Quilombo do Leblon),[8] para além da mera imagem figurativa e acessória com que costuma ser retratada por seus críticos. Sabemos, contudo, que não é exatamente disso que se trata, pois estamos aqui mais próximos do mito do que da história e da possibilidade de uma forma narrativa centrada não na afirmação, mas na resistência contra o Estado ao qual Isabel servia.

Como bem recorda o músico e pesquisador Túlio Villaça em ensaio primoroso onde compara o disco de Caetano ao mais recente trabalho da cantora Juçara Marçal,[9] Sérgio Camargo, o presidente negro e fascista da Fundação Palmares, expressou recentemente o desejo de "mudar o nome da instituição para Fundação Princesa Isabel". Seu objetivo é o de destruir por dentro a memória construída pelo movimento negro, apagando o nome de Palmares da história a partir da reatualização da figura da princesa como *redentora* de um povo bestializado. Não é esse, obviamente, o objetivo de Caetano: o que ele busca é, digamos, uma forma de combinar o "melhor dos dois mundos", a legitimidade da luta negra com a simpatia pela princesa europeia abolicionista. Um movimento que aposta no Brasil como potência mestiça, onde os encontros étnicos têm o poder de criar radicalidades disruptivas. Potência essa que se apresenta em todo seu esplendor na beleza específica da música popular, capaz de abrigar sob sua forma tanto os gestos mais avançados de uma classe média

---

[8] O Quilombo do Leblon foi um dos primeiros quilombos abolicionistas do Rio de Janeiro — um modelo diferente de resistência à escravidão, posto que organizados perto dos grandes centros e liderados por personalidades públicas com capital político e trânsito entre classes. A história é contada por Eduardo Silva, pesquisador da Casa de Rui Barbosa, em: *As camélias do Leblon e a abolição da escravatura*, São Paulo, Companhia das Letras, 2003, onde também é descrita a ligação secreta da princesa Isabel.

[9] Túlio Ceci Villaça. "Zumbi, Zabé, Johnson e Ismael". In: *Uma canção* (online), Rio de Janeiro, dez. 2021. Disponível em: https://www.revistaumacancao.com/zumbi-zab%C3%A9-johnson-ismael. Acesso em: jul. 2022.

bem-intencionada quanto o potencial subversivo da criatividade popular, criando uma imagem redentora de futuro.

Para isso, entretanto, é preciso silenciar sobre aquilo que na figura de Isabel emerge como indício claro de interdição. Ou seja, aquilo que nela representa a negação da segunda vinda do messias, a *verdadeira* abolição integral tal qual sonhada pelos Quilombos — um novo e mais profundo Haiti, fantasma que fundou (negativamente) o constitucionalismo brasileiro.[10] Desde esta perspectiva, substancialmente mais radical, não haverá segunda abolição sem que essa primeira — isabelense — seja *derrotada*. Um retorno à boa e velha luta de classes que desaparece no coco de Caetano, que não pode abdicar do papel mediador da classe média branca em sua utopia — afinal, o papel que lhe cabe enquanto perpetuador do legado de João Gilberto. Dessa perspectiva, tal visão alternativa de futuro — o retorno do verdadeiro Cristo negro — só pode aparecer como uma distopia cujo resultado é, na melhor das hipóteses, uma forma talvez mais violenta de *apartheid*.

Mais à frente, outro verso nos informa que "o português é um negro dentre as euro-línguas". Ao mesmo tempo que é fácil se deixar encantar pela sugestão de que o enegrecimento do português foi capaz de superar a aspereza feia e violenta de palavras como *câimbra*, *furúnculo* e *íngua*, com o negro subvertendo na própria linguagem (ou seja, na base do pensamento) as condições de degradação impostas pela colonização, a analogia entre a condição negra e o caráter secundário da Língua Portuguesa na Europa não pode ser levada até as últimas consequências. O fato de ser a menos prestigiada das línguas europeias não faz dela um *negro*: afinal, existe um navio negreiro de distância a bloquear, de saída, a mera possibilidade de comparação.

---

[10] Marcos Vinícius Lustosa Queiroz, *Constitucionalismo brasileiro e o Atlântico negro: a experiência constitucional de 1823 diante da Revolução Haitiana.* São Paulo: Lumen Juris, 2017.

Brancos de segunda categoria são, ainda assim, brancos, e frequentemente mais mortais do que os que integram os esquadrões de elite mais *higienizados* das metrópoles.

Em Caetano, a canção parece ser menos coisa que lugar, ou modo: a forma de subversão da dor em prazer. Um pensar por entre frestas. Os mesmos anjos que reduzem a vida à algoritmos permitem aos neurônios ganhar novos contornos (algo)rítmicos que, enfim, poderão fazer emergir o novo. Menos conciliação passiva que olhar em paralaxe, que encontra na forma heterogênea da canção um rendimento extraordinário. Ainda assim, seria mesmo a música de Billie Eilish signo positivo do porvir que emerge do horror contemporâneo ou, ao contrário, sua mais profunda forma de consolidação? E será mesmo o sertanejo universitário de Maiara e Maraísa a reatualização contemporânea do samba (leia-se, João Gilberto) capaz de endireitar o que no país anda esquisito e errado? Não seria, antes, o sertanejo universitário uma máquina cultural de desaparecimento da alteridade negra e indígena, significativamente integrada e satisfeita com o *novo normal*? Expressão, mais do que de resistência, da própria queda?[11]

Em *Meu coco*, as canções podem muito. Quiçá podem tudo, inclusive derrotar o fascismo e reencantar o mundo. Uma aposta ousada, afinal; talvez as polcas não quisessem ir tão fundo. Mas aqui é preciso levar a sério essa aposta, pois, como vimos, a MPB é a própria formalização estética da forma moderna de Brasil que Caetano irá transformar em projeto utópico-existencial, uma forma particular de ser.

---

11 Marcos Vinícius Lustosa Queiroz. "Pobre moreno, que era grande, hoje é pequeno: Música sertaneja e o enigma racial brasileiro". In: *Revista Zumbido*, São Paulo, Selo SESC, ago. 2021.

Seu potencial utópico consiste, portanto, na possibilidade de se seguir desejando, mostrando não apenas que ainda faz sentido acreditar, mas que este é um movimento fundamental. A *Utopia* nada mais é que o movimento decisivo de ativar as brechas que nos permitem seguir respirando — e não por acaso, o primeiro movimento do fascismo é sequestrar sonhos e desejos.

Ainda assim, no meu próprio coco não deixa de ecoar, como um mantra, os versos de Negro Léo entoados por Juçara Marçal: "Desavisados emulam o futuro, porta aberta que bateu lá atrás."[12] A força existe, mas haverá, de fato, cais para ancorarmos? Senti falta no disco de Caetano dessa dimensão de impotência, que é também consciência da própria fragilidade do seu projeto de utopia mestiça. Assim como senti falta da percepção daquilo que em seu reservatório utópico revela-se enquanto continuação do horror por outros meios. Intelectuais e artistas que defendem, como Caetano, uma percepção crítica da mestiçagem, frequentemente recusam tanto as armadilhas do binarismo quanto dimensões ideológicas francamente reacionárias de mitos como o da democracia racial, propondo uma espécie de *terceira via* cujos resultados, no entanto, se aproximam perigosamente daquilo que já está posto, afetando pouco ou quase nada as dissimetrias no poder. O efeito, paradoxal apenas em aparência, é que a defesa da pluralidade mestiça quase sempre resulta em velhas formas hierarquizadas de poder branco.

Por outro lado, aquilo que me faz falta não necessariamente falta ao disco. Talvez seja precisamente o contrário, pois a organicidade é uma das muitas qualidades de Caetano. Mas a homogeneidade frequentemente projeta sua dissonância para além: daí a sensação de que o clima de redenção programática só possa existir mesmo em torno da órbita do irrequieto coco de Caetano. O que, se não é defeito artístico, tampouco é o Brasil.

---

[12] Juçara Marçal. "Sem cais". *Delta Estácio Blues*. QTV Label, 2021.

Caminho radicalmente diverso é o apresentado por Juçara Marçal em *Delta Estácio Blues*, por exemplo. Nele, a impotência do presente abre novos caminhos no passado, reivindicando um mito de tipo novo. Um mito em que o próprio João Gilberto (pai fundador da Utopia-Brasil de Caetano) "está obsoleto com trinta anos de antecedência".[13] Ou seja, uma utopia que salta diretamente dos Quilombos para a verdadeira liberdade, sem a mediação do projeto de imaginação moderna e nacional que atravessa o coco de Caetano enquanto reservatório de possibilidades. Uma utopia em tudo diversa (quem falou que só podemos ter uma?), tão nossa quanto aquela, mas que desde certa perspectiva mestiça só pode aparecer enquanto alheia, estrangeira e imprópria. Um curioso gesto de recusa em nome do que seria certa vocação mestiça antropofágica que, a princípio, a tudo deveria comportar. Menos, é claro, aquilo que tenciona o que lhe há de mais elementar.

É Túlio Villaça que, mais uma vez, demonstra a tensão constitutiva entre esses dois projetos de fundação mítica da utopia. Vale a pena a citação mais longa:

> Caetano, em seu livro *Verdade tropical*, fala dos dois gigantes da América, EUA e Brasil ao norte e ao sul, e sua difícil convivência. Juçara traça um elo (não tão) perdido entre a música negra dos dois países, não no tempo, mas territorial, aproveitando o elemento mítico para colocar o Brasil em vantagem — pois Robert Johnson vem receber seu poder, receber a unção de Bide, Marçal e Ismael — uma Santíssima Trindade ao avesso, que substitui o Demônio no pacto. Só que, para Caetano, esta reescrita mítica não é necessária, pois o elo perdido para ele foi achado em 1958, por um homem branco de Juazeiro e igualmente com a vantagem para o Brasil, mas possivelmente um outro Brasil. [...] Caetano insiste no suposto vigor da MPB

---

13 Túlio Ceci Villaça, op. cit.

em promover uma inclusão geral e que esta união seria a arma mais potente contra o fascismo, enquanto Juçara prefere seguir a trilha aberta pelos excluídos e elaborar uma resposta ao fascismo que não caia nos mesmos erros da trilha que, ao fim e ao cabo, permitiu sua ascensão.[14]

Em *Meu coco*, Caetano convoca todas as forças da brasilidade, inscritas sobretudo na música popular, contra o fascismo. Uma verdadeira frente ampla que se confunde com o próprio país a realizar o melhor de suas potencialidades. Por isso quer ver redimido o gesto da princesa Isabel e do 13 de maio, filtrado pela radicalidade de João Gilberto e Chico Buarque, em aliança com o movimento negro. *Delta Estácio Blues*, por sua vez, é todo 20 de novembro, reivindicando o político como um não lugar a ser inventado a partir dos destroços não nomeados no presente. Nem Brasil, nem brasilidade — o próprio devir negro em diáspora. Uma utopia de universalidade que se produz por meio da clivagem, portanto. Não se trata, como se costuma dizer, da substituição do universal pela afirmação de uma identidade autorreferente incapaz de construir projetos coletivos, mas de reconhecer que o único Universal digno desse nome é o que emerge por meio da afirmação do devir negro em diáspora — avesso constitutivo da modernidade colonial. O resultado é um disco significativamente mais difícil e resistente ao presente do que *Meu coco* e, ao mesmo tempo, mais contemporâneo e próximo desse lugar *que já é sem ser*, tão almejado por Caetano.

Os discos de Caetano Veloso estão sempre em diálogo direto com o espírito de seu tempo. O enigma da modernização brasileira nos anos

---

14 Idem.

1970; a politização do cotidiano e do imaginário nos anos 1980; o lugar do projeto-Brasil no concerto das nações nos anos 1990; o que emerge depois do fim das utopias nos anos 2000.[15] Mesmo discordando-se de sua interpretação de mundo, sua obra frequentemente convoca o ouvinte a abandonar a passividade, convidando-o a se posicionar diante de uma determinada situação condensada artisticamente. Trata-se de um tipo de arte particularmente potente, que não se contenta em confortar o público em suas perspectivas prévias, tensionando de forma complexa e artisticamente relevante aquilo em que ela própria acredita.

Nesse sentido, o artista segue sendo um dos que mais acertadamente incorporaram a forma-MPB como *método de investigação* sobre o que nos constitui enquanto sociedade. Não que ele tenha dado a melhor resposta para essa pergunta. Mas certamente é muitíssimo bem-sucedido em transformar a própria obra em uma reprodução infinita e em tons diversos dessa pergunta fundamental por seus próprios fundamentos — no fim das contas, o próprio significante nacional. Chico Buarque pergunta por aquilo que não mais somos desde que dormimos no ponto e deixamos a banda passar. Caetano Veloso pergunta o que podemos vir a ser a cada momento em que já somos.[16]

Quando essas percepções afiadas permanecem na condição de perguntas sobre nosso modo de ser no mundo, elas se tornam bastante produtivas. "O samba ainda vai nascer/ O samba ainda não chegou/ O grande poder transformador" ("Desde que o samba é samba"). "O melhor o tempo esconde/ Longe, muito longe/ Mas bem dentro aqui" ("Trilhos urbanos"). O melhor está por vir, ainda que

---

[15] Guilherme Wisnik. *Caetano Veloso*. São Paulo: Publifolha, 2005.

[16] Gilberto Gil e Jorge Benjor, por sua vez, realizam em sua performance/corpo aquilo que os dois vetores da melhor produção da classe média branca intelectualizada conseguem colocar apenas como pergunta. Mas essa já é outra história.

já esteja por aqui desde o início. Ao mesmo tempo, esse olhar para o que existe como um *não ainda* garante a percepção de que o presente não é bom, mantendo a tensão crítica e evitando o mero deslumbramento adocicado. "Aqui tudo parece/ Que era ainda construção/ E já é ruína" ("Fora da ordem"). "A mais triste nação/ Na época mais podre/ Compõe-se de possíveis/ Grupos de linchadores" ("O cu do mundo"). Trata-se, portanto, de uma maneira muito produtiva de se olhar através da música popular criada por negros como uma forma bem-sucedida de sobrevivência, que ao mesmo tempo não deixa de expor toda violência de uma comunidade nacional abstrata cuja razão de ser é o genocídio.

Quando permanece aberta no plano do pensamento estético, tal perspectiva aposta no deslocamento contínuo das ideologias (a tal ponto que os que buscam por coerência política tendem, em algum momento, a se frustrar), mantendo sua potência crítica. Quando, por outro lado, esse olhar trata de se fixar, sobretudo no que diz respeito a visões políticas mais concretas, seus problemas aparecem com maior vigor. É o que podemos observar quando, por exemplo, Caetano essencializa a mestiçagem como o *verdadeiro* caminho para a emancipação nacional, ou quando reconhece no liberalismo vantagens "incontestáveis" em comparação ao aparato ideológico adotado pelos países socialistas.

Nesses casos, o olhar em liberdade tem que se haver com perguntas incômodas a respeito das suas formas de fixação. Por exemplo, qual seria o caminho para a constituição dessa nova civilização, "nem capitalista nem comunista", que se apresenta como uma modernidade alternativa efetivamente justa e honesta para consigo e seu povo? Ao sair da arte para apostar na materialidade social (justamente o oposto do movimento que levou à formação da estética tropicalista e, na sequência, da MPB), o modelo estético parece perder força à medida que perde ambivalência — o que já diz algo a respeito das dificuldades de realização da utopia-Brasil por esse caminho.

A grande movimentação que levou a chama civilizatória das áreas quentes para o frio do hemisfério norte parece estar — depois de atingir o Japão e tigres asiáticos neocapitalistas e China neocomunista — madura para fazer um desvio de rota. Ter como horizonte um mito do Brasil — gigante mestiço lusófono americano do hemisfério sul — como desempenhando um papel sutil mas crucial nessa passagem é simplesmente uma fantasia inevitável.[17]

Isso foi escrito em 1997, e o Brasil cresceu enormemente desde então. Sexta maior economia do mundo. FHC [Fernando Henrique Cardoso] e Lula. O Tropicalismo literalmente tomando o Ministério da Cultura com Gilberto Gil. Para alguns, o maior momento de realização política da história recente do país. Entretanto, bem pesadas as coisas, há de se convir que o que vimos esteve muito distante de representar uma alternativa efetivamente radical ao mesmíssimo modelo de "desenvolvimento" humano e social, inclusive com os derrotados de sempre.

Diante disso, a força do olhar de Caetano consiste em afirmar que ainda não chegamos lá. Dependente, portanto, da inscrição de um elemento profético, um *não ainda* que, imerso no presente, não é a plena realização de si. Essa, no entanto, é também sua maior fraqueza: uma utopia condenada a não se realizar, a não ser nos territórios de sempre, como no caso da cultura. Um imaginário que sempre será exclusivamente artístico: não é pouca coisa, mas está longe de revolucionar a modernidade ocidental, ou mesmo a condição material de existência dos mais pobres no país. Sequer é capaz de tornar o campo da música popular um espaço real de equidade democrática. De fato, pode ser uma imagem exata daquilo que sempre fomos: um país em que os negros realizam feitos dentre os mais

---

[17] Caetano Veloso, *Verdade tropical*. São Paulo: Companhia das Letras, 1997. p. 500.

brilhantes do Ocidente, sem que a sociedade crie modelos reais de inclusão civilizatória.

Passados mais de cinquenta anos, a utopia tropicalista, que é a da própria MPB, em grande parte se realizou: o Brasil criou um poderoso mercado de cultura de massas, talvez no mesmo nível dos EUA e certamente superior ao dos países europeus. O que não é pouca coisa. Mas esse feito surpreendente nem sequer chegou a arranhar a fratura social que nos constitui. Pior: em grande medida dependeu dessa fratura para se consolidar. Daí que se possa dizer que a liberdade desse olhar tenha seus próprios limites, que não estão na conta da ausência de qualidade artística, nem são derivados de posicionamentos políticos prévios — para dizer de forma direta, a obra de Caetano é muito superior à de uma infinidade de artistas de esquerda —, mas sim dos condicionamentos históricos das formas estéticas.

O que aconteceria caso Caetano Veloso reconhecesse que a base material da liberdade artística da MPB sempre foi a manutenção perversa de certos horizontes sociais incontornáveis? Abandonaria ele a utopia bossa-novista, condição de sua existência artística, bem como a dos demais artistas de sua geração, em nome da construção de outro projeto de sociedade que ele próprio reconhece ser necessário? Deixaria o conforto relativo da posição "radical" de classe média em nome de uma real e verdadeira traição de classe?[18] Essa posição, que implica algo como deixar de ser, obviamente é impossível, a não ser enquanto dissolução absoluta — o fim da MPB. Dado o histórico de nossa elite letrada, que se leva em altíssima conta, é difícil apostar nesse altruísmo suicidário em nome do bem comum. De todo modo, Caetano consegue uma vez mais propor uma obra em que as contradições do país parecem emergir das dimensões mais profundas de seu desejo, nessa que talvez seja sua principal qualidade: fazer de si mesmo alegoria. ∞ o

---

[18] Antonio Candido, "Radicalismos". In: *Vários escritos*. 3ª ed., revista e ampliada. São Paulo: Duas Cidades, 1995. p. 265-266.

DEPOIMENTOS

Mais do que música, todas as musas[1]

Caetano está fazendo 80 anos, eu faço um pouco mais de um mês antes dele, somos ambos de 1942. Essa questão da idade que parelha sempre foi um dos elementos da nossa aproximação. Pois bem, ele está fazendo 80 anos, eu também. Que bom que a vida tenha se estendido até aqui pra nós dois... Já nos encontramos, fizemos tanta coisa, nossas vidas se entrepuseram de várias maneiras, em vários sentidos.

Para mim, Caetano é mais que a música, ele é todas as musas, das artes todas, ele é um semideus, é olímpico nesse sentido, é grego, porque tem inteligência fabulosa, memória prodigiosa, uma sensibilidade fora do comum. Ele é, do ponto de vista da minha aproximação com uma intelectualidade individual, pessoal, a mais importante que eu já tive. Quando eu disse a ele que sem ele não seguiria fazendo música, provavelmente eu tinha naquele momento esse sentimento de que, ao chegar à minha vida, ele havia preenchido uma quantidade enorme de buracos da minha própria personalidade, ele havia trazido sentido a uma série de coisas que eu buscava. Eu acredito nisso. Caetano é a pessoa que mais deu sentido, sentido do ponto de vista mais amplo dos âmbitos todos e significados de viver. E essa foi uma

[1] Depoimento dado a Pedro Duarte, em 8 de junho de 2022.

percepção minha logo no início, quando o conheci, e que foi sendo confirmada ao longo dos anos não apenas pela amizade, pela aproximação, pela irmandade que nos abraçou há anos, mas também pelo meu modo de vê-lo em desempenho, ver seu desempenho como intelectual, como artista, como pensador, essas coisas todas que ele tinha me feito ver a respeito dele e do mundo através dele.

Ao falar de Caetano, eu sempre volto a uma expressão que o Walter Smetak usava sobre nós dois, ele dizia que nós somos gêmeos espirituais; enfim, é isso. E como eu não tive irmão de sangue, filho de meu pai e minha mãe, Caetano é o irmão trazido para mim pelo espírito, a espiritualidade, a linguagem, o modo de compreender, os modos de decifração do mundo, da existência, ele é meu irmão nisso, é quem me segura nessas tarefas todas de compreender a vida.

Tudo o que tento dizer aqui, portanto, é um pouco para dar conta desse sentido de unidade de nós dois. Eu tenho essa sensação de que só me completei como ser, tendo a compreensão de ser quem sou, quando ele apareceu na minha vida e permaneceu como um parceiro, um criador, uma âncora. Eu me sinto muito ancorado naquele fundo de areia do oceano dele, minha âncora fica presa lá naquele fundo, aquele areal submerso que é o solo desse grande oceano que ele significa.

De fato, eu não seria quem eu sou, não teria sido, sem Caetano. Evidentemente, você pode dizer isso a respeito de qualquer pessoa com que você se encontre na vida, mas no caso dele isso é muito forte, constituinte. É nesse sentido que ele fala que nós dois somos uma instituição, uma entidade, mas é mesmo, tanto ele quanto eu nos vemos a ambos assim, irmãos gêmeos espirituais, já que não fomos de sangue. E, como eu disse, isso foi uma coisa descoberta ali quando eu o encontrei, e essa percepção permaneceu ao longo das nossas vidas exatamente porque tudo o que ele fez a partir de então, de termos nos conhecido, foi confirmação dessa percepção inicial de quem ele era pra mim. A vida só acentuou esse meu modo de vê-lo, de conhecê-lo, de compreendê-lo.

Em muitos momentos da poesia dele, eu encontro fragmentos de filosofia, de compreensão filosófica, de aproximação com a verdade das coisas. Assim, o que eu digo é que ele foi essencial para que eu conseguisse mais compreensão, ou alguma compreensão, sobre o viver. Posso citar, por exemplo, "Oração ao tempo" [1979], que de certa forma alimentou meu entendimento sobre o tempo que transcorre e transforma e que me levou a "Tempo rei" [1982].

Por tudo isso, é uma alegria, uma coisa auspiciosa que a gente tenha chegado junto até aqui. É um presente interessante da vida para nós dois.

Mas a essa altura, vai ficando cada vez menos discursiva a minha visão; ela cabe cada vez menos num discurso. Sobre Caetano cada vez tenho menos o que falar, porque ele foi tudo pra mim. ∞ o

— *Gilberto Gil*

Falar de um grande poeta é extremamente difícil
tantas são as suas visões e são tão intensas
que fazem estremecer nossos corações.
Caetano tem o poder hipnótico
de desvelar os caminhos
que nos levam para a felicidade.

Transforma as dores em amores,
reintegra aquilo que se despedaçou
por causa das dores e dos terrores da vida
na coisa mais querida como as flores e os amores.

Ele é o Demiurgo
ele fala das trevas e da luz que tudo ilumina
a fé no coração e o perdão dentro da alma
e mesmo em tempos violentos
as ondas do som de suas músicas
carregam em sua harmonia
a infinita sintonia
com a felicidade de verdade.

Ele é o Demiurgo que tudo sabe
e comunica de maneira suave fascinante
e ao mesmo tempo-espaço suas letras são poemas
que rivalizam com seus pensamentos
onde a dor e os tormentos
encontram o seu fim e o seu confinamento.

Caetano possui uma inacreditável crença
e todas felicidades transforma
em divinas canções
cujas interpretações
tumultuam e incendeiam
com o fogo ardente da vida
assim refletida em canções
que são orações para o Deus desconhecido.

Tudo se dá envolto no maior mistério
que ao mesmo tempo-espaço
é o critério mais resplandecente
de luzes enfeitiçadas pelo amor
e através de sua voz
promove em todos nós
a bênção e a maravilha
que são as suas canções
que pulsam de vida e de amor. ∞ O

— *Jorge Mautner*

Quando Caetano fez 40 anos, estivemos em Santo Amaro e lhe perguntei como é fazer 40 anos. Ele me respondeu: "Estou pronto para fazer 18."

Meu irmão fazendo 80 anos hoje, em pleno vigor físico, segue lindo, criativo, certamente pronto para fazer 40.

Assim se traduz sua força, sua poesia, seu canto, sua arte.

Te desejo vida, meu irmão. Força, coragem e alegria em cada dia da sua linda vida.

A alegria de ser sua irmã não cabe em mim e se espraia.

Te amo.

Feliz aniversário! ∞ o

— Maria Bethânia
Viva 7 de agosto de 2022!
Rio de Janeiro

Meu pai nasceu numa noite de sexta-feira em pleno inverno de 1942, no dia de São Caetano, o padroeiro dos trabalhadores, e faz jus ao nome que herdou do santo italiano. Filho de minha avó Canô e de meu avô Zezinho, neto de Vó Júlia e Anísio Vianna e de Vó Pomba e José Telles. Sobrinho de tia Geni, tio Almir, Ardósia e Adroaldo e de Francisco Velloso, Maninha, Vó Bela, Vó Mina e Minha Jú. Irmão de meus tios e tias: Lurdes, Nicinha, Clara, Mabel, Rodrigo, Bob, Bethânia e Irene. As filhas de Maninha, Minha Dete, Minha Daia e Minha Inha ajudaram a criar os primos pequenos muito mais novos do que elas. Todos eles de Santo Amaro da Purificação, cidade do Recôncavo Baiano que está às margens do rio Subaé, rio que logo adiante deságua na Baía de Todos os Santos. Baía cuja barra abriga a cidade de Salvador.

Cada um desses lugares e suas características particulares, cada uma dessas pessoas e seu conjunto familiar contribui decisivamente para a formação de meu pai e é um retrato da criação amorosa, inteligente, livre, risonha, sábia, segura, saudável, rica e verdadeira que nossa família compartilha entre si.

Quando eu nasci, meu pai tinha trinta anos, e minha mãe, Dedé, 24. Eles haviam retornado ao Brasil, vindos do exílio, no início daquele ano de 1972 e eu nasci nove meses depois. O disco *Transa* havia sido lançado e o espírito era otimista. Pouco tempo depois, viemos morar no Rio de Janeiro, onde meu pai me ensinou a ler com recortes de jornal no chão da sala de nosso apartamento. Ele também me colocava para dormir cantando e tocando violão, e eu adorava. Dentro de casa prevalecia aquela educação alegre vinda da Bahia, e eu criança ficava feliz em desfrutar da sorte de fazer parte daquilo. Na época Gil ainda era casado com minha tia Sandra, irmã de minha mãe, pai de três primos meus muito queridos, e isso expandia ainda mais o círculo familiar ao meu redor.

Muitas vezes estavam em nossa casa minha madrinha Gal ou minha tia Bethânia, e eu adorava ver o encontro deles e seus amigos músicos. Cresci apaixonado por eles todos e aos poucos fui entendendo que muito mais gente do que eu podia imaginar gostava também daqueles que estavam ali perto de mim, da minha família e de seus amigos, através justamente da música. Por isso parei para prestar mais atenção naquilo que eles faziam e, para minha felicidade, tudo o que eu percebia era cada vez melhor, mais refinado e ao mesmo tempo mais profundo do que o que eu tinha captado ou suposto na minha infância. Quanto mais o tempo passa, maior é a intensidade desse descobrimento. Até hoje.

No começo de minha adolescência, meu pai dedicou algumas semanas para me ensinar a sambar. Aquele samba de Santo Amaro, miudinho e que vai aos poucos se deslocando para trás com os calcanhares bem próximos marcando o ritmo no chão. Uma dança compartilhada por toda a família santamarense e sempre presente nas festas da casa de minha avó Canô. No começo não achei fácil, mas me divertia tentando, e enfim até que aprendi. O samba de lá é diferente do que se dança nas capitais e muitas vezes confunde a cabeça de quem já sabe sambar de outra maneira. A graça de sambar igual a meu pai e à nossa família é até hoje demonstrada com alegria nas festas em que há samba e nos shows que fazemos.

Então vieram meus irmãos Zeca e Tom, ampliando nossa família, e o que pra mim já era bom demais ficou muito melhor. Eles se tornaram músicos e compositores também e me enchem de amor e orgulho. Meus filhos nasceram logo depois, e o propósito amoroso da vida e da família ganhou novos contornos impossíveis de imaginar ou descrever com precisão. Rosa e José foram os primeiros netos de meu pai, que recentemente ganhou mais um dos mais alegres presentes com a chegada de Benjamim, primeiro filho de meu irmão Tom. Meu coração sorri feliz só de pensar neles e agradeço aos deuses por viver perto dessa gente que amo.

Tive o prazer de trabalhar junto com meu pai em alguns projetos que me trouxeram imensa felicidade, como a trilogia *Cê*, o disco de Gal Recanto que produzimos juntos e o show *Ofertório* que fiz com ele e meus irmãos. Essas experiências reforçaram minha admiração por ele, que sabe incentivar o melhor de cada um no ambiente de trabalho, por meio tanto de palavras de exemplos, disposição e paciência, fazendo sempre o resultado final ir além das nossas expectativas ou capacidades individuais. Todos que já tiveram a sorte de trabalhar com ele sabem bem disso, e os resultados dos trabalhos falam por si.

Para finalizar esse pequeno retrato particular que traço sobre meu pai, tenho que incluir seu incessante cultivo do pensamento. Um interesse que se debruça sobre o ser humano e suas filosofias, iniciado desde muito jovem, antes mesmo de ingressar na faculdade em Salvador, e sempre alimentado com leituras e observações críticas e precisas. Ainda mais estimulado, porém, pelo convívio e pelas conversas com amigos de enorme talento como Wally Salomão, Jorge Mautner e Antonio Cicero entre tantos outros. Esse exercício contínuo deixa sempre sua mente intensa, cortante e criativa, e é muito bom poder partilhar disso tudo como seu filho. ∞ o

— *Moreno Veloso*

Sobre os autores

Acauam Oliveira
Professor adjunto da Universidade de Pernambuco (UPE), atuando na graduação e no mestrado profissional em Letras. É mestre em Teoria Literária e Literatura Comparada e doutor em Literatura Brasileira pela Universidade de São Paulo (USP). Foi professor da educação básica em São Paulo. Sua área de pesquisa envolve os campos da literatura, música popular e crítica cultural, bem como questões relacionadas à afrodescendência e às relações etnicorraciais. É autor dos livros *Churrasco grego (poemas)* (2011); *Letramentos marginais: literatura, cultura e alteridade* (2018); *O ensino de literatura diante do caos* (2021) e *O limpo imundo — trilogia poética* (2021). Também é autor do prefácio de *Sobrevivendo no Inferno* (2018), livro dos Racionais MC's, e tem diversos artigos publicados em livros, jornais e revistas.

Fred Coelho
Professor-doutor dos cursos de Literatura e Artes Cênicas e da pós-graduação em Literatura, Cultura e Contemporaneidade do Departamento de Letras da Pontifícia Universidade Católica do Rio de Janeiro (PUC-Rio). Possui graduação em História e mestrado em História Social pela Universidade Federal do Rio de Janeiro (UFRJ) e doutorado em Literatura Brasileira pela PUC-Rio. Entre diversos títulos, é autor e organizador de livros como: *A MPB em discussão — Entrevistas* (com Santuza Cambraia Naves e Tatiana Bacal, 2006); *Tropicália* — série *Encontros* (com Sérgio Cohn, 2008); *Eu, brasileiro, confesso minha culpa e meu pecado — Cultura Marginal no Brasil 1960 e 1970* (2010); *Livro ou livro-me — Os escritos babilônicos de Hélio Oiticica* (2010); *A Semana sem fim — Memória e comemorações da Semana de Arte Moderna de 1922* (2012) e *O Rappa — Lado B Lado A* (2014). Em 2020, ganhou uma bolsa do Programa Itaú Cultural para escrever o ensaio biográfico *Jards Macalé — eu só faço o que quero*, publicado pela Numa Editora.

Guilherme Wisnik
Professor livre-docente na Faculdade de Arquitetura e Urbanismo da Universidade de São Paulo (FAU-USP), ensaísta, arquiteto e curador. É autor de livros como *Lucio Costa* (2001); *Estado crítico: à deriva nas cidades* (2009); *Oscar Niemeyer* (2013); *Espaço em obra: cidade, arte, arquitetura* (com Julio Mariutti, 2018); *Dentro do*

nevoeiro: arte, arquitetura e tecnologia contemporâneas* (2018) e *Lançar mundos no mundo: Caetano Veloso e o Brasil* (2022).

James Martins
Poeta, curador, escritor, é apresentador e comentarista da Rádio Metrópole. Trabalhou como consultor dos museus Cidade da Música da Bahia e Casa do Carnaval, ambos em Salvador, e como pesquisador e roteirista do filme *Axé — Canto do povo de um lugar* (2017), de Chico Kertész. Criou em 2012 o recital de poesia Pós-Lida, que desde então ele apresenta, quinzenalmente, em Salvador.

João Camillo Penna
Professor titular de Teoria Literária e Literatura Comparada da Universidade Federal do Rio de Janeiro (UFRJ). Foi professor visitante da Universidade da Califórnia em Santa Barbara (1997-1998) e em Berkeley (2007), e pesquisador visitante do Laboratoire d'Études de Genre et Sexualité (LEGS, 2018-2019). Co-organizou e cotraduziu, com Virginia de Figueiredo, *Imitação dos modernos*, de Philippe Lacoue-Labarthe (2000); e *Homenagem a Philippe Lacoue-Labarthe. 1940-2007* (2007); cotraduziu, com Eclair Almeida, *Demanda. Literatura e filosofia de Jean-Luc Nancy* (2016); cotraduziu, com Marcelo Jacques de Moraes, *Georges Bataille: Documents* (2018). Co-organizou, com Paulo Patrocínio e Alexandre Faria, *Modos da margem: figurações da marginalidade na literatura brasileira* (2015). É autor do livro de poesia *Parador* (2011), da coletânea de ensaios *Escritos da sobrevivência* (2013), de *O tropo tropicalista* (2017), do ensaio "A menina, a água, a montanha", publicado na coletânea *Quanto ao futuro, Clarice* (2021), livro organizado por Júlio Diniz e editado pela Bazar do Tempo, além de inúmeros ensaios em revistas especializadas.

José Miguel Wisnik
Professor livre-docente aposentado da Universidade de São Paulo (USP), ensaísta e compositor. É autor de diversos livros, entre eles *O coro dos contrários: A música em torno da Semana de 22* (1977); *O som e o sentido: Uma outra história das músicas* (2017); *Maquinação do mundo: Drummond e a mineração* (2018) e *A gaia ciência — Literatura e música popular no Brasil* (2019).

Maria Rita Kehl
Psicanalista, ensaísta e jornalista, com doutorado em Psicanálise pela Pontifícia Universidade Católica de São Paulo (PUC-SP). É autora de livros como *O tempo e o cão: a atualidade das depressões* (2009), ganhador do prêmio Jabuti de Livro do Ano de Não Ficção; *Sobre Ética e Psicanálise* (2000); *A fratria órfã* (2008) e *18 crônicas e mais algumas* (2011).

Paulo Henriques Britto
Tradutor, poeta e professor associado do Departamento de Letras da Pontifícia Universidade Católica do Rio de Janeiro (PUC-Rio). Cursou a graduação e o mestrado em Letras na PUC-Rio, instituição que lhe conferiu o título de Notório Saber em 2002. É autor de livros de poesia como *Macau* (2003); *Formas do nada* (2012) e *Nenhum mistério* (2018) e de contos, como *Paraísos artificiais* (2004) e *Castiçal florentino* (2021). Recebeu diversos prêmios por suas obras, entre eles o Portugal Telecom, APCA, Alphonsus de Guimaraens, Alceu Amoroso Lima e Jabuti.

Pedro Duarte

Professor de Filosofia da Pontifícia Universidade Católica do Rio de Janeiro (PUC-Rio), pesquisador do Conselho Nacional de Desenvolvimento Científico e Tecnológico (CNPq) e da Fundação de Amparo à Pesquisa do Estado do Rio de Janeiro (Faperj), com estágio de pós-doutorado na Cátedra Fulbright de Estudos Brasileiros na Universidade Emory. É autor, entre outros livros, de *A palavra modernista: vanguarda e manifesto* (2014); *Tropicália ou Panis et circencis* (2018) e *A pandemia e o exílio do mundo* (2020). Traduziu as obras *Liberdade para ser livre* (2018) e *Pensar sem corrimão* (com Beatriz Andreiuolo, Daniela Cerdeira e Virginia Starling, 2021) ambas da filósofa Hannah Arendt e publicadas no Brasil pela Bazar do Tempo. É coautor, roteirista e curador da série de TV "Alegorias do Brasil", junto com o diretor Murilo Salles (Canal Curta!, 2018).

Priscila Gomes Correa

Historiadora, professora da Universidade do Estado da Bahia (Uneb). Cursou bacharelado, mestrado e doutorado na Universidade de São Paulo (USP), com estágio no Instituto de Musicologia da Universidade de Weimar, na Alemanha. É autora dos livros *História, política e revolução em Eric Hobsbawm e François Furet* (2008) e *Nada me consola: cotidiano e cultura nas canções de Caetano Veloso e de Chico Buarque* (2016). Atua nas áreas de Teoria e Metodologia da História e História Contemporânea e do Brasil.

Santuza Cambraia Naves
(1952-2012)

Professora, escritora e crítica, realizou por mais de vinte anos uma série de pesquisas na área de Antropologia da Música e da Antropologia da Arte. Defendeu dissertação de mestrado no Programa de Pós-Graduação em Antropologia Social (PPGAS) do Museu Nacional, da Universidade Federal do Rio de Janeiro (UFRJ), em 1988, intitulada *Objeto não identificado: a trajetória de Caetano Veloso*. Concluiu o doutorado pelo Instituto Universitário de Pesquisas do Rio de Janeiro (IUPERJ), em 1991, com a tese *O violão azul — modernismo e música popular*. Integrou o quadro permanente de professores do departamento de Sociologia e Política da Pontifícia Universidade Católica do Rio de Janeiro (PUC-Rio). Também coordenou o Núcleo de Estudos Musicais do Centro de Estudos Sociais Aplicados (Cesap) da Universidade Candido Mendes. Além de vários artigos acadêmicos, é autora dos livros *O violão azul: modernismo e música popular* (1998); *Da bossa nova à tropicália* (2001); *A MPB em discussão — entrevistas* (2006) e *A canção brasileira: a leitura do Brasil através da música* (2015).

Vadim Nikitin

Vadim Nikitin é ator, dramaturgo, letrista e tradutor. Entre as obras traduzidas do russo para português está o livro *Duas narrativas fantásticas: A dócil e O sonho de um homem ridículo* (2003), de Fiódor Dostoiévski.

© Bazar do Tempo, 2022
© Dos textos, individual dos autores, 2022

Todos os direitos reservados e protegidos pela Lei nº 9610 de 12.2.1998.
É proibida a reprodução total ou parcial sem a expressa anuência da editora.
Este livro foi revisado segundo o Acordo Ortográfico da Língua Portuguesa de 1990, em vigor no Brasil desde 2009.

Editora
Ana Cecilia Impellizieri Martins

Coordenadora editorial
Cristiane de Andrade Reis

Copidesque
Mariana Oliveira e Elisabeth Lissovsky

Revisão
Carolina Rodrigues

Capa, projeto gráfico, diagramação e ilustrações
Angelo Bottino e Fernanda Mello

CIP-BRASIL. CATALOGAÇÃO NA PUBLICAÇÃO
SINDICATO NACIONAL DOS EDITORES DE LIVROS, RJ

O14

Objeto não identificado : Caetano Veloso 80 anos: ensaios / organização Pedro Duarte. - 1. ed. - Rio de Janeiro: Bazar do Tempo, 2022.
    256 p. ; 23 cm.

    Inclui bibliografia.
    ISBN 978-65-84515-13-0.

    1. Veloso, Caetano, 1942- - Crítica e interpretação. 2. Música popular - Brasil - História e crítica. 3. Ensaios brasileiro. I. Duarte, Pedro.

22-78940   CDD: 869.4
                                                  CDU: 82-4(81)

Gabriela Faray Ferreira Lopes - Bibliotecária - CRB-7/6643

Rua General Dionísio, 53, Humaitá
22271-050 — Rio de Janeiro — RJ
contato@bazardotempo.com.br
bazardotempo.com.br

Este livro foi editado pela Bazar do Tempo,
na cidade de São Sebastião do Rio de Janeiro,
no inverno de 2022. Ele foi composto
com as fontes Circular, Maxi Round e Timezone,
e impresso em papel Pólen Soft 80g/m²,
na gráfica Vozes.